U0359786

《中等职业教育物流专业规划教材》
编写委员会

主　　任　刘　忠

副 主 任　（按姓氏笔画排序）

　　　　　王筠镇　周国庆　周雅顺

委　　员　（按姓氏笔画排序）

　　　　　于　军　万永坤　王筠镇　叶　青　史小峰

　　　　　邢　颐　刘　忠　关　宏　李洪奎　李斌成

　　　　　李满玉　李嘉怡　邱雪峰　张翠花　罗慧媛

　　　　　周国庆　周雅顺　郎德琴　郭元萍　彭仲文

　　　　　韩　丽　蒋　坚　谢舸燕　蓝国宏

主编单位　（排名不分先后）

　　　　甘肃省经济学校

　　　　广东省财经学校

　　　　河北省经济管理学校

　　　　陕西省城市经济学校

　　　　陕西银行学校

　　　　陕西省经贸学校

　　　　陕西工业职业技术学院

　　　　首钢高级技工学校

　　　　北京一轻高级技术学校

　　　　兰州商学院

　　　　陕西科技大学

中等职业教育物流专业规划教材

配送作业实务

李斌成 主编

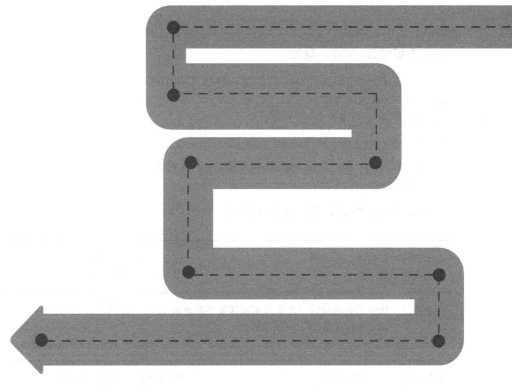

化学工业出版社

·北京·

《配送作业实务》是"中等职业教育物流专业规划教材"之一。本书结合现代物流教育的实际，以理论必需、够用为原则，以培养实用型技能人才为目标，结合企业岗位的设置编写而成。全面论述了配送作业的基本原理，归纳了配送作业的主要流程及模式，分析了配送中心操作的难点并提出了相应的对策。主要内容包括：配送备货作业、配送储存作业、配送分拣与配货作业、送货与退货、配送路线选择及车辆配装技术、流通加工作业实务、配送中心实务、配送成本管理、配送业务绩效考核等。图书配备了内容丰富、实用的多媒体教学课件，以方便教师使用。

　　本书可作为中等职业学校物流专业或相近专业的教学用书，也可作为物流从业人员的参考用书以及物流工程技术和管理人员的培训教材。

图书在版编目（CIP）数据

配送作业实务/李斌成主编 . —北京：化学工业出版社，2009.8（2023.1重印）
中等职业教育物流专业规划教材
ISBN 978-7-122-05614-6

Ⅰ. 配… Ⅱ. 李… Ⅲ. 物流-配送中心-企业管理-专业学校-教材 Ⅳ.F253

中国版本图书馆 CIP 数据核字（2009）第 079280 号

责任编辑：张兴辉　贾　娜　　　　　　　文字编辑：陈　雨
责任校对：吴　静　　　　　　　　　　　装帧设计：尹琳琳

出版发行：化学工业出版社（北京市东城区青年湖南街 13 号　邮政编码 100011）
印　　装：北京七彩京通数码快印有限公司
787mm×1092mm　1/16　印张 12½　字数 313 千字　　2023 年 1 月北京第 1 版第 8 次印刷

购书咨询：010-64518888　　　　　　　售后服务：010-64518899
网　　址：http://www.cip.com.cn
凡购买本书，如有缺损质量问题，本社销售中心负责调换。

定　　价：38.00 元

前　言

随着世界经济的持续发展和科学技术的突飞猛进，现代物流作为现代化经济的重要组成部分和工业化进程中最为经济合理的综合服务模式，正在全球范围内得以迅速发展，并已逐渐成为我国经济发展的重要产业和新的经济增长点。当前，许多大型跨国集团进入我国，各级政府部门和许多市场意识敏锐的企业已把物流作为提高竞争能力和提升企业核心竞争力的重要手段，把现代物流理念、先进的物流技术和现代经营与管理模式引入国家、地区经济建设和企业经营与管理之中。但是，我国的物流教育仍十分滞后，造成现代物流综合性人才、企业尤其是流通企业改造传统物流与加强物流管理、城市规划与物流系统运筹、第三方物流企业的运作技术操作等现代物流人才严重匮乏，阻碍了经济的发展和经济效益的提高。据有关部门预测，物流专业人才已经成为全国最紧缺人才之一。

为了适应现代物流职业教育发展的需要，化学工业出版社组织国内在中职物流教育方面很有影响的院校教师合力编写了这套"中等职业教育物流专业规划教材"。本套教材具有以下鲜明的特色：

（1）教学目标专门针对物流操作技能型人才的培养

本套教材目标明确，即注重物流操作技能型人才的培养，教学内容与物流企业的实际需要紧密结合，所有教学案例均来自企业实际，有很强的针对性和实用性。

（2）充分体现教改的成果

本套教材充分结合了目前中职物流教育的特点和各个学校的教改成果，采用实例导入的编写模式，即每章都有相关案例导入，大大增强了学生的学习兴趣。

（3）教学课件丰富多彩，充分满足了多媒体教学的需要

本套教材很好地适应了职业院校多媒体教学的需要，教材配备了内容丰富、实用的多媒体化的教学课件，教师使用非常方便。

本书《配送作业实务》为"中等职业教育物流专业规划教材"其中之一。

现代化大生产的专业化、规模化与消费需求多样化、个性化的矛盾日益突出，增强企业核心竞争力要求打破地区分割、活动分散、效益偏低的流通格局，内容丰富的物流配送作为现代物流的一个缩影，它几乎包括了现代物流的所有功能要素，配送活动的合理化是生产发展的客观要求也是物流合理化的必然趋势。本书结合现代物流教育的实际，以理论必需、够用为原则，以培养实用型技能人才为目标，结合企业岗位群的设置编写，全面论述了配送的基本原理，归纳了配送的主要流程及模式，分析了配送中心操作的难点并提出了相应的对策。既可作为职业技术院校现代物流、物资经营与管理等专业的必备教材，也可作为流通领域从业人员的业务培训教材。

本书由甘肃省经济学校李斌成任主编。编写分工如下：甘肃省经济学校李斌成编写第1、7章；甘肃省经济学校党春涛 编写第3、4章；甘肃省政法学院冯国基编写第2、5、9、10章；甘肃省交通职业技术学院郭凯明、吴春兰编写第6、8章。全书由李斌成统稿。

由于编者水平所限，书中不当之处在所难免，恳请读者批评指正。

编　者

目　　录

第1章　配送概述

【学习目标】

通过本章的学习，应重点掌握配送的概念和内涵、理解配送产生与发展的原因、掌握配送的各种类型、理解配送的各种模式及业务流程，初步掌握对各种不同类型商品配送业务流程的应用与分析。

【导入案例】

沃尔玛物流配送体系

在物流运营过程当中，要尽可能降低成本，因为在沃尔玛降低成本之后就可以让利于消费者，这是沃尔玛的哲学，就是"以最佳服务，最低的成本，提供最高质量的服务"。正如沃尔玛CEO李斯特所讲的，沃尔玛是通过先进的物流配送体系节省流通费用以降低商品成本，并且把降低成本增加的利润原封不动地让利给消费者。

在物流方面，沃尔玛尽可能降低成本。为了做到这一点，沃尔玛为自己提出了一些挑战。其中的一个挑战就是要建立一个"无缝点对点"的物流系统，能够为商店和顾客提供最迅速的服务。这种"无缝"的意思指的是，使整个供应链达到一种非常顺畅的链接，沃尔玛所指的供应链是说产品从工厂到商店的货架，这种产品的物流应当是尽可能平滑，就像一件外衣是没有缝的。但是，沃尔玛真正的挑战是能够提供顾客所需要的服务。大家都知道，物流业务要求比较复杂，如有的时候可能会有一些产品出现破损，因此在包装方面就需要有一些对产品特别的运销能力。因此，对沃尔玛来说，能够提供的产品的种类与质量是非常重要的，在与沃尔玛的合作当中，沃尔玛似乎已经能够寻求到这种高质量与多品种结合，而且对于商场来说，它的成本也是最低的。

下面来讲一下物流的循环。物流的循环没有结束，也没有开始，它实际上是循环的过程，是一个圆圈。在这个循环过程当中，任何一点都可以作为开始，而且循环涉及到每一点。沃尔玛就从顾客这一点开始谈（因为顾客是第一位，因此，沃尔玛就从这里开始）。顾客到一个商店之中，他们买了一些产品，比如说给孩子买尿布。如果物流循环是比较成功的，那么在他买了之后，这个系统就开始自动地进行供货。这个系统当中的可变性使得这些卖方和买方（工厂与商场）可以对于这些顾客所买的东西和订单能够进行及时的补货。这个系统应当是与配送中心联系在一起的。这个配送中心应当从供货商那里就可以直接拿到货。这个配送中心实际上是一个中枢，有供货方的产品，然后提供给商场。这个供货商应当只提供给配送中心，如果提供给每个商店的话，那就太困难了，因此这个配送中心可以为供货商减少很多成本，他只需要送到配送中心这一个地方就可以了。

　　沃尔玛有的时候是采用空运，有的时候采用轮船运输，还有一些采用卡车进行公路运输。在中国，沃尔玛百分之百采用公路运输，就是卡车把产品运到商场，然后卸货，然后自动放到商店的系统当中。在沃尔玛的物流当中，非常重要的一点，沃尔玛必须要确保商店所得到的产品是与发货单上完全一致的产品，因此沃尔玛整个过程都要确保是精确的，没有任何错误的。这样，商店把整个卡车当中的货品卸下来就可以了，而不用把每个产品检查一遍。因为他们相信过来的产品是没有任何失误的，这样就可以节省很多的时间。沃尔玛在这方面已经形成了一种非常精确的传统，这可以有助于降低成本，而这些商店在接受货物以后就直接放到货架上，卖给消费者，这就是沃尔玛物流的整个循环过程。

　　分析：沃尔玛的低成本、高质量的服务是如何实现的？

1.1　配送的产生与发展

1.1.1　配送的产生

1. 配送是生产力发展的产物

　　科学技术的不断创新，生产力的不断发展，一方面提高了劳动生产率。从而使社会上的物质财富不断的积累；另一方面则扩大了社会分工，促进了生产方式的变革，最终将社会生产推上了专业化、社会化和现代化的发展轨道。第二次世界大战以后，发达国家建立社会化大生产体制，发展了市场经济，经历了经济高速增长时期，"大量生产、大量消费"现代化生产的方式使生产者和需求者对后勤服务日益重视，对后勤服务的要求日趋提高。不但要求减少后勤服务的费用支出，而且要求提高其服务质量。与此相关，就物流运动而言，不但要求提高它的社会化、专业化程度，从而降低生产成本和增加企业利润，而且要求它以合理的方式运动，较好地适应生产和市场需求变化的需要。通过优化物流运动过程，使物流运动朝着"低成本、高效益"的方向发展，从宏观和微观的角度出发，需要物流结构的合理化、物流过程的优质化、物流体制的科学化。

　　物流过程的合理化客观上要求在物流过程中制订科学的运输计划，选择合理的运输工具，确定最短的运输路线，确定合理的库存和流通加工标准等。打破地区分割、活动分散、效益偏低的流通格局，使物流的各个单项运动协调一致，形成完整的体系，充分发挥物流整体运动的功能和作用，这是物流活动过程合理化的客观要求，也是生产力进一步发展的产物。

2. 配送是物流合理化运动和流通得以发展的必然趋势

　　配送作为物流活动的重要环节，随着流通的发展而进一步发展起来。配送最早产生于日本、美国等西方发达国家，随着国际交流的日益增加和经济全球化趋势的不断加强，这种先进的物流方式逐步在其他国家和地区推行开来。在发达国家，配送已经成为制造商和经营商普遍接受和采用的物流方式，而且还在迅猛发展。

　　配送是由送货逐渐演变而来的。一般的送货形态在西方发达国家已经有相当长的历史，在买方市场情况下，送货最初是作为一种迫不得已的推销手段出现的。但是随着经济复兴和高速发展，送货作为商品的主要流通手段，暴露出许多问题：

① 物流分散，生产企业自备车辆，出行混乱；

② 道路拥挤，运输效率低，流通费用上升。

在这种形势下，改变传统的物流方式，采用现在化的物流技术，进一步提高物流合理化程度，自然成了一些国家的共同要求，并且就此采用了一系列改革措施。日本曾经做过的一项调查表明，由于社会上自备车辆多、道路拥挤及停车时间长，使企业收集和发送货物的效率明显降低。但如果减少企业自备车辆，就意味着企业运力的下降。为了保证企业生产和销售的顺利发展，需要依赖社会的运力和仓储力。在这种形式下，改变传统的物流送货方式，采用现代化的物流技术和经营管理理念是现代企业流通环节改革的必然趋势。在美国及欧洲发达国家对商品零售价格基数进行计算的数据中表明：流通费用所占的比例达 59%，其中大部分为物流费。因此，美国许多企业成立了配送中心，将独立、分散的物流进行统一装卸和搬运，大大降低了流通费用，节约了劳动消耗。资料表明，美国有 30% 以上的生产资料是通过企业配送中心销售的。

3. 配送是现代仓储功能的扩大化和强化

经过大量的实践活动，企业界将物流的装卸、搬运、储存、运输等功能有效整合，改变了原来的流通体制，建立了新型的送货方式，制定了一些新的物流据点，改造了原有的仓库，统一了装卸、搬运等物流活动环节，产生了一种新型的送货方式——配送。积极推行"共同配送制度"，经过不断变革，一种被企业界称之为"配送"的物流体制应运而生了。作为一种新型的物流活动，配送首先是在变革和发展仓库的基础上开展起来的。从某种意义上说，配送也是仓储功能的扩大化和强化。传统仓库和仓储业是以储存和保管货物（包括生产资料和生活资料）为其职能而设置和形成的，其基本功能是保持储存货物的使用价值，以此为生产的连续运转和生活的正常进行提高物资包装。然而，当生产力业已高度发展、生产方式已经发生变革（亦即专业化、社会化大生产已经成为社会生产的主要形式）之后，仓库企业如果再单纯地储存和保管物资，就很难进一步得到发展。对于生产者（或生产企业）来说，处于社会化大生产和市场竞争的条件下，生产节奏的逐步加快，社会分工的不断扩大，以及竞争的日趋激烈，迫切要求缩短流通时间和减少库存资金的占用量。与此同时，也急需社会上的流通组织提供系列化、一体化和多项目的后勤服务。正是在这样的形势之下，经济发达的国家的仓储业相继调整了内部结构，扩大了业务范围，转变了经营方式。其中，不少老式仓库演化成了商品流通中心，其功能由货物"静态储存转变为动态储存"，其业务活动由原来的单纯保管、储存货物改变成为社会提供多种类的后勤服务，并且将货物保管、储存、加工、分类、拣选、输送等联成了一个整体。从服务方式上看，变革以后的仓库可以做到主动为客户提供"门到门"的服务（即可以把货物从仓库一直运送到用户的仓库、车间生产线或营业场所）。至此，现代化的物流活动——配送随机形成和推行了起来。

1.1.2　配送的发展

配送方式是伴随着生产的不断发展而发展起来的。其发展速度大体上经历了三个阶段。即萌芽阶段、成长阶段、成熟阶段。

1. 配送的萌芽阶段

配送的雏形最早出现于 20 世纪 60 年代初期。在这个时期，物流活动中的一般性送货开始向备货、送货一体化方向转化。从形态上看，初期的配送只是一种粗放型、单一性活动，其范围很小，规模不大。在这个阶段，企业开展配送活动的主要目的是为了促进产品销售和提高市场占有率。因此，在这个时期，配送主要是以促销手段的职能来发挥其作用的。

2. 配送的成长阶段

随着经济的快速发展以及货物运输量的急剧增加和商品市场竞争的日趋激烈，配送在发达国家获得进一步发展。20世纪60年代中期，欧美一些国家组建或设立了配送中心，普遍开展货物配载及送货上门活动。这期间，不但配送货物的种类日渐增多，而且配送活动的范围也在不断扩大。例如，在美国，已经开展了洲际间的配送；在日本，配送的范围则由城市扩大到了区域。从配送形式和配送组织上看，这个时期曾试行了"共同配送"并且建立起了配送体系。

3. 配送的成熟阶段

进入20世纪80年代后，受多种社会和经济因素的影响，配送有了长足的发展，并且以提高技术为支撑手段，形成了系列化、多功能的供货活动。

① 配送区域进一步扩大　实施配送的国家已不再局限于发达国家，许多发展中国家也按照流通社会化的要求实行了配送制，积极开展配送。就发达国家而言，20世纪80年代以后，配送的活动范围已经扩大到了省际、国际和洲际。例如，以商贸业立国的荷兰，配送的范围已经扩大到了欧盟诸国。

② 配送方式日趋多样化　由于经济发展的外部环境发生变化（消费向小批量、多品种转化），不但配送规模和配送活动的范围明显在扩大，而且配送方式也逐渐多了起来。在实践中，除了独立配送、直达配送等一般配送形式外，又出现了共同配送、即时配送等新的配送方式。

③ 配送的准确性和效率性大大提高　技术不断更新，劳动手段日益先进，各种先进技术特别是计算机的应用，使物资配送实现了自动化。自动分拣、光电识别、条形码等先进技术与无人搬运车、分拣机等先进设备的配合，使配送的准确性和效率性大大提高。

④ 配送的集约化程度明显提高　20世纪80年代以后，随着市场竞争日趋激烈以及企业兼并速度明显加快，配送企业的数量在逐渐减少。但是，单一企业总体体现和经营规模却在增长，配送的集约化程度不断提高。据有关资料统计，1986年，美国GPR公司共有送货点3.5万个，到了1988年，经过合并后，送货点减少到0.18万个，减少幅度为94.85%。此间，美国GPR公司用新建的20个配送中心取代了以前建立的200个仓库，以此形成了规模经营优势。

⑤ 配送服务质量要求越来越高　在激烈的市场竞争中，配送企业必须通过自身专业化的服务来保持高质量的顾客服务，否则将无法生存与发展。配送服务质量不仅体现在准确和速度方面，还包括低成本以及满足顾客个性化服务的能力。

1.2　配送的概念、特点及作用

1.2.1　配送的概念

配送一词属外来语，源于日本，是在20世纪50年代，日本专家对美国进行访问后提出的新名词。我国转学于日本，直接用了配送这一名词。

配送是物流活动中一种特殊的、综合的活动形式，是物流的一个缩影或在某小范围中物流全部互动的体现，包含了商流活动和物流活动，也包含了物流中若干功能要素，一般是指短距离少批量的运输。我国目前普遍采用的是 2001 年 4 月颁发的《中华人民共和国国家标准——物流术语》中对配送所下的定义。具体表述为："在经济合理区域范围内，根据用户要求，对物品进行拣选、加工、包装、分割、组配等作业，并按时送达指定地点的物流活动。"

1.2.2　配送的特点

1. 配送是现代物流的一个最重要特征

从物流来讲，配送几乎包括了所有的物流功能要素，一般的配送集装卸、包装、保管、运输于一身，通过这一系列活动达到将货物送达的目的。特殊的配送则还要以加工活动为支撑，配送的主体活动与一般的物流不同，一般物流是运输及保管，而配送则是运输及分拣配货，分拣配货是配送的独特要求，也是配送活动中有特点的活动，以送货为目的的运输则是最后实现配送的主要手段，从这一主要手段出发，常常将配送简化地看成运输中的一种。

2. 配送是物流和商流有机结合的一种商业流通模式

从本质上来讲，配送本身就是一种商业形式，配送和物流的不同之处在于，物流是商物分离的产物，而配送是商物合一的产物，虽然配送在具体实施时会出现商物分离的形式，但从配送的发展趋势看，商流与物流的紧密结合是配送成功的重要保障，配送本身属于一种服务性质的商业活动。

3. 配送是以现代送货形式实现资源的最终配置的经济活动

配送的实质是送货，但和一般的送货有区别，一般的送货是一种偶然的行为，而配送却是一种固定的形态；或者说是一种有确定组织、渠道和具备现代化装备和技术力量，有严格的运行管理体制，是一种高水平的送货。配送在社会生产过程中的位置是处于接近客户的那一段流通领域，配送提供的是物流服务，因此满足顾客对物流服务的需求是配送的前提。本内涵可引申出以下两方面内容：

① 由于在买方市场条件下，顾客的需求是灵活多变的。消费特点是多品种、小批量的，因此从这个意义上说，配送活动不仅仅是简单的送货活动，而应该是建立在市场营销策划基础上的企业经营活动。

② 现有的买方市场条件下，单一的送货功能无法较好地满足广大顾客对物流服务的需求，因此配送活动是多项物流活动的统一体。

4. 配送是"配"与"送"的有机结合的形式

配送与一般送货的重要区别在于，配送利用有效的分拣、配货、理货等工作，使送货达到一定的规模，利用规模效益优势取得低成本的送货，按照传统的营销模式，销售方送货，需要一点送一点，会大大增加运力成本，使送货并不优于取货，或使整个社会系统的运力成本很高，只有在送货活动之前依据顾客需求对其进行合理组织与计划，"有组织、有计划"的"配"才能实现现代物流管理中所谓的"低成本、快速度"的"送"，进而有效地满足顾客的需求。

5. 配送是在一定区域范围内进行的经济合理的送货

所谓经济合理，是指既要满足用户的需要，又要有利于实现配送的经济效益。配送是从用户利益出发、按用户要求进行的一种活动，因此，在观念上必须明确"用户第一"、"质量第一"。配送承运人的地位是服务地位而不是主导地位，因此必须从用户的利益出发，在满足用户利益的基础上取得本企业的利益。当然，过分强调"按客户的要求"亦不妥，客户要求受客户本身的局限，有时实际会损失自我双方的利益，对于配送主体来说，应该以"要求"为据，指导客户追求合理性，以实现共同受益为原则。一般配送物品的批量小、批次多，所以远距离物品配送规模经济较差，运力浪费严重。因此，配送不宜在大范围内实施，通常仅局限在一个城市或地区范围内进行。

1.2.3 配送与运输、仓储的关系

1. 配送与运输的联系

（1）配送和运输都是线路活动　物流活动依据物品是否产生位置移动可分为两大类。即线路活动和结点活动，产生位置移动的物流活动称为线路活动，否则为结点活动。结点活动是在一个组织内部的场所中进行，不以创造空间效用为目的，主要是创造时间效用或形质效用。如在工厂内、仓库内、物流中心或配送中心内进行的装卸、搬运、包装、储存、流通加工等，都是结点活动。运输活动必须通过运输工具在运输路线上的移动才能实现物品的位置移动，它是一种线路活动。配送以送为主，属运输范畴，也是线路活动。

（2）配送与运输的互补关系　运输和配送虽同属线路活动，但由于功能上的差异使它们并不能互相替代，而是形成了相互依存、互为补充的关系。物流系统创造物品空间效用的功能是要使生产企业制造出来的产品最后到达消费者手中或进入消费，否则产品生产者的目的就无法达到。从运输、配送的概念以及他们的区别可以看出，仅有运输或仅有配送是不可能达到上述要求的，因为根据运输的规模原理和距离原理（运输规模原理和距离原理稍后讨论），大批量、远距离的运输才是合理的，但它不能满足分散消费的要求；配送虽具有小批量、多批次的特点。但不适合远距离输送。因此两者必须互相配合，取长补短，才能达到理想的目标。一般来说，在运输和配送同时存在的物流系统中，运输属于干线活动，配送属于支线运动，两者又紧密衔接，运输处在配送的前面，先通过运输实现物品长距离的位置转移，然后交由配送来完成短距离的输送。

2. 配送与运输的区别

由于线路运输的性质和服务的对象不同，配送和运输存在着诸多不同，具体如表1-1所示。

表1-1　配送与运输的区别

内　容	运　输	配　送
运输性质	干线运输	直线运输、末端运输
管理重点	效率优先	服务优先
货物性质	少品种、大批量	多品种、小批量
运输工具	大型货车、火车等	小型货车
附属功能	装卸、捆包	物流的多功能

3. 配送与仓储的区别及联系

（1）配送与仓储的联系　配送与仓储有着紧密的联系，大多数配送中心都具有仓储功能，在某种意义上来说，配送是仓储功能的扩大化，配送就其服务性质来看，在大的物流系统中配送具备货物集散的功能，配送是集合多个厂家的货物向多个用户服务，进行分拣、配货、配装及送货，货物储存是送货的前提条件。仓储能力及设备的先进程度也是衡量现代物流配送中心水平的重要指标。

（2）配送与仓储的区别　仓储是在库房、货场、堆场等物流节点进行货物的交接、验收、入库、保管、养护、盘点、出库及库存管理等作业活动的物流功能，而配送作业活动是在配送中心进行的。配送与仓储的区别体现在仓库与配送中心的区别上：

① 仓库存储所有的产品，配送中心则保持最低库存和高需求的物品。

② 仓库通过接受、存储、保管、盘点、装运处理大多数产品，配送中心通过进货、接受、存储、加工、拣货、配货、配装、装运处理大多数物品。

③ 仓库进行的是低附加值活动，配送中心进行的是高附加值活动。

④ 仓库成批地收集数据，配送中心实时地收集数据。

1.2.4　配送的作用

1. 配送优化和完善了运输系统

干线运输强调长距离、少品种、大批量，从而实现了运输的规模原理、距离原理，进而实现运输的效率化，降低运输成本。由于末端用户的需求大都是发生在短距离范围内的，而且多数是多品种、小批量的。因此原始的运输方式不能有效地解决顾客需求，只有支线运输方式既能承接干线运输的效率化，又能满足用户的需求。配送作为现代物流理念与技术的代表，是一种合理的支线运输，其小批量运输频率高、服务性强，比干线运输有更高的灵活性和适应性，并可通过其他的物流环节的配合，实现定制化服务，更好地满足顾客要求。因此，配送与运输结合，把干线运输与支线运输统一起来，实现了运输系统的优化与完善。

2. 配送是降低物流成本的有效途径

配送对于降低物流成本的意义体现在供应链物流和整体社会物流上。通过社会化配送，可以保证在原有供应水平不变的基础上实现社会总库存的降低。即"集中库存总量低于社会分散库存之和"。

配送是一种综合性的专业化物流运作方式，通过集中社会库存和集中社会运力采用现代化的技术手段和智能设备，提高了物流活动的灵活性和高效性，通过配货和集中送货，或者与其他企业协商实施共同配送取代了一家一户的采购和送货方式，提高物流系统末端的经济效益。通过集中库存，在同样的满足水平上，可使系统总库存水平降低，即降低了储存成本，也节约了运力和其他物流费用。尤其是采用准时制配送方式后，生产企业可以依靠配送中心准时送货而无需保持自己的库存，或者只需保持少量的保险储备，这就可以实现生产企业的"零库存"或"低库存"，减少资金占用，改善企业的财务状况。使得"用时间消灭空间"成为可能。

3. 配送创造时间和空间价值、提高产品的附加值

由于现代化的配送中心具有运输、储存的功能，当然也就具备由于改变时间差所创造的时间价值，配送通过缩短时间、弥补时间差和延长时间差三种方式创造一定的时间价值。配送通过运输将商品从不同价值区域的转移同样也能创造空间价值，配送相对于运输与储存来说，是短距离的运输与短时期的储存，其价值体现不是很明显，或者有些时候只是为了提升其服务水平，并没有增加价值，但是从其服务水平及服务质量的提升长远来说，亦是在提升社会服务效益，为企业长远利益的获得有所贡献。

通过流通加工可以创造物品形质效用从而增加产品附加值，流通加工是一种带有完善及补充增加性质的加工活动，在一些配送据点中设置流通加工环节，流通加工和配送相结合，可以使配送服务更有针对性，大大提高配送服务的个性化水平，提高顾客的满意程度，从而取得更大的经营效益，流通加工的这一功能对企业经济效益的增加更加明显。

4. 配送能更好地满足用户需求

采用配送方式，配送中心比任何单独供货企业有更强的物流，可使用户降低缺货风险。配送中心的储备量大，因而对每个企业而言，中断供应、影响生产的风险便相对缩小，使顾

客免去短缺之忧，提高了供应保证程度。由于配送可提供全方位的物流服务，采用配送方式后，用户只需向我配送提供商进行一次委托，就可以得到全过程、多功能的物流服务。从而简化了委托手续和工作量，也节省了开支。

5. 配送能够促进物流资源的合理配置

随着现代化物流的不断发展和物流配送率的不断提高，现代化的配送系统囊括了运输、仓储、装卸搬运、流通加工等多个物流功能，通过科学化、信息化、网络化、智能化等方向的发展，有效地降低了社会库存总量和节约了社会总运力，同时提高了流通的效率，加速了资金的周转，实现了物流资源的合理配置。

1.2.5 配送的功能

配送对象就是产品。不同的产品有不同的性质、特点及工业流程。纵观不同类产品的不同配送作业流程和同类产品在不同情况下的不同流程，作为一项特殊的物流活动，不同作业流程所包括的基本要素（基本环节）及其运动规律却是大致相同的，由此构成了配送的基本功能。

配送是根据客户的订货要求在配送企业或物流结点进行货物的集结与组配，以最适合的方式将货物送达客户的全过程。

从宏观上看，配送主要是由备货、理货和送货三个基本环节组成的，其中每个环节又包含若干具体的、细节性的活动。

（1）备货　备货是指准备货物的系列活动，是配送的基本环节。其工作内容通常包括制订计划、组织货源、储备保管等基本业务。备货是决定配送成败与否及其规模大小的最基础环节，同时，它也是决定配送效益高低的关键环节，如果备货不及时或不合理，成本较高，就会大大降低配送的整体效益。

备货应该包含两项具体活动，即筹集货物和储存货物。

① 筹集货物。在不同的经济体制下，筹集货物（或者说组织货源）是由不同的行为主体去完成的。若生产企业直接进行配送，那么筹集的工作自然是由企业（生产者）自己去组织。在专业化流通体制下，筹集货物的工作则会出现两种情况：其一，由提供配送服务的配送企业直接承担，一般是通过向生产企业订购或购货完成此项工作；其二，选择商流、物流分开的模式进行配送，订单、购料等筹备货物的工作通常是由货主（如生产企业）自己去做，配送组织只负责进货和集货（集中货物），货物所有权属于事主（接受配送服务的需求者）。然而不管具体做法怎样不同，就总体活动而言，筹集货物都是由订货（或购货）、进货、集货及相关的验货、结算交接等一系列活动组成的。

② 储存货物。储存货物是购货、进货活动的延续。在配送活动中，货物储存有两种表现形态：一种是暂存形态；另一种是储备（包括保险储备和周转储备）形态。

暂存形态的储存是指按照分拣、配货工序要求，在理货场地储存少量货物。这种形态的货物储存是为了适应"日配"、"即时配送"的需要而设置的，其数量多少对下一个环节的工作方便与否会产生很大影响，但不会影响储存活动的总体效益。

储备形态的储存是按照一定时期的配送活动要求并根据货源的到货情况（到货周期）有计划地确定的，它是使配送持续运作的资源保证。如上所述，用于支持配送货物储备有两种具体形态：周转储备和保险储备。然而不管是哪一种形态的储备，相对来说数量都比较多。由此可知，货物储备合理与否，会直接影响配送的效益。

（2）理货　理货是配送的一项重要内容，也是配送区别于一般送货的重要标志。理货包括分拣、配货和包装等各项经济活动。

① 分拣　它是将货物按品名、规格、出入库先后顺序进行分门别类的作业。是指采用适当的方式和手段，从储存的货物中分出（或拣选）用户所需的货物。分拣是配送不同于一般形式的送货及其他物流形式的重要功能要素，也是配送成败的一项重要支持性工作，它是完善送货向高级形式发展的必然，有了分拣作业才能大大提高送货的服务水平。

分拣货物常用的操作方式主要有以下两种：

a. 摘取式分拣就是像在果园中摘果子那样去拣选货物。具体做法是：作业人员拉着集货箱（或称分拣箱）在排列整齐的仓库货架间巡回走动，按照配送单上所列的品种、规格、数量将客户所需要的货物拣出并装入集货箱内。在一般情况下，每次拣选只为一个客户配装；在特殊情况下，也可以为两个客户配装。在摘取式分拣流程中，储位货位相对固定，而拣货人员或工具相对运动，所以又称人到货前式分拣。目前，由于推广和应用了自动化分拣技术，装配了自动化分拣设施，分拣作业的劳动效率得以大大提高。

b. 播种式分拣货物类似于田野中播种操作。其做法是：将数量较多的同种货物集中运到发货场，然后，根据每个货位的发送量分别取出货物，并分别投放到每个代表用户的货位上，直至配货完毕。为了完好无损的运送货物和便于识别配备好的货物，有些经过分拣、组装好的货物尚需重新包装，并且要在包装物上贴上标签，记载货物的品种、数量、收货人姓名、地址及运抵时间。在播种式分拣的流程中，用户的分货位置固定，而分货人员或工具携货物相对运动，所以又称货到人前式分拣。

② 配货　配货是指使用各种拣选设备和传输设备将存放的货物，按客户的要求分捡出来，配备齐全送入指定发货区（地点），它与分拣作业不可分割，二者一起构成一项完整的作业。通过分拣配货可达到按客户要求进行高水平进货的目的。

③ 包装　包装是理货的另一项重要内容，同时也是提高配送服务质量的重要途径，无论是产品还是材料在搬运运输前都要加以某种程度的包装捆扎或装入容器，以保证产品完好送到消费者手中，所以包装被称为产品的终点，同时，也是社会物流的起点。在配送环节中包装的作用具体表现为：保护产品，使物品形成一定的单位，在作业时便于处置，此外，由于使物品醒目、美观，可以提高商品的档次同时促进销售，最终达到提升物流服务质量。

（3）送货（发货）

① 配装　在社会物流系统中，在考虑整体效益的情况下，在配送运输环节中还需要进行另一项重要的工作——配装。在单个客户配送数量不能达到车辆的有效载货负荷时，就存在如何将几种不同客户的货物进行搭载配装以便充分利用运能、运力的问题，这就需要配装。配装有别于一般的送货还在于，通过配装可以大大提高送货水平及降低送货成本，同时能延缓流量过大造成的交通堵塞，减少运次，降低空气污染。所以，配装也是配送系统中具有现代特点的功能要素之一。

② 送货　送货是配送活动的核心，也是备货和理货工序的延伸。在物流运动中，送货的现象形态实际上就是货物的运输（或运送），因此，常常以运输代表送货。但是，组成配送活动的运输（有人称之为"配送运输"）与通常所讲的"干线运输"是有很大区别的：前者多表现为对用户的"末端运输"和短距离运输，并且运输的次数比较多；后者多为长距离运输（"一次运输"）。由于配送中的送货（或运输）需面对众多的客户，并且要多方向运动，因此在送货过程中，常常要涉及运输方式、运输路线和运输工具的选择，按照配送合理化的要求，必须在全面计划的基础上，制定科学的、距离较短的货运路线，选择经济、迅速、安

全的运输方式和适宜的运输工具,通常,配送中和送货(或运输)都把汽车(包括专用车)作为主要的运输工具。其次,配送运输的路线选择问题是一般干线运输所没有的。干线运输的干线一般是唯一的运输路线不可选择,而配送运输路线,由于配送客户多地点分散,一般集中在城市或城郊,且城市交通路线又较为复杂,存在空间和时间上的峰谷交替,如何组合最佳路线选择有效搭载成为配送运输的工作难点,也是配送运输的特点。按照配送合理化要求,必须在全面计划的基础上制定科学的、距离较短的货运路线,选择经济、迅速、安全的运输方式和适宜的运输工具。对于较为复杂的配送运输,需要数学模型规划整合来取得较好的运输效果。

(4)其他功能

① 流通加工 在配送过程中,根据用户要求或配送对象(产品)本身的特点,为便于流通和消费,改进商品质量,促进商品销售,有时需要在未配货之前先对货物进行套裁(如钢材剪切、木材锯裁),简单组装,分装,贴标,包装,分包等加工活动,以求提高配送质量,更好地满足用户需求。配送加工这一功能要素在配送中不具有普遍性,但往往具有重要的意义。其加工目的单一主要是使配送的货物完全适合用户的需求和提高资源的利用率。

② 送达服务 将配送的货物运输到客户还不算是配送工作的结束,这是因为送达货物和客户接受货物往往还会出现不协调,使配送活动前功尽弃。因此,要圆满完成货物的移交,并有效方便地处理相关手续完成结算,还应当讲究卸货地点、卸货方式等。送达服务也是配送所具有的特色。

1.3 配送的模式与流程

1.3.1 配送的模式及其合理化

模式即事物运动的标准样式,配送模式是指构成配送运动的诸要素的组合形态及其运动规律。配送模式是根据经济发展需要、针对不同配送对象,经过反复实践摸索出来的配送方式。不同种类的产品,其配送模式不尽相同;而同一类产品,在不同市场环境下,配送模式也不完全一样。配送模式就是配送业务活动。

(1)从社会物流系统来说,按照配送机构的经营权限和服务范围不同,配送的模式可以总结为以下几种:

① 独立配送模式 独立配送是指配送企业依靠自己建立起来的组织体系和经营网络独立开展配送活动的运作形式。独立配送的运作方法是:各个行为主体通过各种渠道分头与客户建立业务关系,各自单独地组织配送活动。在流通实践中,单独配送有时表现为不同的配送主体各自配送多种货物,从而呈现出综合配送体系;有时又常常表现为众多的配送组织分别独自配送某一个品种或某一种类的货物,显现出专业配送主体形态(如金属材料配送活动,服装配送、油品配送等)。配送主体必须根据配送规律和特点分别建立起配套的组织体系和配备专用的设施和设备。

独立配送模式有利于配送主体根据自身条件和能力灵活地选择用户和开展业务活动。同时,也便于在配送活动中培育出竞争机制。但独立配送有时为一种分散的物流活动,倘若缺少调节机制或调控措施不力,会形成过度竞争局面,降低流通的社会效益。

② 共同配送模式 这是一种配送企业为实现整体配送合理化而相互进行协作或相互提

供物流便利的联合配送形式。其标准的运作模式是：在核心企业（或调控中心）的统筹安排和统一调度下，各个配送企业分工协作，联合行动，共同对某一个地区或某一些用户进行配送。其次，各个配送企业可建造共同仓库，也可以共同利用业已建成的配送中心及其他企业的配送设施和设备。共同配送模式最早产生于日本等发达国家。实践证明，按照上述的配送模式运作，不但可以做到利用距离用户最近的配送中心开展配送活动，从而可以大大降低物流成本，而且也有利于发挥配送企业的整体优势及缓解交通拥挤的矛盾。当然，由于共同配送涉及面较大，牵扯的单位比较多，因此，其组织工作难度较大，在选择、实施这种配送模式时，不但必须建立起庞大的信息网络，而且更需要建立起层次性的管理系统，显然，只有大型的专业流通组织才有能力，有条件组织这类活动。

需要说明的是，共同配送作为一个概念，在日本有另外的特殊含义。按照日本工业标准（JIS）的解释，共同配送是提高物流效率，而对许多企业一起进行配送，包括两种形式：一是由一个配送企业对多家用户进行配送，即由一个配送企业综合某一地区的多个用户的要求，统筹安排配送时间、次数、路线和货物数量，全面进行配送；二是仅在送货环节上将多家用户待运的货物混载于同一辆车上，然后按照用户的要求分别将货物运送到各个接货点上，或者运送到多家用户联合的配送货物接受点上（包括货物），显然，这同上述共同配送的概念是不同的。

③ 集团配送模式　随着生产规模的扩大和生产集约化程度的不断提高，企业的组织结构和组织形式发生了新的变化，企业集团相继形成。在这样的条件下，形成了一种新的配送模式——集团配送模式。集团配送模式不是指系统内部或集团内部物资供应公司对所属各需求单位所开展的配送，而是以一定的方式聚合多个专业流通企业，组成流通企业集团，集中对大中型生产企业定点、定时的及时配送形式和以商贸集团及其所属大型加工中心为媒介，生产企业集团之间的供货活动。

在集团配送模式下，有关企业或企业集团分别承担着供货、存储、加工和送货等业务。集团配送是一种典型的规模经营活动。其服务对象系大中型生产企业，在集团配送模式下，通常都是采用定时、定量和及时配送等方式来满足用户的生产需要，集团配送模式是一种高水平的配送形式。按照这种模式运作，不但需要有良好的经济条件和经济环境，而且要建立高效的指挥系统。这表明，集团配送不仅层次和水平较高，而且组织协调工作的难度也比一般性的配送大。显然，没有强大的经济实力和完善先进的管理体系是很难组织起这类物流活动的。

（2）结构模式

① 商流、物流一体化的配送模式　这种结构模式又称为配销模式。其结构图如图 1-1 所示。

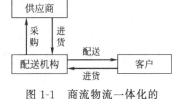

图 1-1　商流物流一体化的配送模式

在这种配送模式下，配送的组织者既从事商品的进货、储存、分拣、送货等物流活动，又负责商品的采购与销售结算等商业活动。配送主体通常是销售企业或生产企业，也可以是生产企业的专门流通机构。这些配送主体不仅参与物流过程，而且将配送作为其商流活动的一种营销手段和策略，即参与商品所有权的让度和转移，在此基础上向客户提供高水平的配送服务。其主要经营目的是商品销售和提高市场占有率。配送的组织者由于直接组织货源及商品销售，因而能够形成资源优势，扩大营销网络及业务范围和服务对象。这种配送模式要求较高，常见于大型汽车配件中心的配送业务。在我国物流实践中以批发为主体经营业务的商品流通机构以及连锁经营企业所进行的内部配送多采用这种模式，国外的许多汽车配件中心（如英国的 HONDA 斯温登配件中心）所开展的配送业务同样属于这种配销模式。

商流、物流一体化的配送模式对于行为主体来说，由于其直接组织货源及商品销售，因而配送活动中能够形成资源优势，扩大业务范围和服务对象，同时也便于向客户提供特殊的物流服务，如配套供应物资等，从而满足客户的不同需求，可见，这种配送模式是一种能全面发挥专业流通企业功能的物流形式，但这种模式对于组织者的要求较高，需要大量资金和管理技术的支持，给企业资源配置带来过重的压力，不利于实现物流活动的规模经营。

此外，由于这种配送活动模式是围绕着销售而开展的，因而不可避免地要受到后者的制约。在现代化大批量、单品种生产条件下生产企业采用这种配送模式直接配送自己的产品，往往难以获得物流方面的优势。

② 商物分离模式　在这种配送模式下，配送组织者不直接参与商品交易活动，即不参与商流活动，它只是专门为客户提供货物的入库、保管、加工、分拣、运送等物流活动，其业务实质上属于"物流代理"。从组织形式上看，其商流与物流活动是分离的，分属于不同的行为主体。

在我国的物流实践中，这类模式多存在于传统的储运企业发展起来的物流企业，企业是在传统的仓储运输业务基础上增加了配送服务功能，其宗旨是为市场提供全面的物流保证。在国外，发达国家的运输业配送中心、仓储配送中心和物流服务中心所开展的配送活动均属于这种配送模式。

其结构模式见图 1-2。

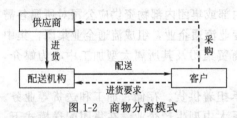

图 1-2　商物分离模式

商流、物流分离的配送模式初级形态是单项服务外包型配送。它主要是有一定规模物流设施（仓库、车辆）以及有经验、技能的批发储运企业或其他物流企业，利用自身优势承担其他生产企业在特定的区域内的各种纯服务性配送业务，在生产企业或其派驻机构的指示下配送企业提供相应的仓储、运输、加工和配送服务。

随着配送业务的发展和客户关系的扩展，配送企业将同期商家（生产、加工企业）及下游企业（零售店铺）建立起规范、稳定和持久的关系，诸如与前者的代理或买断关系，与后者的契约关系，从而使其进一步成长为社会的中介型物流配送企业。一方面系统地处理常规的配送业务，即将生产、加工企业的商品或信息进行统一组合、处理，然后按客户订单的要求，配送到店；另一方面，还可以利用其有效的信息系统为客户交流供应信息提供便利。

这种配送模式的特点有：

配送企业的业务单一，有利于专业化的形成，提高了物流服务水平；

占用资金相对较少，易于扩大经营范围和经营规模；

只提供物流代理服务，企业收益主要来自服务费，经营风险小。

这种模式的主要缺点就是配送机构不直接掌握货源，其调度和调节能力较差；另外，对客户的依赖性强，容易受客户的销售不畅时而导致自身配送规模的下降，经营的主动性差。

例如，位于深圳福田保税区的海福发展（深圳）有限公司是一家专门从事电子零配件配送业务的物流企业，其经营特点是负责接受客户的自行采购的电子零配件，并组织入库、储存、保管，再根据客户的生产计划安排，将其所需要的零配件按必需的数量、品种和规格在正好的时间段准确送达给客户，实质上就是替代生产制造者从事物流代理。在整个业务过程中，配送机构不直接经销商品，也不具有对商品的所有权。

总体上讲配送是物流中一种特殊的综合活动形式，是商流和物流的精密结合，是包含了物流中若干功能要素的一种物流活动。从商流角度看，配送和物流不同之处在于，物流是商物分离的运行方式，而配销则是商物合一。配送本身就是一种商业形式，虽然在具体实施时，也有商物分离的实现形式，单从长远来看，物流与商流精密结合是配送成功的保证。

1.3.2 配送的业务流程

配送的功能是通过配送的具体作业环节来实现的。配送工艺流程一般认为有两种现象形态：一般流程和特殊流程。

一般流程就是配送运动必须经过的基本工艺流程，也是各种货物配送活动共同具有的工艺流程。从现象上看，一般流程是一般意义上的配送工艺流程，特殊工艺流程则刚好相反，它是适应特殊需要和特殊产品运动而设计和实施的工艺流程，不是所有货物配送都必须经历的运动过程。

1. 配送的一般流程

配送的一般流程基本上是这样一个运动过程：进货—存储—分拣—配货—配装—送货。它是各种货物的配送所具有的一些工艺流程环节。在市场经济条件下用户所需要的很多货物都广泛采用配送形式，但是，一般认为以多品种、少批量、多批次、多用户的配送物品能够有效地通过配送实现末端的资源配置。这种类型的配送对象，其配送工艺流程比较复杂，具有代表性，所以这里将这种配送对象的配送流程确认为标准的配送流程。

其基本作业流程图如下（图 1-3）。

现将每个流程的作业内容分述如下：

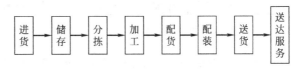

图 1-3　配送的一般流程

（1）进货　进货就是组织货源。它的方式有两种：其一，订货或购货（表现为配送主体向生产商订购货物，由后者供货）；其二，集货或接货（表现为配送主体收集货物，或接收用户所订购的货物），前者的货物所有权（物权）属于配送主体，后者的货物所有权属于用户。

（2）储存　即按用户提出的要求并依据配送计划将购到或收集到的各种货物进行检验，然后分门别类地存储在相应的设施或场所中，以备拣选和配货。存储作业一般都包括这样几道程序：运输—卸货—验收—入库—保管—出库。存储作业依产品性质、形状不同而形式各异。有的是利用仓库进行存储，有的是利用露天场地存储，特殊商品（如液体、气体）则需储存在特制的设备中。为了提高储存的作业效率及使储存环节合理化，目前许多国家普遍采用了先进的储存技术和储存设备。例如，采用"先进先出"的储存方式进行作业，利用贯通式货架、重力式货架和计算机储存系统等储存货物。

（3）分拣和配货　分拣、配货是同一个工艺流程中的两种有着密切关系的经济活动。有时，这两项活动是同量进行和同时完成的（如散装物的分拣和配货）。在进行分拣、配货作业时，少数场合是以手工方式进行操作的，更多的场合是采用机械化或半机械化方式去操作的。如今，随着一些高新技术的相继开发和广泛应用，自动化的分拣、配货系统已在很多国家的配送中心建立起来，并且发挥了重要作用。

（4）配送加工　配送加工是指在配送的流通环节中设置加工环节，是根据市场的需求和客户的要求在配货前对货物进行加工（如分包，钢材的剪切，木材锯裁等），以求提高配送质量，同时可使物流活动增值。

（5）送货 在送货流程中，包括这样几项活动：搬运、配装、运输和交货。其作业程序是：配装—运输—交货。交货是配送的终结，故在送货流程中除了要圆满完成货物的移交任务以外，还必须及时进行货款（或费用）结算。在送货这道工序中，运输是一项主要的经济活动。在进行送货作业时，选择合理的运输方式和使用先进的运输工具，对于提高送货质量至关重要。就运输方式而言，应选择直线运输、"配载运输"（即充分利用运输工具的载重量和容积，合理安排装载的货物和运输方法）方式进行作业。

2. 配送的特殊流程

在实践中，某些有特殊性质、形状的货物，其配送活动有许多独特之处（例如，液体状态的物质资料和配送就不存在配货、配装等工序，金属材料和木材等生产资料的配送常常附加流通加工工序），这样，在配送一般流程和基础上，又产生了配送的特殊流程。其作业程序可以分以下几种：

（1）适于各类食品的配送流程

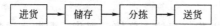

（2）适于煤炭等散货的配送流程

（3）适于木材、钢材等原材料的配送流程

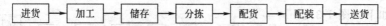

（4）适于机电产品中的散件、配件的配送流程

进货 → 储存 → 加工 → 储存 → 配装 → 送货

1.3.3 配送方式的选择

配送的对象是产品，配送模式就是某种商品的配送流程，配送模式的选择说到底就是选择基于产品在性质、特点及工艺流程的不同而分类后的不同产品的配送作业流程。所以配送模式的选择根本上是产品按本身的性质、特点、工艺流程不同的分类。

我们把新产品分为生产资料产品与生活资料产品两大类。

生产资料是劳动手段和劳动对象的总称。在管理工作中，人们又常常把生产资料分成工业品生产资料和农业品生产资料两类。下面我们将要讲到的是某些工业品生产资料和配送模式，包括各种原料、材料、燃料、机电设备。

1. 生产资料产品配送模式

一般来说，生产资料的消费量都比较大，从而运输量也比较大。从物流的角度看，有些生产资料是以散装或裸露的方式流转的（如金属材料、机电产品），有些产品直接进入消费领域，中间不经过粗加工过程。由于产品的性质和消费情况各异，其配送模式也迥然不同。从流程上看，生产资料配送模式大体上可分为两种。

第一种模式：在配送流程中，作业内容和工序比较简单，除了有进货、储存、装货和送货等作业外，基本上不存在其他工序。这种配送模式的流程是：

进货 → 储存 → 装卸 → 送货

这种模式中，装卸运输作业通常要使用专用的工具或设备，并且车辆可直接开到储货场地进行作业（直接发送）。在流通实践中，按照这种模式进行配送的生产资料产品主要有煤炭、水泥、成品油等。

第二种模式：在配送活动中包含着加工（产品的初级加工）。换言之，加工作业成了配送流程中的一道重要工序。由于产品种类和需求方向不同，在加工工序之后续接的作业不尽一致。下面列出两种配送流程：

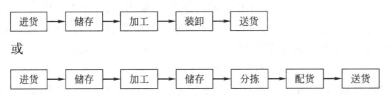

或

显然，第二种模式比第一种模式复杂：不但作业工序多，而且同样的工艺会重复出现（如储存工序）。在物资供应活动中，采用第二种配送方式流转的生产资料产品主要有钢材、木材等。下面我们选出几种有代表性的产品来具体说明生产资料的配送模式。

① 金属材料配送模式。作为配送对象的金属材料主要包括这样几种产品：黑色金属材料（包括各种型材、板材、线材等），有色金属材料（有色金属及其型材）和各种金属制品（如铸件、管件、坯料）。和生活资料相比，金属材料有如下一些特点：重量大、强度高、规格品种繁多，但运输时可以混杂。一般来说，这类物资的产需关系比较稳定，但是需求结构比较复杂。因此，金属材料配送的配送多数都包含着加工工序。对于一些需求量不太大但需要品种较多的用户，金属材料的配送流程中又常常包含着分拣、配货和配装等作业。就加工工序而言，主要有这样几项作业：集中下料；材料剪切、定尺和整形；除锈、剔除毛刺。金属材料的配送工艺流程如图 1-4 所示。

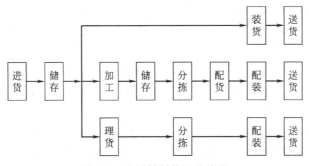

图 1-4　金属材料的配送流程

从图中可以看出，金属材料配送存在着一种特殊情况：若配送品种单一且数量较多的货物，流程中没有也不需要安排分拣、配装等作业（或工序），通常，配送车可以直接开到储货场进行装货、送货。由于金属材料的需求相对稳定，因此在实践中，适宜用计划配送的形式供货；同时因金属材料的需求量大，并且带有连续性，所以也适宜采用集团配送和定时、定量配送的形式向用户供货。

② 煤炭产品配送模式。作为配送对象的煤炭产品主要有原煤、型煤、配煤（混配煤炭）。这类产品需求有这样一些共同特点：需求量大、需求范围广；消耗稳定、用户较固定。由于此类产品储存是以散堆为主，因此很难与其他产品混装。

鉴于煤炭有其特殊的物理性能和化学性质，因而在实际操作中形成了两种不同的配送流程。其中一种工艺流程是从储存场地直接装货、直接送货；另一种工艺流程是在储货场地设

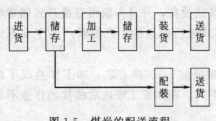

图1-5 煤炭的配送流程

置加工环节，将煤炭加工成配煤（即将几种不同的煤炭掺混在一起，达到消费者的使用要求）和型煤，然后进行装货和发货，如图1-5所示。

煤炭配送模式是单品种散装生产资料配送的典型模式。按照此模式动作，其基本要求是：配送企业要有集中库存的能力和设施；配送主体必须有较强的加工能力；需配置专用的设备和采用专门的技术。煤炭配送的特点是：配送量大且发送（货物）频繁。有些不需要加工的煤炭，在满足整车装运要求的前提下，进行配送时，运输车辆可以去不需要加工的煤场地装运和发货。另外，因配送的煤炭品种单一，故配送流程中不需要分拣、配货作业。

由于煤炭产品的配送量比较大，加上这类产品需求稳定（用户比较固定），因此，在实际操作时常采用计划配送和定量配送等形式向用户供货。

③ 化工产品配送模式。这是特殊产品（指生产资料产品）配送的典型模式。化工产品种类繁多，有些产品无毒无害，有些产品则有毒。本书所讲的化工产品是指单位时间内消耗量大、有毒、有腐蚀性和有一定危险的化工生产品，其中包括硫酸、盐酸、磷酸、烧碱、树脂等。上述化工产品的共同特点是：活性强，不同种类的产品不能混装、混存，其装载运输和储存需使用特制的容器、设备和设施。

由于化工产品形态较为复杂，进货情况不同，所以其配送工艺也不尽一致。从总体上看，基本上有两种形式，即散装或大包装产品配送工艺和小包装配送工艺。

散装或大包装产品配送工艺：配送企业（配送中心）集中进货后，通常都按照要求进行分装加工（变大包装为小包装），然后采取一般配送工艺流程进行配送作业，如图1-6所示。

图1-6 散装产品配送工艺流程　　　　图1-7 小包装产品配送工艺流程

小包装产品配送工艺：有些化工产品在出厂前即已包装成小单元（用户可以接受的单元标准），对于这类产品，配送企业集中进货后不需要进行分拣加工，可以直接按照一般的配送工艺流程安排作业，如图1-7所示。

由于很多用于工业生产的化工产品系有毒、有害物，因此，配送这类物资须配备专用的设施和设备（储存和运输设备）。此外，化工产品的配送只适宜由专业生产企业（化工企业）和专业流通企业（化轻公司）来组织。因用户不宜过多储存有毒、有害、有危险的物资，故采用定点、定量配送方式供货和计划配送方式供货是化工产品配送的主要运作形式。

2. 生活资料产品配送模式

生活资料是用来满足人们生活需要的劳动产品，它包括供人类吃、穿的各种食品、饮料、衣物、用具和各种杂品。生活资料的品种、规格较之生产资料更为复杂，其需求变化也比生产资料要快，因此，生活资料的配送不但必须安排分拣、配货和配装等工艺（或工序），而且其作业难度也比较大。此外，就生活资料中的食品而言，有保鲜、保质期和卫生等质量要求，根据这一特点，一部分生活资料的配送流程中也含着加工工序。关于生活资料配送的作业程序和具体内容，下面我们用日用小杂品的配送模式和食品的配送模式为例进行说明。

① 日用小杂品配送模式。这里所说的日用小杂品主要指这样几类产品：小百货（包括服装、鞋帽、日用品），小机电产品（如家用电器、仪器仪表和电工产品、轴承及小五金），

图书和其他印刷品、无毒无害的化工产品和其他杂品。这类产品的共同特点是：有确定包装、可以集装、混装和混载，产品的尺寸不大，可以成批存放在设有单元货格的现代化仓库中。

由于日用小杂品的品种、规格繁多，其市场需求又呈多品种、小批量状态，因此，其配送流程中必然要求有理货和配货等工序。由于每一个用户每次对日用小杂品的需求量有限，而这类产品又能够进行混存、混装，因此，为了进行合理运输，在配送主流程中又必然安排配装工序。就整个配送流程来看，日用小杂品配送是一种标准化的配送模式，其配送工艺流程如图1-8所示。

图1-8 日用小杂品的配送工艺流程

由图可知，日用小杂品的配送作业工序齐全，但流程中没有加工工序。这是因为，日用小杂品多有包装，其内产品数量一般不太多（即为小包装物品），故在这类产品的配送中很少有流通加工环节出现。

日用小杂品的配送常常要根据用户的临时需要来安排和组织，因而其配送量、配送路线和配送时间等很难固定下来。在现实生活中，往往都是采用即时配送形式和多品种、少批量、多批次配送的方法来向用户供货和发送货物。

② 食品配送模式。食品的种类很多，且形状各异，都有保质、保鲜期。根据这些特点，决定了食品配送有三种工艺流程。

第一种流程：货物组织到以后基本上不存放，很快进行分拣、配货，然后快速送货。中间不存在储存工序。通常，保质期较短和保鲜要求较高的食品（如点心类食品、肉制品、水产品）基本上都按照上述流程进行配送，如图1-9所示。

图1-9 没有储存工序的食品配送工艺流程

图1-10 带有储存工序的食品配送工艺流程

第二种流程：在进货作业后增加储存工序，然后依次进行配货和配装的作业。通常保质期较长的食品主要按照这样的流程配送。操作程序是：大量货物组织进来后，先要进行储存、保管，然后根据用户订单进行分拣、配货、配装，待车辆满载后，随即向各个用户送货。其工艺流程如图1-10所示。

第三种流程：带有加工工序的配送流程。实际操作情况大体上是这样的：大量货物集中到仓库或场地后，先进行粗加工，然后依次衔接储存、分拣、配货、配装和送货等工序，如图1-11所示。

图1-11 带有加工工序的食品配送工艺流程

鲜菜、鲜果、鲜肉和水产品等需要进行粗加工的货物配送经常选用上述包含有加工工序的食品配送模式。而就加工工序的作业内容而言，主要有以下几项：分装货物（将大包装改为小包装），货物分级，去杂质（如蔬菜去根、鱼类去头和内脏），配置半成品等。

食品配送要特别强调速度和保质。因此，在物流实践，一般都采用定时配送、即时配送等形式向用户供货。

3. 配送模式的发展趋势

（1）共同配送 共同配送是指由多个企业为了实现运输规模经济而联合组织实施的配送活动，主要针对某一地区的客户所需物品数量较少而使车辆不满载、配送车辆利用率不高等情况。

从事共同配送的主题可以是货主，也可以是第三方物流企业。对货主来说，共同配送可以在不增加物流费用的前提下，实现小批量、多批次配送；对第三方物流企业来说，可以提高配送效率，改善服务，提高竞争力。同时，共同配送对节约社会运力，减少交通流量，减少空气污染，降低噪声对居民健康的影响也是有利的。

共同配送有两种运作形式：①由一个配送企业对多家用户进行配送，即由一个配送企业综合每一地区内多个用户的要求，统筹安排配送时间、次数、路线和货物数量，全面进行配送；②仅在送货环节上将多家用户待运送的货物混载于同一辆车上，然后按照用户的要求分别将货物运送到各个接货点，或者运到多家用户联合设立的配送货物接收点上。这种配送有利于节省运力和提高运输车辆的货物满载率。

(2) 越库配送

① 越库配送的概念　越库配送是一种避免在将货物送去零售商之前将其放入仓库的运输方式。分销商仅仅把货物从卸货码头移到装运码头或者把它放在一个暂时的地方，越库配送运用条码扫描信息与自动输送设备及先进的摆放技术方式，能够减少物流作业环节。

② 越库配送的功能。实施越库配送的方法，可以降低库存持有成本和配送中心劳动力成本。供应商和分销商可以去掉多余的操作环节及订货标准活动。更多的节省可以通过采取以下措施来实现：

a. 缩短产品操作及储存时间，这样减少劳动力成本、货损和退货。

b. 减少储存和运营的空间要求。

1.4　配送的类型

对配送的适当划分，是深远及细化认识配送的必然。根据不同的标准可以将配送划分出不同的类型。

1.4.1　按配送组织者分类

1. 商店配送

商店配送的组织者是商店零售企业。这些企业主要承担零售，规模一般不大，但经营品种较全面。除日常零售业务外，还可根据客户的要求将商店经营的品种配齐，或代客户订购一部分商店平时不经营的商品，与商店经营的品种一起配齐送给客户。这种配送组织者实力很有限，往往只进行小量、零星商品的配送。对于商品种类繁多且需要量不大的客户，其需求很难与大配送中心建立稳定配送关系的客户，往往可以利用这种配送。商店配送半径较短，灵活机动，是小型的零售网点式的配送，可承担企业非重要货物的配送和消费者个人的配送，对配送系统的完善起着较重要的作用，是配送中心配送的辅助及补充的形式。

2. 配送中心配送

这类配送的组织者是专职从事配送的配送中心。配送中心配送是配送的重要形式，规模较大，储存量也较大，利用先进的配送管理系统、现代物流技术及设备设施等实现专业化的配送，可按配送需要储存各种商品。配送中心配送专业性强，和客户建立固定的配送关系，一般实行计划配送，配送中心的建设及工艺流程是根据配送需要专门设计的，所以配送能力大，配送距离较远，配送品种多，配送数量大，是工商企业货物配送的主要承担者。

3. 仓库配送

它一般是以仓库为据点进行的配送，也可以是以原仓库在保持储存保管功能前提下，增加一部分配送职能，或经对原仓库的改造，使其成为专业的配送中心。一般是多利用现有的仓储条件，不增加过多的投资就能实现配送的仓库，其配送产品往往比较单一，配送模式固定，但配送量较大。例如，许多药品企业多采用这种配送形式。

4. 生产企业配送

这类配送业务的组织者是生产企业，即由生产企业直接把其生产的产品配送到零售网点。而不需要将产品发送到配送中心，减少了一次物流中转，这类生产企业一般是生产地方性特点较强的产品，如食品、饮料、百货等，以及一些不适用于多次中转的化工产品及地方性建材往往采用这种形式，同时配送企业还有较为完善的配送网络和较高的配送管理水平。

1.4.2　按配送时间及数量分类

1. 定时配送

定时配送是指按规定的时间间隔进行配送。如几天一次、几小时一次等，每次配送的品种及数量可以事前拟定长期计划，规定某次为多大的量，也可以配送之前以商定的联络方式（如电话、计算机终端输入等）确定配送品种及数量。这种方式由于时间固定，易于安排工作计划、计划使用车辆，对客户来讲，也易于安排接货的人力物力。但由于备货的要求下达较晚，集货、配货、配装难度较大，在要求配送数量变化较大时，也可能会使配送的合理安排出现困难。

2. 定量配送

定量配送是指按规定的批量进行配送，但不严格确定时间，只是规定在一个指定的时间范围中配送。这种方式由于数量固定，备货工作较为简单，用不着经常改变配货备货的数量，可以托盘、集装箱及车辆的装载能力规定配送的定量，这就能有效利用托盘、集装箱等集装方式，也可做到整车配送，所以配送效率较高。由于时间不严格限定，可以将不同客户所需物品凑整车后配送，运力利用也较好。对客户来讲，每次接货处理同等数量的货物，有利于人力和设备的准备安排。

3. 定时定量配送

定时定量配送是按规定准确的配送时间和固定的配送数量进行配送。这种方式在客户较为固定，又都有长期的稳定计划时采用有明显优势，综合了定时、定量两种方式的优点。这种方式虽较理想，但特殊性强，计划难度大，适合于生产和销售稳定、产品批量较大的生产企业和大型连锁商场的部分产品，但由于其"固定性"，往往难适应多变的市场环境，不是一种固定和普遍的配送方式。

4. 定时定路线配送

这种配送是指在确定的运行路线上制定到达时间表，按运行时间表进行配送。客户可在规定路线站及规定时间接货，可按规定路线及时间表提出配送要求，进行合理选择。采用这种方式有利于计划安排车辆及驾驶人员，在配送客户较多的地区，也可免去过分复杂的配送要求造成的配送组织安排的困难，对客户来讲，也有其便利性，既可在一定线路、一定时间进行配送选择，又可有计划地安排接货力量。但这种方式应用领域也是有限的，不是一种可普遍采用的方式。

5. 即时配送

即时配送是指不预先确定配送数量、配送时间及配送路线，完全按客户要求的时间、数量进行配送的方式。这种方式是以某天的任务为目标，在充分掌握了这一天的需要地、需要量及种类的前提下，即时安排相应的配送车辆和最优的配送路线实施配送。这种配送可以做到每天配送都能实现最优的安排，因而是水平较高的配送方式。通常只有那些配送设施完善，具有较高的管理和服务水平，组织和应变能力较强的专业化配送中心才能实现。

1.4.3　按配送商品的种类和数量分类

1. 单（少）品种大批量配送

企业的货物需要量较大，单独一个品种或仅少数品种就可达到较大输送量，可实行整车运输，这种货物往往不需要再与其他商品搭配，可由配送设施设备及运输能力较强的配送中心实行配送。由于配送量大，可使用大吨位车辆并使用车辆满载，配送中心中的内部设置也不要太复杂，配送组织、计划等工作也较简单，因而配送成本较低。客户选择这种配送主要基于中心储存规模效益及运输的低成本高效率的优势。单品种大批量配送的范围较窄，当可用汽车、火车、船舶从生产企业将这种商品直抵客户，在不致使客户库存增加过大时，采用直送方式往往有更好的效果。

2. 多品种少批量配送

多品种少批量配送是按客户要求，将所需的各种商品（各种需要量不大）配备齐全，凑整装车后由配送据点送达客户。各生产企业所需的重要原材料、零部件一般需要量大，要求也较均衡，采取直送或单品种大批量配送方式可以收到较好的效果。但是，现代企业生产所需的材料，除了少数几种重要货物外，从 ABC 分类方法所体现的重点与非重点种类数来看，处于 B、C 类的货物种类数远高于 A 类重要货物。这些品种数量多，单种需要量不大，采取直送或大批量配送方式必然会加大一次进货批量，造成客户库存增大，库存周期拉长，占用大量资金。类似情况也出现在向零售商店补充配送和向家庭的配送。多品种少批量配送对配货作业的水平要求较高，要有高水平的组织工作保证和配合，高水平、高技术的配送方式及配送的特殊成效，主要反映在多品种少批量的配送。这也是现代化配送的主要体现方式，这种方式也适合现在"消费多样化"、"需求多样化"的新观念，所以是许多发达国家特别推崇的配送方法。

3. 成套配套配送

成套配套配送是按企业生产需要，尤其是装配型企业生产需要，将生产所需全部零部件配齐，按生产节奏定时送达生产企业指定地点，生产企业随即可将此成套零部件送入生产线装备产品。采取这种配送方式，配送企业实际承担了生产企业大部分供应工作，使生产企业能专心于生产。在不增加采购成本的前提下，实现"零库存"。这种配送方式与多品种、少批量的配送有部分相似的效果，但由于其成套及配套的需要，产品在时间数量上有着严格的搭配要求，与多品种有着严格的区别。

1.4.4　按配送专业化程度分类

1. 综合配送

这种配送的特点是配送的商品种类较多，且来源渠道不同，是在一个配送据点中组织不同专业领域的产品向客户配送，因此综合性强。同时，由于综合性配送的特点，决定了它可以减轻客户进货成本，客户只需和少数配送企业联系，便可以解决其多种需求。但对于配送企业来说，由于产品的性能及形状等差别很大，在组织配送时"综合"的难度较大，一般是对相近或同类产品的组合较多，产品在储存及运送方面差别过大时，配送成本往往较高。

2. 专业配送

它是按产品性质和状态划分专业领域的配送方式。这种配送方式由于自身的特点，可以优化配送设施，合理配备配送机械、车辆，并能制定使用合理的工艺流程，以提高配送效率。诸如中小件杂货配送，金属材料配送，燃料煤、水泥、迷彩、平板玻璃、化工产品、生鲜食品等配送，都属于专业配送。当然，专业配送并非越细越好，"同一性状"的不同产品也有一定的综合性，可以实现很好的综合，也就是说其"专业"是相对来说的，并非单指一种产品。

1.4.5 按经营形式分类

1. 销售配送

这种配送的主体大多是销售企业，配送的对象一般是不固定的，客户也不固定，配送的时间及数量往往取决于市场的占有情况。因此，这种配送的随机性较强、计划性较差，是以销售为目的、以配送为手段的配送，大部分商店配送就属于这一类。

2. 供应配送

这是企业为了自己的供应需要而采取的配送方式，它往往是由企业级企业集团组建的配送据点，集中组织大批量进货，然后向本企业或企业集团内若干成员配送。商业经营中的连锁商店广泛采用这种方式。即先通过集中采购，再向各个分店送货，这种方式可以提高供应水平和供应能力，可以通过大批量进货取得价格折扣的优惠，达到降低供应成本的目的。

3. 销售-供应一体化配送

这种配送方式是销售企业对于那些需求基本固定的客户，在进行销售的同时还承担客户有计划的供应职能，起到既是销售者同时又是客户的供应代理人的双重作用。这种配送有利于形成稳定的供需关系，有利于采取先进的计划手段和技术，有利于保持流通渠道的稳定等。

4. 代存代供配送

这种配送是客户把属于自己的货物委托配送企业代存、代供或代订，然后配送。这种配送的特点是货物所有权不发生变化，所发生的只是货物的位置转移，配送企业仅从代存、代供中获取代理收益，而不能获得商品销售的经营性利润。

1.4.6 按配送实现的功能分类

1. 转送模式配送

这种配送的主要功能是转送，进行商品的周转、分拣等作业，一般不具备商品保管、在库管理等功能。采用这种模式的配送中心一般与供货商关系密切，货源准备充足，商品在配送中心的储存时间较短，储存量也很少。

2. 分销模式配送

这种配送拥有商品报关、在库管理等管理性功能，同时又进行商品周转、分拣和配送业务。采用这种模式的配送中心一般设立在口岸或中心城市，然后实现对腹地和周边地区进行分拨或分销。

3. 储存模式配送

这种配送兼有储存和配送双重功能，并以商品的储存、保管功能为主，商品在配送中心的储存时间比转送模式要长。采用这种模式的配送中心通常拥有较大规模的仓储设施，具有很强的储存功能，有利于把零售店铺的商品储存时间和空间减至最低程度。

4. 加工模式配送

这种配送是将大批采购的半成品（如生鲜食品）进行加工、解冻、分割、包装，然后分送给各分店或客户。这种模式较合适于超市生鲜食品部。采用这种模式的配送中心的主要功能是对产品进行清洗、整理、包装、再生产，以保证其上市即可出售并消费。这是与流通加工相结合的一种配送形式，可以在配送据点设置流通加工环节，或者流通加工据点与配送据点组建在一起，实施一体化配送。流通加工与配送的结合，可以使流通加工更具有针对性，更好地满足客户的需求，并且配送企业不但可以依靠送货服务、供应服务取得收益，还可以通过流通加工获得利润。

5. 集疏配送

这是集货与配送相结合的一种形式。这种配送只改变商品数量组成形式，而不改变商品本身的物理、化学性质，一般与干线运输相配合，如大批量进货后小批量多批次发货，或零星集货后形成一定批量再送货等，适用于需先集货后分配的产品，如农产品等。

1.4.7 共同配送

共同配送是为了提高物流效益，对许多客户一起配送，以追求配送的合理化。共同配送可分为以下几种形式：

1. 系统优化型共同配送

这是指一个配送企业综合各客户的要求，在客户可以接受的前提下，对配送时间、数量、次数、线路等方面的安排做出全面规划并科学合理地加以实施，以便实现配送的优化。

2. 车辆利用型共同配送

这是指由一辆配送车辆混载多位货主货物的配送，是一种较为简单易行的共同配送方式。

3. 接货场地共享型共同配送

在客户集中的地区，由于交通拥挤，各客户单独准备接货场地或货物处置场地有困难，由此而产生多个客户联合起来设立配送的接受点或处置点。

4. 物流场地和设施设备共同利用型共同配送

这是指在同一城市或同一地区中有数个不同的配送企业，各配送企业可以共同利用配送中心、配送机械装备或设施，对不同配送企业的客户共同实行配送。

1.5 配送的合理化

1.5.1 配送差别化

配送的差别化是指依据不同的配送对象及配送客户设置不同配送的模式及流程。通过差别化策略实现物流合理化。

根据货物周转的快慢和销售对象规模的大小，把保管场所和配送方式区别开来，利用差别化方法实现物流合理化，即实行周转较快的货物群分散保管，周转较慢的货物群尽量集中保管的原则，以做到压缩流通阶段库存，有效利用保管面积，库存管理简单化；另一种是根据销售对象决定物流的方法，例如对供货量大的销售对象从工厂直接送货，对供货量分散的销售对象，通过流通中心供货，使运输和配送方式区别开来。对于供货量大的对象，每天送货，对于供货量小的对象，集中配送，每隔三天或一周配送一次，灵活掌握配送的次数。

1.5.2　不合理配送的表现形式

配送要实现其真正的规模效益和现代化的供应优势，是一个系统化的规划战略，对于配送的决策优劣，不能简单处之，也很难有一个绝对的标准。例如，企业效益是配送的重要衡量标志，但是，在决策时常常考虑各个因素，有时要做赔本买卖。所以，配送的决策是全面、综合决策。在决策时要避免由于不合理配送出现所造成的损失，但有时某些不合理现象是伴生的，要追求大的合理，就可能派生小的不合理，所以，这里只单独论述不合理配送的表现形式，但要防止绝对化。要综合考虑"效益背反"定律。

（1）资源筹措的不合理　配送是利用较大批量筹措资源。通过筹措资源的规模效益来降低资源筹措成本，使配送筹措资源成本低于客户自己筹措资源成本，从而取得优势。如果不是集中多个客户需要进行批量筹措资源，而仅仅是为某一两个客户代购代筹，对客户来讲，就不仅不能降低资源筹措费，相反却要多支付一笔配送企业的代筹代办费，因而是不合理的。资源筹措不合理还有其他表现形式，如配送计划不准，资源筹措过多或过少，在资源筹措时不考虑建立与资源供应者之间长期稳定的供需关系等。

（2）库存决策不合理　配送应充分利用集中库存总量低于各客户分散库存总量，从而大大节约社会财富，同时降低客户实际平均分摊库存负担。因此，配送企业必须依靠科学管理来实现一个低总量的库存，否则就会出现单是库存转移，而未解决库存降低的不合理。当然库存总量的不足，不能保证随机的需求失去应有的市场亦是不合理的一种决策。

（3）价格不合理　总的来讲，配送的价格应低于不实行配送时，客户自己进货时产品购买价格加上自己提货、运输、进货之成本综合，这样才会使客户有利可图。有时候，由于配送有较高服务水平，价格稍高，客户也是可以接受的，但这不能是普遍的原则。如果配送价格普遍高于客户自己进货价格，损伤了客户利益，就是一个不合理表现。当然，价格制定过低，使配送企业处于无利或亏损状态下运行，会损伤销售者，也是不合理的。

（4）配送与直达的决策不合理　一般的配送总是增加了环节，但是这个环节的增加，可降低客户平均库存水平，对此不但抵消了增加环节的支出，而且还能取得剩余效益。但是如果客户使用批量大，可以直接通过社会物流系统均衡批量进货，较之通过配送中转送货则可能更节约费用，所以，在这种情况下，不直接进货而通过配送，就属于不合理范畴。

（5）经营观念的不合理　在配送实施中，有许多是经营不合理，使配送优势无从发挥，相反却损坏了配送的形象。这是在开展配送时尤其需要注意克服的不合理现象。例如，配送企业利用配送手段，向客户转嫁资金、库存困难，在库存过大时，强迫客户接货，以缓解自己库存压力，在资金紧张时，长期占用客户资金，将客户委托资金挪做它用获利等。

（6）送货中不合理运输　配送与客户自提比较，尤其对于多个小客户来讲，可以集中配装一车送几家，这比一家一户自提，可大大节省运力和运费。如果不能利用这一优势，仍然是一户一送，而车辆达不到满载（即时配送过多过频时会出现这种情况），就属于不合理。

此外，不合理运输若干表现形式，在配送中都可能出现，会使配送变得不合理。

1.5.3　配送合理化

配送作为物流活动的一个重要环节，其合理化总体上要考虑其宏观和微观效益，要整体上考虑配送在缓解城市交通拥挤，降低空气污染，降低社会库存总量等宏观因素，同时，通过规模效益，降低企业的库存成本，通过现代化的先进配送方式提高供应能力和效率，降低企业经营的成本风险，提高服务质量等微观效益。

对于配送合理与否的判断，是配送决策系统的重要内容，目前国内外尚无一定的技术经济指标体系和判断方法，从微观的角度来看，以下若干标志是应当纳入的。

1. 配送合理化的判断标志

（1）库存标志。库存是判断配送合理与否的重要指标。具体指标有以下两方面：

① 库存总量。库存总量在一个配送系统中，从分散于各个客户转移给配送中心，配送中心库存数量加上各客户在实行配送后库存量之和，应低于实行配送前各客户库存量之和。这是判断配送是否合理化的一个重要指标。

此外，从各个客户角度判断，各客户在实行配送前后的库存比较，也是判断合理与否的标准，某个客户库存量上升而总量下降，也属于一种不合理。

库存总量是一个动态的量，上述比较应当是在一定经营量的前提下。在客户生产和发展之后，库存总量的上升则反映了经营的发展，必须扣除这一因素，才能对总量是否下降做出正确判断。

② 库存周转。由于配送企业的调剂作用，以低库存保持高的供应能力，库存周转一般总是快于原来各企业库存周转。

此外，从各个客户角度进行判断，各客户在实行配送前后的库存周转比较，也是判断合理与否的标志。

为取得共同比较基准，以上库存标志，都可以库存储备资金计算，而不以实际物资数量计算。

（2）资金标志。总的来讲，实行配送有利于资金占用降低及资金运用的科学化，具体判断标志如下：

① 资金总量。用于资源筹措所占用物流资金总量，随储备总量的下降及供应方式的改变必然有一个较大的降低。

② 资金周转。从资金运用来讲，由于整个节奏加快，资金充分发挥作用，同样数量资金，过去需要较长时间才能满足一定供应要求，配送之后，在较短时期内就能达此目的。所以资金周转是否加快，是衡量配送合理与否的标志。

③ 资金投向的改变。资金分散投入还是集中投入，是资金调控能力的重要反映。实行配送后，资金必然应当从分散的投入改为集中投入，以增加调控作用。

（3）成本和效益。总效益、宏观效益、微观效益、资源筹措成本都是判断配送合理化的重要标志。对于不同的配送方式，可以有不同的判断侧重点。例如，配送企业、客户都是各自独立的以利润为中心的企业，不但要看配送的总效益，而且还要看对社会的宏观效益及两个企业的微观效益，不顾及任何一方，都必然出现不合理。又例如，如果配送是由客户集团自己组织的，配送主要强调保障能力和服务性，那么，效益主要从总效益、宏观效益和客户集团企业的微观效益来判断，不必多顾及配送企业的微观效益。

由于总效益及宏观效益难以计量，在实际判断时，常按国家政策进行经营，完成国家税收及配送企业和客户的微观效益来判断。

对于配送企业而言（在投入确定了的情况下），则企业利润反映配送合理化程度。

对于客户企业而言，在保证供应水平或提高供应水平（产出一定）前提下，供应成本的降低，反映了配送的合理化程度。

成本及效益对合理化的衡量，还可以具体到储存、运输具体配送环节，使判断更为精细。

（4）供应保障标志。实行配送，各客户的最大担心是害怕供应保障程度降低，这是个心态问题，也是承担风险的实际问题。

配送的重要一点是必须提高而不是降低对客户的供应保障能力，才算实现了合理。供应保障能力可以从以下几方面判断：

① 缺货次数。实行配送后，对各客户来讲，该到货而未到货以致影响客户生产及经营的次数，必须下降才算合理。

② 配送企业集中库存量。对每一个客户来讲，其数量所形成保证供应能力高于配送前单个企业保证程度，从供应保证看才算合理。

③ 即时配送的能力及速度是客户出现特殊情况的特殊供应保障方式，这一能力必须高于实行配送前客户紧急进货能力及速度才算合理。

特别需要强调一点，配送企业的供应保障能力，是一个科学的合理的概念，而不是无限的概念。具体来讲，如果供应保障能力过高，超过了实际需要，属于不合理。所以追求供应保障能力的合理化也是有限度的。

（5）社会运力节约标志。末端运输是目前运能、运力使用不合理，浪费较大的领域，因而人们寄希望于配送来解决这个问题。这也成了配送合理化的重要标志。

运力使用的合理化是依靠送货运力的规划和整个配送系统的合理流程及与社会系统合理衔接实现的。送货运力的规划是任何配送中心都需要花力气解决的问题，而其他问题有赖于配送及物流系统的合理化，判断起来比较复杂。可以简化判断如下：

① 社会车辆总数减少，而承运量增加为合理；

② 社会车辆空驶减少为合理；

③ 一家一户自提自运减少，社会化运输增加为合理。

（6）客户企业仓库、供应、进货人力物力节约标志。配送的重要观念是以配送代替客户自提，因此，实行配送后，各客户库存量、仓库面积、仓库管理人员减少合理；用于订单、进货、搞供应的人应减少才为合理。真正解除了客户的后顾之忧，配送的合理化程度则可以说是一个高水平了。

（7）物流合理化标志。配送必须有利于物流合理。这可以从以下几方面判断：

① 是否降低了物流费用；

② 是否减少了物流损失；

③ 是否加快了物流速度；

④ 是否发挥了各种物流方式的最优效果；

⑤ 是否有效衔接了干线运输和末端运输；

⑥ 是否不增加实际的物流中转次数；

⑦ 是否采用了先进的技术手段。

配送合理化的问题是配送要解决的大问题，也是衡量配送本身的重要指标。

2. 配送合理化可采取的做法

国内外推行配送合理化，有一些可供借鉴的办法，简介如下：

（1）推行一定综合程度的专业化配送。通过采用专业设备、设施及操作程序，取得较好的配送效果并降低配送过分综合化的复杂程度及难度，从而追求配送合理化。

（2）推行加工配送，通过加工和配送相结合，充分利用本来应有的这次中转，而不增加新的中转求得配送合理化。同时，加工借助于配送，加工目的更明确，和客户联系更紧密，避免了盲目性。这两者有机结合，投入不增加太多却可追求两个优势、两个效益，是配送合理化的重要经验。

（3）推行共同配送。通过共同配送，可以以最近的路程、最低的配送成本完成配送，从而追求合理化。

（4）实行送去结合。配送企业与客户储存据点，甚至成为产品代销人，在配送时，将客户所需的物资送到，再将客户生产的产品用同一车运回，这种产品也成了配送中心的配送产品之一，或者作为代存代储，免去了生产企业库存包袱。这种送去结合，使运力充分利用，也更大地发挥配送企业功能，从而追求合理化。

（5）推行准时配送系统。准时配送是配送合理化重要内容。配送做到了准时，客户才有资源把握，可以放心地实施低库存或零库存，可以有效地安排接货的人力、物力，以追求最高效率的工作。另外，保证供应能力，也取决于准时供应。从国外的经验看，准时供应配送系统是现在许多配送企业追求配送合理化的重要手段。

（6）推行即时配送。即时配送是最终解决客户企业担心断供之忧，大幅度提高供应保障能力的重要手段。即时配送是配送企业快速反应能力的具体化，是配送企业能力的体现。

即时配送成本较高，但它是整个配送合理化的重要保证手段。此外，客户实行零库存，即时配送也是重要保障手段。

西安高校蔬菜的物流与配送案例

随着经济的发展，生活节奏的加快，人们生活水平的提高和对更好生活品质的追求，新鲜蔬菜销售走出传统模式，新鲜蔬菜以现代配送方式走进家庭是大势所趋，针对西部地区的具体情况，以高校作为蔬菜配送的起点，解决了过去蔬菜供应费时费力、蔬菜品质难以保证等一系列问题。而且，由于减少了中间环节，蔬菜成本大大降低，为购买蔬菜提供了最方便快捷的途径。由于高校人口密度大，网络普及率高，容易接受新事物，所以选择高校作为蔬菜配送的起点非常合适，对以后家庭用户的蔬菜配送也是一个经验积累。

1. 国内外蔬菜配送的现状

国外蔬菜配送已经很发达，在欧洲，集体订购和家庭订购量已占了40%，其余需求量一般由超市供应，而超市作为配送中心也可以看作蔬菜配送的一种。日本由于生活节奏快，在蔬菜配送上做得更为出色，年产值数以百亿计。

我国沿海发达地区，蔬菜配送业务这几年飞速发展，像北京、上海等地，很多小区内部都有配送中心，订购业务发展很快。深圳的蔬菜配送公司万家欢，从1995年成立至今，已吞并30多家蔬菜配送公司，不仅垄断了广东市场，还伸展到海南、云南、福建，而一个广州市场仅2003年蔬菜配送就达60亿产值。

西安是高校密集的省会，各高校分布比较集中。随着招生规模的扩大，各高校的学生一般都在万人以上，有的可达3万人，再加上教职员工，是一个庞大的消费群体。目前，各高校食堂所需蔬菜，每天需派专人采购，还需配备专用货车，费事费力。因为对蔬菜的来源不了解，蔬菜品质与质量难以保证。如果采用蔬菜配送的模式，以上不足都可避免。

2. 西安高校采用蔬菜配送的优点

每天傍晚，各高校通过浏览网站，了解各种蔬菜的信息，按照需求给物流中心发去订单（可以是电话、传真、E-mail等），物流中心把各高校的订单汇总、调整后，按照订单要求及供需方的具体情况准时配送，其优点如下：

订货方便，省时省力。只需一个电话或 E-mail，足不出户就可采购到自己所需的各种蔬菜，不必派专人采购，也不需自己准备运货工具。

价格便宜。配送的优势之一就是通过集货形成规模效应，减少中间环节，使蔬菜的成本大大降低。蔬菜品质可以保证。配送中心拥有自己的蔬菜基地，对蔬菜的种植、农药的使用量和蔬菜质量均有严格要求。为使客户放心，配送中心蔬菜的清洗、消毒、加工工作也有严格的规定，并且绝对保证蔬菜保存时间少于 24h，安全、卫生、新鲜。配送时间准确。每天早 8～9 点和下午 2～3 点把蔬菜定时送达各高校。

3. 高校蔬菜物流与配送计划

（1）配送的基本功能　配送实际上是一个物品集散过程，包括集中、分类和散发 3 个步骤。这 3 个步骤由一系列配送作业环节组成。配送的基本功能要素主要包括集货、分拣、配货、配装、送货等。

集货：集货是配送的首要环节，是将分散的、需要配送的物品集中起来，以便进行分拣和配货。西安各高校主要集中在南郊，故可在南郊设立蔬菜基地，采用规模生产方式，每天按照订单要求，把一定量的蔬菜送到配送中心。

分拣、配货：配送中心收到蔬菜基地的蔬菜后马上按类、按质、按照各高校的要求拣取、配备，并贴上标签，以减少差错，提高配送质量，并力求树立品牌。

配装：配装指充分利用运输工具的载重量和容积，采用先进的装载方法，合理安排货物的装载。在西安各高校的蔬菜配送计划中，主要利用货车进行运输。

送货：送货是指将配好的蔬菜按照配送计划确定的配送路线送达各高校，并进行交接。如何确定最佳路线，使配装和路线有效地结合起来，是配送运输的特点，也是难度较大的工作。

（2）配送网络结构的确定　配送网络结构一般分为集中型、分散型、多层次型 3 种。到底选用哪种配送网络取决于外向运输费用和内向运输费用的高低。外向运输成本是指从配送中心到顾客的运输成本，内向运输成本是指货物供应方到配送中心的运输成本。

① 集中型配送网络　如图 1-12 所示，这种配送网络只有一个配送中心，所以库存集中，有利于库存量的降低和规模经济的实现。但存在外向运输成本增大的趋势。其特点是管理费用少；安全库存低；用户提前期长；运输成本中外向运输成本相对高一些。

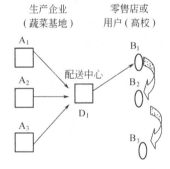

图 1-12　集中型配送网络示意图

② 分散型配送网络　如图 1-13 所示，这种方案根据用户的分布情况，设置多个配送中心，其特点是外向运输成本低，而内向运输成本高，且管理费用增大，库存分散，但是用户的提前期可以相对缩短。

③ 多层次型配送网络　这种配送网络是集中型和分散型配送网络的综合。

通过对西安高校地理位置，蔬菜基地位置和各节点交通状况，运输费用的综合性考虑，决定采用集中型配送网络。

（3）配送模式与服务方式的确定　蔬菜配送方式属于城市配送中心，并且是加工型配送中心。配送网络确定后，配送模式与服务方式就成为降低配送成本，提高服务水平的关键。由于蔬菜配送的特殊性（蔬菜不宜储藏），宜选用直通

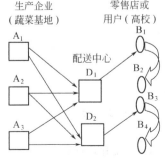

图 1-13　分散型配送网络示意图

型配送模式，即商品从蔬菜基地到达配送中心后，迅速分拣转移，在12h内准时配送。准时配送的特点是时间的精确性，要求按照用户的生产节奏，恰好在规定的时间将货物送达，可以完全实现"零库存"。为了达到整个物流信息系统的高效性、准确性，有必要采用电子商务与配送系统相结合的配送方式。蔬菜配送网络成了配送中心、蔬菜基地、各高校之间的商务、信息交流平台。

（4）配送路线的确定 在讨论蔬菜配送的路线问题之前，先来讨论一个旅行商（TSP）问题：一个旅行者从出发地出发，经过所有要到达的城市之后，返回出发地。要求合理安排其旅行路线，使总旅行距离（或旅行时间，旅行费用等）最短。如果把配送中心看成配送路线的起点和终点的话，配送路线问题就是一个旅行商问题。

出发，到达 P_1 和 P_2 后，返回 P_0，经过的路线相比较，显然图1-13比图1-12更经济合理。节约量为 $(2d_1+2d_2)-(d_1+d_2+d_3)=d_1+d_2-d_3$，不过这个节约公式的前提条件是各节点之间可直接相连，即有最短路线。

综合西安高校的地理分布情况，可以发现西安各高校交通路线都是横平竖直的，不满足以上要求。所以最优路线设计意义不大，但别的配送问题很有意义。

4. 网站的建立

作为一个纯商业性网站，蔬菜配送中心的网站主要是为通过电子商务模式购买蔬菜的新型顾客提供最方便快捷的途径，真正做到让网民足不出户，就能买到一份质优价廉的蔬菜。同时介绍、宣传公司的各种产品。当消费者浏览网页时，可以看到网站提供的各种时新蔬菜的图片和详细的资料，并为不同的客户提供专业的营养菜谱，满足客户的各种要求。

5. 结语

此处，高校蔬菜的物流与配送只是起到一个抛砖引玉的作用。随着职业妇女的增加和人们消费观念的改变，针对工矿企业和家庭的主动型蔬菜配送，以其价格合理，节省时间，销售期短，质量稳定等优势，在未来将成为农产品销售的主流形式，商机无限。

分析：
1. 西安高校采用蔬菜配送的优点。
2. 西安高校是如何实现物流配送的各项功能的？
3. 我国国内蔬菜配送的发展现状。

思考与练习

一、选择题

1. _____、_____ 是现代化物流配送的独特要求。

2. 配送按供应主体来分，可以分为 _____、_____、_____、_____。

3. 配送按照配送时间及数量分类，分为 _____、_____、_____、_____、_____。

二、选择题

1. 木材、钢材等原材料配送经常采用下面哪一种作业工序（ ）。

A. 进货 储存 分拣 送货   B. 进货 储存 送货

C. 进货 加工 储存 分拣 配货 配装 送货   D. 进货 储存 加工 储存 装配 送货

2. 下面对拣取式分拣方式表述正确的是（ ）。

A. 拣取式分拣方式又叫作摘果式分拣   B. 拣取式分拣方式又叫作播种式分拣

C. 拣取式分拣方式又叫作分货式分拣   D. 拣取式分拣方式工作重复程度小

3. 按事先签订协议规定的数量进行配送，称为（　　）。

A. 定时配送　　　　B. 定点配送　　　　C. 定时、定量配送　　D. 定量配送

4. 对于在消费者集中的商业繁华区的用户，配送一般适合采用（　　）。

A. 定时定量配送　　B. 准时配送　　　　C. 定时定路线配送　　D. 日配

5. 在经济合理区域范围内，根据用户要求，对物品进行拣选、加工、包装、分割、组配等作业，并按时送达指定地点的物流活动称为（　　）。

A. 运输　　　　　　B. 装卸搬运　　　　C. 配送　　　　　　D. 流通加工

三、简答

1. 配送与物流的区别与联系。

2. 配送的一般流程。

3. 商流、物流一体化的配送模式。

4. 简述配送的特点。

四、应用于实训

比较各种商品的不同，区别不同的配送模式，试设计以下产品的配送模式：

1. 矿泉水的配送模式；

2. 服装的配送模式；

3. 汽车的配送模式。

第 2 章 配送备货作业

【学习目标】

通过本章的学习，了解配送中心在进行配货管理时应控制的相应环节及备货对配送活动的重要作用，熟悉订单处理模式、备货及配货的各种具体方法等内容，掌握订单处理的作业流程、订单处理系统的作业及设计，使学生具备编制配货计划的水平和相关能力。

【导入案例】

联华生鲜食品加工中心的订单管理

上海联华生鲜食品加工配送中心是我国国内目前设备最先进、规模最大的生鲜食品加工配送中心，总投资 6000 万元，建筑面积 35000m²，年生产能力达 20000t，其中肉制品 15000t，生鲜盆菜、调理半成品 3000t，西式熟食品 2000t，产品结构分为 15 类约 1200 多种生鲜食品；在生产加工的同时配送中心还从事水果、冷冻品以及南北货物的配送任务。连锁经营的利润重点在物流，物流系统好坏的评判标准主要有两点：物流服务水平和物流成本。好的物流水平加上比较低的物流成本可以使一个物流企业在市场具有较强的竞争力。

生鲜商品按其秤重包装属性可分为：定量包装商品、秤重包装商品和散装商品；按物流类型分：储存型、中转型、加工型和直送型；按储存运输属性分：常温型、低温型和冷冻品；按商品的用途可分为：原料、辅料、半成品、产成品和通常商品。生鲜商品大部分需要冷藏，所以其物流流转周期必须很短，才能从根本上节约物流成本；再加上生鲜商品保值期很短，客户对其色泽、新鲜度、口味等要求都很高，所以在物流过程中需要快速流转。两个评判标准在生鲜配送中心通俗地归结起来就是"快"和"准"，下面看看联华生鲜配送中心是如何做到的。

1. 订单管理

门店的货物需求订单通过联华数据通信平台，实时地传输到生鲜配送中心，在订单上制定各种商品的类型、数量和相应的到货日期。生鲜配送中心接受到门店的订货数据后，立即到系统中生成要货订单，按不同的商品物流类型进行不同的处理：

（1）储存型的商品。针对这种商品，订货系统计算当前的有效库存，再根据门店的要货需求以及日均配货量和相应的供应商送货周期，就会自动生成各储存型商品的建议补货订单，采购人员根据此订单再根据实际情况作一些修改，即可形成正式的供应商订单。

（2）中转型商品。和第一种商品相比，此种商品没有库存，订货时根据直进直出的原则，订货系统根据门店的需求汇总，按到货日期直接生成供应商的订单。

（3）直送型商品。根据到货日期，分配各门店直送经营的供应商，直接生成供应商直送订单，并通过 EDI 系统直接发送到供应商。

（4）加工型商品。系统按日期汇总门店要货，根据各产成品或半成品的 BOM 表计算物料耗用，比对当前有效的库存，系统生成加工原料的建议订单，生产计划员根据实际需求作调整，发送采购部生成供应商原料订单。

各种不同的订单在生成或手工创建后，通过系统中的供应商服务系统自动发送给各供应商，时间间隔在 10min 内，这就保证了我们对订货的"快"的要求。

2. 订单处理系统的设计要点

（1）订单处理系统所需输入数据包括客户资料、商品规格资料、商品数量等。

（2）日期及订单号码、报表单号码（报表单号码由系统自动填写，但可修改）。

（3）具备按客户名称、客户编号、商品名称、商品编号、订单号码、订货日期、出货日期等查询订单内容的功能。

（4）具备客户的多个出货地址记录，可根据不同交货地点开具发票。

（5）可查询客户信用、库存数量、产能分配及设备工具使用状况、人力资源分配。

（6）具备单一订单或批次订单打印功能。

（7）报价系统具备由客户名称、客户编号、商品名称、商品编号、最近报价日期、最近订货数据等查询该客户的报价历史、订购出货状况和付款状况等资料，作为对客户进行购买力分析及信用评估的标准。

（8）可由销售主管或高层主管随时修改客户信用额度。

（9）具备相似产品、可替代产品资料，当库存不足无法出货时，可向顾客推荐替代品以争取销售机会。

（10）可查询未结订单资料，以利出货作业的跟催。

通过上面案例，我们可以看到货物的配送管理在整个物流过程中起着重要的作用。做好物流配送，不仅可以有效地节约物流成本，提高物流配送效率，而且我们知道，在整个过程中，物流订单的处理是重中之重。通过上面的案例，我们看到了订货系统的重要性，这一章我们就学习订货系统的一些常见的处理方法。

2.1 订单处理

物流配送中心每天的作业里，订单处理为每日必行作业，也是一切配货作业的起始。俗话说"只有在接到订单之后，其他事情才会开始"，订货处理是实现企业顾客服务目标最重要的影响因素。改善订货处理过程，缩短订货处理周期，提高订单满足率和供货的准确率，提供订货处理全程跟踪信息，可以大大提高顾客服务水平与顾客满意度，同时也能够降低库存水平，在提高顾客服务水平的同时降低物流总成本，使企业获得竞争优势。订货处理是物流信息系统的核心部分。物流信息系统是改善包括订货处理在内的供应链管理过程的重要工具，准确、完备、快速的信息处理与信息传递是现代物流管理发展的主要驱动力。因此订单处理作业的成效深深影响着后续的拣货配送等作业，尤其是如何快速、正确、有效地取得订货资料；如何有效处理因多样少量高频度订货所引发的多量、繁杂的订货资料；如何追踪、掌握订单的进度以提升客户服务水准以及如何支持、配合相关作业等，皆是订单处理急需面对的主要任务。

2.1.1 订单处理模式

订单是配送中心开展配送业务的依据。订单处理是指从接到客户订货开始到准备着手拣货为止的作业阶段，是配送中心顺利实施业务活动的第一步，是企业的核心业务。配送中心订单处理的模式通常为：订单准备、订单传递、订单登录、按订单供货及订单处理状态跟踪。

（1）订单准备：即将客户订货可能涉及到的信息制作成订单，做到订单填写前的准备工作。

（2）订单传递：将准备好的订单传递到相关职能部门，以备填写。

（3）订单登录：将客户的正式订单输入订单处理系统。

（4）按订单供货：配送中心的备货、理货、加工、储存、运输等业务部门按客户订单的要求，各自保质保量地完成任务，确保货物及时准确地送达客户手中。

（5）订单处理状态追踪：配送中心为客户提供货物后，并不等于配送服务即告完结，客户对配送商品的质量、数量等方面的满意状况如何，客户对配送服务的满意度多大，客户使用配送产品后对产品、服务的意见和建议，客户今后的产品配送情况等，都是订单处理状态追踪的内容。配送中心要建立动态的订单管理系统，及时了解、反馈客户的各种情况，争取与客户建立长期的配送关系。

2.1.2 订单处理系统

订单处理系统主要包括两种作业，即客户询价、报价与订单的接受确认与输入。

1. 客户的询价与报价

企业经营的最终目的是对经济效益的追求。配送中心的客户在向配送中心下达订单之前，需要对配送成本进行相应的了解，向配送中心询价即是其获得配送成本信息的方式。通常，配送中心将客户的询价信息输入中心的自动报价系统，通过自动报价系统对客户的要求进行综合评价、分析，选择与客户进行合作的方案。自动报价系统的作业流程是：

（1）要求询价者输入以下数据：客户名称、询问商品的名称、商品的详细规格、商品等级等。

（2）自动报价系统根据这些数据调用产品明细数据库、客户交易此商品的历史数据库、此客户报价的历史数据库、客户数据库、厂商采购报价等，以取得此项商品的报价历史资料、数量折扣、客户以往交易记录及客户折扣、商品供应价等数据。

（3）配送中心按其所需经历与运送成本、保管成本等来计算销售价格。

（4）由报价单制作系统打印出报价单，经销售主管审核后即可送交客户。

（5）报价单经客户签回后即可成为正式订单。

2. 订单的接受、确认与输入

配送中心接受客户订货的方式主要有传统订货方式和电子订货方式两大类。

传统订货方式是指利用人工方法书写、输入和传送订单，其方法包括：

（1）铺货。配送中心按客户的购货单直接将商品放在货架上。

（2）巡货配送。配送中心按巡货人员列出的需补充商品的订单为客户整理货架。

（3）口头电话。客户利用电话将需要的商品名称、数量告知配送中心，实施口头订货。

（4）传真订货。客户将缺货信息整理成文，利用传真机传给配送中心。

（5）邮寄订单。客户将订货单邮寄给配送中心。

（6）客户自行取货。客户自行到配送中心看货、补货。此种方式多为小型零售商因位置靠近配送中心而采用。

（7）业务员跑单接单。业务员到客户处推销产品，然后将订单带回或用电话将订单告知公司。

2.1.3　电子订货方式

1. 电子订货方式相关概述

电子订货方式是指配送中心借助计算机信息处理系统，将订货信息转为电子信息，由通信网络传送订单的一种订货方式。其方法主要有：

（1）订货簿或货架标签配合手持终端机和扫描器。订货人员系带订货簿及手持终端机巡视货架，若发现商品缺货就用扫描器订货簿或货架上的商品条码标签，再输入订货数量，当所有的订货资料皆输入完毕后，利用数据机将订货信息传给总公司或配送中心。

（2）POS 系统订货。客户若有 POS 收银机，则可在商品库存档设定安全存量。每当销售一笔商品时，电脑自动扣除该商品库存。当库存低于安全存量时，便自动生成订单，经确认后便通过通信网络传给总公司或配送中心。

（3）订货应用系统。客户的计算机信息系统里若有订单处理系统，可将订货信息通过与配送中心约定的共同格式，在约定的时间里将订货信息传出。

电子订货方式不仅可大幅度提高客户的服务水平，也能有效地缩减存货及相关的成本费用。但其运费较为昂贵，因此在选择订货方式时视具体情况而定。

配送中心接到客户的订单后，需对订单的内容进行确认并实施处理。

（1）确认需求品种、数量及日期，接受订单后就需要对货物的数量及日期进行确认。货物数量及日期的确认是对订货资料项目的基本检查，即检查品名、数量、送货日期等是否有遗漏、笔误或不符合公司要求的情形，尤其当送货时间有问题或出货时间已延迟时，更需要与客户再次确认和更正运送时间。

（2）确认客户信用。不论是何种订单，接受订单后都要查核客户的财务状况，以确定其是否有能力支付该订单的账款。通常的做法是检查客户的应收账款是否已超过其信用额度。具体可采取以下两种途径来检查客户的信用额度：

① 输入客户代号或客户名称：当输入客户代号或名称资料后，系统即加以检核客户的信用状况，若客户应收款已超出其信用额度，系统加以警示，以便输入决定是否继续输入其订货资料还是拒绝其订单。

② 输入订单项目资料：当输入客户订购项目资料后，客户此次的订购金额加上以前累计的应收账款超过信用额度，系统应将此订单资料锁定，以便主管审核，审核通过后，此订单资料才能进入下一个处理步骤。

（3）确认订单形态　在接受订货业务上，表现为具有多种订单的交易形态，所以物流中心应对不同的订单形态采取不同的交易及处理方式。

① 一般交易订单：一般的交易订单就是接单后按正常的作业程序拣货、出货、发送、收款的订单。接到一般交易订单后，将资料输入订单处理系统，按正常的订单处理系统进行处理，资料处理完后进行拣货、出货、发货、收款等业务。

② 现销式交易订单：现销式交易订单就是与客户当场交易，直接给货的交易订单。这种订单在输入资料前就已把货物交给了客户，故订单资料不再参与拣货、出货、发货等作业。

（4）间接交易订单：间接交易订单就是客户向配送中心订货，直接由供应商配送给客户的订单。接到间接交易订单后，可将客户的出货资料传给供应商由其代配。此交易方式需要注意的是，客户的送货单是自行制作或委托供应商制作的，应对出货资料加以核对确认。

（5）合约式交易订单：合约式交易订单就是与客户签订配送契约的交易订单。对待合约式交易订单，应该约定的送货期间，将配送资料输入系统处理以便出货配送；或一开始便输入合约内容的订货资料并设定各批次送货时间，以便在约定日期系统自动产生所需的订单资料。

（6）寄库式交易订单：寄库式交易订单是客户因促销、降价等市场因素现行订购一定数量的商品，往后视需要再要求出货的交易订单。

处理寄库式交易订单时，系统应检核客户是否确实有此项寄库商品。若有，则出此项商品，否则，应加以拒绝。

2. 确认订单价格

不同的客户、不同的订货量，可能有不同的价格，输入价格应加以检查。若输入的价格不符（输入错误或因业务员降价强拉单等），系统应加以锁定，以便主管审核。

3. 确认加工包装（是否需要特殊的包装、分装或贴标签等）

客户对于订购的商品，是否有特殊的包装、分装或贴标等要求，或是有关赠品的包装等资料都要详细确认记录。

4. 设定订单号码

每一订单都要有其单独的订单号码，号码由控制单位或成本单位指定，除了便于计算成本外，可以用于制造、配送等一切有关工作，且所有工作说明单及进度报告均应附此号码。

5. 建立客户档案

将客户情况详细登录，以利于日后查询。客户档案的内容应包括如下内容：

（1）客户名称、代号、等级等；

（2）客户的信用额度；

（3）客户销售付款及折扣率的条件；

（4）开发或负责该客户的业务员资料；

（5）客户配送区域；

（6）客户收账地址；

（7）客户配送路径顺序；

（8）客户点适合的送货车辆形态；

（9）客户卸货特征；

（10）客户配送要求；

（11）延迟订单（过了订货时间的订单）的处理方式。

6. 确定存货查询及按订单分配存货的方式

输入客户订货商品名称、代号时，系统就查对存货单的相关资料，看此商品是否缺货，如果缺货则提供商品资料或是此缺货商品已经采购但未入库信息，这些便于接单人员与客户协调是否改订替代品或是允许延后出货等办法，以提高人员的接单率及接单处理效率。订货资料输入系统确认无误后，最主要的处理作业在于如何将大量的订货资料作最有效的汇总分配、调拨库存，以便后续的物流作业能有效进行。存货的分配模式可分为单一订单分配及批次分配两种。

（1）单一订单分配　此种情形多为线上即时分配，也就是说在输入订单资料时，就将存货分配给该订单。

（2）批次分配　累积汇总数笔订单资料输入后，再一次分配库存。物流中心因订单数量多、客户类型等级多，且多为每天固定配送次数，因此通常采用批次分配以确保库存能作最佳的分配。采用批次分配时，要注意订单的分批原则，即批次的划分方法。由于作业的不同，各物流中心的分批原则也不同，总的来说，有以下几种方法：按接单顺序、按配送区域路径、按流通加工要求等划分。然而，以批次分配选定参与分配的订单后，若这些订单的某商品总出货量大于可分配的库存量，可依以下四原则来决定客户订购的优先性：具有特殊优先权者优先分配；根据订单交易量或交易金额来取舍；将对公司贡献率大的订单作优先处理；根据客户信用状况将信用好的客户订单作优先处理。

7. 计算拣取的标准时间

订单处理人员要事先掌握每一个订单或每批订单可能花费的拣取时间，以便有计划地安排出货过程，因此，要计算订单拣取的标准时间：

（1）计算拣取每一单元货物的标准时间，且将它设定于电脑记录标准时间档，将此个别单元的拣取时间记录下来，可以很容易地推导出整个标准时间。

（2）有了单元的拣取标准时间后，便可依每品项订购数量再配合每品项的寻找时间来计算出每品项拣取的标准时间。

（3）根据每一订单或每批订单的订货品项及考虑一些纸上作业的时间，将整张或整批订单的拣取标准时间算出。

8. 依订单排定出货时间及拣货顺序

前面已经由存货状况进行了存货的分配，但对于这些已分配存货的订单，应如何安排出货时间及拣货先后顺序，通常会再依客户需求、拣取标准时间及内部工作负荷来拟定。

9. 分配后存货不足的处理

若出现存货数量无法满足客户需求，客户又不愿以替代品替代时，则应按照客户意愿与公司政策来决定对应方式。其处理方式大致有如下几种：

（1）重新调拨　若客户不允许过期交货，而公司也不愿意失去此客户订单时，则有必要重新调拨分配订单。

（2）补送　若客户允许不足额的订货，等待有货时再予以补送，且公司政策也允许，则采用补送方式。若客户允许不足额的订货或整张订单留待下一次订单一起配送，则亦采用补送处理。

（3）删除不足额订单　若客户允许不足额订单可等待有货时再予以补送，但公司政策并不希望分批出货，则只好删除订单上不足额的订单。若客户不允许过期交货，且公司也无法重新调配，则可考虑删除不足额的订单。

（4）延期交货　延期交货有两种情况：一是有时限延迟交货，即客户允许一段时间的过期交货，且希望所有订单一起配送；二是无时限延迟交货，即不论需要等多久，客户都允许过期交货，且期望所有订货一起送达，则等待所有订货到时再出货。对于这种将整张订单延后配送的，也应将这些顺延的订单记录存档。

（5）取消订单　若客户希望所有订单一起配送到达，且不允许过期交货，而公司也无法重新调拨时，则只有将整张订单取消。

配货订单的传送方式多种多样，在接受订单时，配送中心需考虑每笔订单的订购数据及法律效力等问题。

若订单由报价单确认而来，则可由系统报价数据转化为订购数据；若订单由计算机网络传送，则需根据电子数据交换标准格式将数据转化成内部订单文件格式。输入转换后的订单资料需由销售人员核查在客户指定出货日期能否如期出货，所有的核查可经访问库存指控数据库、拣货产能调用数据库、包装产能调用数据库、运送设备产能调用数据库、人力资源调用数据库等查核其资源能力，数据确认即可转入待出货订单数据库中，并减少上述各数据库中的数量。

当销售部门无法如期配送时，可由销售人员跟客户协调是否分批交货或延迟交货，然后按协调结果修改订单数据文件。

销售人员还需检查客户付款状况及应收账款数是否超出公司所规定的信用额度，超出额度时则需由销售主管核对后再输入订购数据。

当商品退回时，可按订单号码找出原始订单数据及配送数据，修改其内容并标示退货记号，以备退货数据处理。

2.2 配货订单的管理

在接到配货订单后，为了高效地处理好订单，我们必须对订单进行全面管理。

2.2.1 订单的估价与报价

配送中心接到客户的订单以后，还需对承接的配货订单进行估价与报价。市场部门需与销售部门协商以后，才能决定报价多少和是否接受正式订单。若是"存货式配送"，企业可利用内部早已拟定的标准对外报价，如"每箱 70 元"；若是"订单式配送"，由于供货商不同，产品批次不同，产品间的差异度较大，备货部门必须进行事先估价，并与各部门协调，经确认无误后，由市场部门报价并承接此单。

订单的估价，必须遵守公司的规定，对关键事项严格界定。估价的内容通常包括：

（1）商品品名、规格、数量及合同金额。

（2）具体的付款条件，如：付款日期、付款地点、现金或支票、支票日期、收款方式。

（3）除特殊情况外，从订单受理到交货之间的期限。

（4）交货地点、运输方式、距离最近车站等交货条件。

仔细评价后，再将此订单受理的估计单，连同客户给付的订购单、合同范本，以及相关证明此次订单实施的资料，一并呈送所属主管审阅，在取得所属主管同意后，自动报价系统即会按照前述自动报价系统的作业流程完成此订单的估价和报价。

2.2.2 订单的内部管理

1. 客户信用管理

当客户有意向公司下订单时，市场部的业务人员可先填写"订单报价单"，一方面确认客户的产品规格、特性、尺寸、数量、价格等需求；另一方面调查其信用状况。在接受订单之前，必须确定客户是否符合公司的信用管理标准，在评估其信用后，再决定是否接受订单。若是与公司有过交易往来的老客户，在信用额度内，市场业务员可直接填表"订单"，经主管审核通过后，即可准备出货。

2. 出货管理

"订单式配送"的出货，市场业务员在承接订单之前，事先要获得采购部门的认可，确认是否可如期交货；"存货式配送"的出货，市场业务员只要利用电话或电脑查询该种商品的仓库库存量，即可确认。

3. 配货订单管理

为防止发生错误，一旦收到订单，必须加以处理。承接订单后，为了避免作业疏忽而丧失销售机会，一定要将品名、数量、单价、交货日期以及其他条件加以记录，使该笔订单得到适当处理。

在物品出货之前，必须对单价、信用额度、付款条件予以审核，且必须确认同公司所定政策完全符合，若有疑义，及时上报有关人员跟踪处理。

若订单内容有所变更时，必须将变更内容加以记录。为防止订单丢失，并保证全部事宜能够及时处理，订单必须加编连续号码。

填写多联式订单，分送财会统计、销售、储运等部门。若库存现货不足，致使无法出货，市场业务员要迅速将此事告知顾客，同时亦告知新的出货时间，并确认客户可否变更日期。发出出货单后，若无货可出，应及时取消出货命令，或请求客户将该笔订购作为待配订单，再等候进货时机。

4. 配货订单的购销协调

购销不协调一直是企业长期存在的问题，这既使企业丧失许多销售机会，又严重影响企业形象。

对于"存货式配送"的购销协调，企业可做年度预算，即在每年 10 月份，做下一年的销售预算，决定各个月份的产品销售量，再决定各期的采购预算、人工成本预算、储存与运输费用预算及销售费用预算。在未执行之前，先做出书面计划与预算，使各部门主管有机会在事前进行沟通。有了年度预算之后，市场部门要随时注意市场需求的变化，及时提出新的市场销量预测，并告知采购部门。理论上是有需求才进行采购、配送，但在实务上很难执行，所以，采购部门通常是部分依需求来采购，部分按计划来采购。因此，市场部门要定期核查各项商品的库存量，及时调整各商品的进货数量和品种，保证客户的需求，扩大企业的商品数量，提高企业的经济效益。

对于"订单式配送"的购销协议，可参与下列做法：

（1）采购部门应详细提供一定时期内供货的品种和数量，作为市场部门接单依据。

（2）市场部门与客户谈判时，尽量争取对本企业最有利的条件。

（3）由销售部门统筹负责订单的汇整和编排作业，并定期开会，根据订单的重要性与急迫性决定交货顺序，避免每位市场业务员自行到配送现场进行跟催，影响配送作业。

（4）销售部门排定配送计划时，应预留部分配送能力，以避免紧急插单带来的困扰。

（5）定期召开购销协调会，由总经理主持，参加人员为采购部门、市场部门和进行配送作业的其他部门的主管。

（6）为使日程能顺利执行，应于每日下班前（后）召开作业检讨会，总结当日的作业情况，做好次日作业布置。

5. 订单量的设定

订单大小在形式上多种多样，在某些产业中订单的大小更是千差万别。有时订单大小呈指数分布，即平均发货量比较适当；有时少数商品的订单非常大。因为这种小订单在数量上占企业订单数量的大部分，因此企业要弄清楚其销售比例和对配送效率的影响。一种比较合理的订单量分布形式是对数正态分布，即在总需要中有 2～3 个大量订单，其他订单相对数量较小。如今很多企业为了提高配送效率，降低不必要的成本，在订单量类型分析的基础上对特定商品设定最低订单量。当然，最低订单量必须充分考虑商品的需求特征和其他经营管理要素。

2.3　订单结束控制

当配送中心将客户需要的产品按单配齐送达客户手中后，这笔订单的业务即告完成。但这只是形式上的完成，并不等于企业要将这笔订单从订单处理系统中删除，每笔订单对企业来说都是一条重要的信息，是企业进一步开展业务的重要历史资料。

对于交易已结束的订单，企业要进行跟踪控制。

2.3.1　跟踪控制

1. 数据入库

将已结束交易的订单分别归入"客户交易此商品的历史数据库"、"对此客户报价的历史数据库"、"客户数据库"中。

2. 总结订单处理过程

订单在处理过程中要涉及以下几个关键因素：

（1）时间因素。订单处理过程的时间耗用，在企业看来通常理解为订单处理周期，而客户则通常将其定义为订货提前期。在保证时间耗用的稳定性的前提下，努力减少时间耗费是争取更多订单的基础。每个企业都希望减少库存，减少商品在途时间和资金。如果配送中心能够用尽量少的时间让客户提前订货，即减少客户的订货提前期，可使客户节约大量的进货成本和库存成本，从而增加其效益，这种效益的增加将使其更多地利用配送中心的配送服务，进而增加配送中心的经营效益和市场竞争力。

（2）供货准确性因素。供货准确性因素要求配送中心按照客户订单的内容，提供产品的准确品种、数量、质量，并将产品送到正确的交货地点。当需要延期供货和分批送货时，应与客户充分协调沟通，取得客户的同意。供货准确性因素是配送中心与客户建立长期配送关系的必要条件。配送的货物能否及时准确的到达指定地点，以保证客户按时进行生产和销售，是客户最为关心的问题。如果配送中心能确保供货的准确无误，将使客户产生极大的信任，这种无形资产将是企业进行市场竞争，增强企业竞争力的重要法宝。

（3）成本因素。订单处理过程的成本因素包括配送中心设置的地点和数量、运输批量和运输线路的调控等。配送成本的大小，对配送中心和客户都是一个重要因素，它直接影响到双方经济利益的获得。配送中心要选择适当的出货地点和合理的运输批量及线路，以确保客户的配送成本较低而配送中心的利润适当。

（4）信息因素。配送中心要通过完善的配送信息系统，向客户及企业内部各部门提供准确、完备、快速的信息服务。

2.3.2　完善订单处理过程

总结订单处理过程的目的是完善订单处理过程，使企业在今后的订单处理过程中通过提高客户搜寻产品信息的便利性、减少订货提前期和增强送货的准确性等方面的措施，使客户获得更多的价值，感受到更大的满意；使企业通过运用先进的技术手段和对业务流程的重组和改善，在提高客户服务水平的同时，降低配送总成本，获得竞争对手难以模仿的竞争优势。

企业完善订单处理过程的基本步骤如下：

① 调查公司当前的订单处理系统，绘制流程图；

② 调查现有订单处理流程各节点的时间耗用；

③ 绘制订单配送过程的网络结构图；

④ 利用流程改善原则完善订单处理过程。

流程改善常遵循的原则包括：并行处理，分批处理，交叉处理，删除不增值工序，减少等待，在瓶颈处添加额外资源等。具体讲，应遵循以下几个原则：

① 要使客户产生信赖感　客户订货的基础是产生信赖感。订单处理人员每次接到订单后在处理过程中都要认识到，如果这次处理不当将会影响下次订货。尤其在工业品购买中，要明确订单处理工作是开展客户经营的重要组成部分，两者有密不可分的联系，要通过订单处理建立客户对产品和服务的信任感和认同感。

② 尽量缩短订货周期　订货周期是指从发出订单到收到货物所需的全部时间。订货周期的长短取决于订单传递的时间、订货处理的时间以及货物的运输时间。这三方面的安排都是订货处理的内容。尽量缩短订货周期，将大大减少客户的时间成本，提高客户所获得的让渡价值，这是保证客户满意的重要条件。

③ 提供紧急订货　在目前以客户需求为导向的市场机制下，强调为客户服务，在紧要关头提供急需的服务，是与客户建立长远的相互依赖关系的极为重要的手段。

④ 减少缺货现象　保持客户连续订货的关键之一便是减少缺货现象的发生，工业原料和各种零件一旦缺货，会影响到客户的整个生产安排，后果极为严重。此外，缺货现象是客户转向其他供货来源的主要原因，企业要想尽量地扩大市场，保持充足的供货是一个必要的前提条件。

⑤ 不忽略小批量订货的客户　小客户的订货虽少，但也是大批买卖的前驱，而且大客户也有要小批量的时候。对小客户的订单处理得当将会提高小客户的满意度，可能带来以后的大批量订购或持续订购。最重要的是，客户与企业建立了稳定而信任的供销关系，将为以后的积蓄订购打下良好的基础，企业的声誉也将因为大小客户的传播而树立起来。因此，要在成本目标允许的范围内，尽量做出令小批量购买的客户满意的安排。

⑥ 装配力求完整　企业所提供的货物应尽量做到装配完整，以便于客户实用为原则。实在做不到时，也应采取便于客户自行装配的措施，如适当的说明及图示等，或通过网络进行技术支持。

⑦ 提供对客户有利的包装　针对不同客户的货物应采取不同的包装，有些零售货物包装要适于在货架上摆放，有些要适于经销商及厂商开展促销活动，应以便于客户处理为原则。

⑧ 要随时提供订单处理的情况　物流部门要使客户能随时了解配货发运的过程，以便预计何时到货，便于安排使用或销售。这方面的信息是巩固与客户关系的重要手段，也利于企业本身的工作检查。在暂时缺货的情况下，物流部门应主动及时地告知客户有关情况，作出适当的道歉与赔偿，以减少客户的焦虑和不满。

2.3.3 订货处理过程的改善

1. 改善订货处理过程的意义和关键因素

（1）改善订货处理过程的意义　改善订货处理过程的动因主要来自两个方面：

首先，从顾客角度看，顾客所购买的不仅仅是产品或服务本身，更重要的是获得价值，感受到满意。而搜寻产品信息的便利性、订货提前期的稳定性与时间长短、送货的准确性、订货处理状态跟踪等因素是实现价值与顾客满意的重要保证。

其次，从企业的角度来说，提高顾客服务与降低库存、运输费用是一个十分重要的问题，运用先进的技术手段和对业务流程的重组与改善，在提高顾客服务水平的同时降低物流总成本，获得竞争对手难以模仿的竞争优势，是企业的一项至关重要的经营战略。

（2）订货处理过程改善的关键因素　有以下几点：

① 时间因素　订货处理过程的时间耗用，在企业来看通常理解为订货处理周期，顾客则通常将之定义为订货提前期。改善的目标是在保证时间耗用的稳定性的前提下，努力减少时间耗费。

② 供货准确性因素　要求按照顾客订单的内容提供准确品种、数量、质量的产品，并运送到正确的交货地点。当需要延期供货或分批送货时，应与顾客充分协调与沟通，取得顾客的同意。

③ 成本因素　包括库存设置的地点和数量、运输批量和运输路线的调控等。

④ 信息因素　通过完善的物流信息系统，向顾客以及企业内部的生产、销售、财务及仓储运输等部门提供准确、完备、快速的信息服务。

2. 改善订货处理的一个实例

下面介绍一种采用网络结构图改善订货处理过程的方法。该方法不仅简单易学，而且对于缩短订货处理周期效果显著。其步骤如下：

（1）调查公司当前的订货处理流程，绘制流程图；

（2）调查现有订货处理流程各节点的时间耗用；

（3）绘制订货配送过程的网络结构图；

（4）利用流程改善原则改善订货处理过程。

流程改善常遵循的一些原则包括：并行处理、分批处理、交叉处理、删除不增值工序、减少等待、在瓶颈处添加额外资源等。

2.4　备货作业实务

2.4.1　备货作业的内容

备货是配送环节的基本环节，是指准备货物的一系列活动。它是决定配送成败与否、规模大小的最基础环节。同时，它也是决定配送效益高低的环节。如果备货不及时或不合理，成本较高，会大大降低配送的整体效益。客户的订单经订单处理系统作业后，传递的第一个环节就是备货部门。备货作业的内容包括：从货车上将货物卸下，并核对该货物的数量及状态（数量检查、质量检查、开箱等），然后将必要信息给予书面化等。

1. 备货的概念

备货是配送的基础工作，是配送中心根据客户的需要，为配送业务的顺利进行实施而从事的组织商品货源和进行商品储存的一系列活动。

　　配送中心接到客户的订单以后，必须拥有相应的商品保证配送，包括具体的商品种类、商品等级、商品规格及商品数量。若配送中心是大型或综合型的"存货式配送"，可利用现有的商品满足顾客的需要，及时按单进行配送；若配送中心是小型的"订单式配送"，就必须立即组织备货人员联系供货商，组织客户所需要的货源。

　　在配送中心的经营活动中，拥有客户需要的商品是成功实现配送活动的重要内容。但由于配送中心的类型不同，商品的掌握状况也不尽相同。实施"存货式配送"的配送中心拥有一定的存储设备，日常可以储存一定数量的商品现货，而实施"订单式配送"的配送中心，由于不拥有存储商品的设施，必须建立广泛而密切的商品供应网络系统，一旦客户下达订单，及时调货，保证配送。

　　虽然各个配送中心组织货源的方式不同，但各类配送中心的备货人员都必须掌握全面的商品专业知识和购进信息，熟悉各类商品的供货渠道和供货的最佳时间，在进货指令下达后，能够及时购进或补充客户或仓库需要的商品种类、等级、规格和数量。保证配送合同的按期完成。

　　实施存货式配送的配送中心，其备货作业还需要备货人员掌握相应的货物储存专业知识，更好地养护和保管储存商品，保证储存商品数量，及时提出补充货源的建议，做到仓库商品先进先出，随进随出，既不过量库存商品，占压资金，又能存储足量的商品，保证日常配送活动的需要。

　　2. 备货的内容

　　作为配送活动的准备环节，备货业务包括两个基本内容：组织货源和储存货物。

　　(1) 组织货源　组织货源又叫筹集货物采购货物，是配送中心开展业务活动的龙头。

　　① 组织货源的流程。组织货源流程是指配送中心选择和购买配送所需货物的全过程。在这个全过程中，配送中心首先要寻找相应的供应商，调查其产品在数量、质量、价格、信誉等方面是否满足购买要求；其次，在选定供应商后，以订单方式传递购买计划和需求信息给供应商并商定结款方式，以便供应商能准确地按照配送中心的要求进行生产和供货；最后，要定期对货源的组织工作进行评价，以寻求提高备货效率的模式。组织货源流程见图 2-1。

图 2-1　组织货源流程图

　　② 选择供应商。配送中心若要顺利地开展配送业务，首先必须拥有高质量的商品。为保证配送货物的商品质量，备货人员要严格选择货物供应商。

　　首先，确认供应商的资格。判定供应商是否合格的主要标志是：能否提供优良的产品；发货是否及时；发货的数量是否正确；价格是否合理以及服务态度是否良好。

　　其次，确认供应商的能力。对供应商提供符合要求的产品能力的确定，主要包括对供应商能力和质量体系的评价；对产品样品的评价；对比类似产品的历史情况；对比类似产品实验结果；对比其他用户的使用经验。

　　再次，实施合约控制。企业应与供应商达成明确的质量保证协议，以明确规定供应商担负的质量保证责任，协议通常包括下列内容：信任供应商的质量体系；随发运的货物提交规定的检验数据及过程控制记录；由供应商进行100％的检验；实施本企业规定的正式质量体系；由本企业或者第三方对供应商的质量体系进行定期的评价；内部接受检验或者筛选。企业还要与供应商就验证方法达成协议，以验证购进产品是否符合要求。为进一步改进产品的质量，协议中还可以包括双方交换检验数据，验证方法协议的主要内容是规定检验项目、检验条件、检验规程、抽样方法、抽样数据、合格依据、供需双方需交换的检验资料、验证地点等。

为解决供应商和本企业之间的质量争端，企业还应制定有关制度和程序，对常规问题和非常规问题的处理作出规定，并规定疏通本企业与供应商之间处理质量事宜时的联系渠道和措施等。

最后，验收。对于供应商运达的货物，企业要进行验收，以确保购进产品的质量。验收控制的工作程序包括：验收部门对于购进的货物进行点数、称量和度量；对于所购进货物有验收人员编制并签署按程序编号的验收报告；超过原订货数量不得验收，若有批准例外；验收时，若发生拒收，应清楚地表明拒收原因；收货中发现原订货数量不足时，应立即进行核查调节；凡发生运输人员或销售人员负责的材料短缺、材料损坏或退货等情况，应立即办理追索。对所购商品的检验是保证配送货物质量的重要措施。企业必须建立健全取样制度，采取"封闭"检验法，对货物实施检查，对不合格的采购品，由采购部和其他相关部门综合评定，确定处理意见。

经上述步骤执行后，若企业发现供应商按照双方约定执行合同无误，企业就可将其列入商品供应网络中，与其建立长期的购买关系；若合同执行中，发现双方观点略有争议，双方可协商解决，在问题已解决的基础上，双方仍可建立长期的合作关系。

③ 树立先进的采购思想。在恰当的时间、恰当的地点，以恰当的数量、恰当的质量提供恰当的物品，是现代配送中心组织货源的基本思想，这种思想被称为"准时化采购"。

世界一流企业的采购人员有三个责任：寻找货源、商定价格、发展与供应商的协作关系并不断改进。实施"准时化采购"可使任何一个企业的备货人员达到这三个方面的要求。

"准时化采购"的要求如下：

首先，企业成立两个团队。一个团队专门处理供应商事务，其任务是认定和评估供应商的信誉、能力，或与供应商谈判签订准时化订购合同，向供应商发放免检签证等，同时负责供应商的培训与教育；另一个团队专门从事消除采购过程中的浪费，他们对"准时化采购"方法拥有充分的了解和认识，对采购中各环节的不合理现象能够及时发现并给予适当纠正。

其次，精选少数供应商，建立伙伴关系。供应商的选择应从这几个方面考虑：产品质量、供货情况、应变能力、地理位置、企业规模、财务状况、技术能力、价格、与其他供应商的可替代性等。选择最佳的供应商，并对供应商进行有效的管理是"准时化采购"的基石。

再次，制订计划，确保"准时化采购"有计划、有步骤地实施。配送中心要制定采购策略，改进当前的采购方式，减少供应商的数量，正确评价供应商，向供应商发放免检签证。在这个过程中，配送中心备货人员要与供应商一起商定准时化采购的目标和有关措施，保持经常性的信息沟通。

最后，搞好供应商的培训，确定共同目标。"准时化采购"是供需双方共同的业务活动。单靠配送中心配货部门的努力是不够的，需要供应商的配合。只有供应商也对"准时化采购"的策略和运作方法有了认识和理解，才能获得供应商的支持和配合，因此需要对供应商进行教育培训。通过培训，大家取得一致的目标，相互之间就能够很好的协调，做好采购的准时化工作。供应商与配送中心的紧密合作是"准时化采购"成功的钥匙。

影响配送中心组织货源的因素很多，包括配送中心的类型、规模，能够接受的进货成本，购进产品的种类、产地、数量及具体配货人员的能力等。备选人员要适应经济发展的需要，不断更新自己的组货思想，调整备货方式，为企业组织到适应客户需要，有助于企业发展的适当货源。

（2）储存货物　储存货物是配送中心购货、进货活动的延续。在配送活动中，适当的库存可保证客户的随时需要，使配送业务顺利完成。货物的储存可以和配送中心结合储存。

配送中心的货物储存有两种表现形态：一是暂时库存，即按照分拣、配货工序的需要，在理货场地储备少量货物；二是储备形态，即按照一定时期配送活动的要求和货源到货周期有计划的储备商品。储备形态是配送持续运作的资源保证，其储备的合理与否，直接影响配送的整体效益。进行商品的合理储存，通常要注意以下几个方面：

① 商品储存的合理数量。商品储存的合理数量是指在一定的条件下，根据企业具体经营情况，为了保证正常的商品配送业务所制定的合理储存标准。确定商品储存的合理数量要考虑客户的需求量、配送中心的条件、配送过程的需要及配送企业的管理水平等因素的影响作用。

商品的储存量由经常储存和保险储存两部分构成。经常储存是指配送中心为满足日常配送需要的商品储存；保险储存是指为防止因商品需求变动而造成影响，避免商品脱销，保证连续不间断的配送而建立的商品储存。两种储存定量的确定，要在考虑各种影响因素的基础上运用科学的计算方法计算得出。

② 商品储存的合理结构。商品储存结构是指不同品种、规格、花色的商品之间储存数量的比例关系。经由配送中心配送的商品品种多、数量大，特别是大型的综合配送中心，产品种类更是千差万别。社会对不同的商品需求量是不同的，并且各种需求不断地发生变化。因此，配送中心在确定商品储存合理数量的同时，还要特别注意不同的商品储存数量之间的合理比例关系，及其变化对商品储存数量和商品储存结构的影响。

③ 商品储存的合理时间。储存商品的目的是为了满足客户的订货需要，因此，配送中心在确定商品储存数量的合理时间时，要注意该种商品的生产周期和商品的物理、化学及生物性能，使商品既不脱销断档，又能在最大限度地减少商品损耗的前提下保证商品质量。

④ 商品储存的合理空间。商品储存的合理空间就是在库房内合理地摆放商品。商品在库房内的摆放要有利于商品配送，拥有较大库存的配送中心一般规模较大，经营品种较多，有条件的配送中心可以建"高架自动仓库"，按不同类别、不同配送客户的需要设置多个出货点；在合理布置商品存放货架时，还要注意设计有利于仓储机械工作的通道，保证仓储安全的空间。

在货物存储期间，商品表面上是处于静止状态的，但从物理、化学及生物角度分析，商品内部是在不断变化、运动着的，这种变化危害着商品的使用价值。同时，库房内的环境使得商品的内在运动受到外界的促进而加速。因此配送中心的配货人员要注意调整仓库的温、湿度，防止和减少外界不利因素对商品的影响，延续商品质量的变化过程，降低商品的损失和损耗。

（3）货品的编号标示　编号就是将货品按其分类内容，进行有次序的编排，用简明的文字、符号或数字代替货品的名称、类别及其他有关信息的一种方式。由于备货作业是配送作业的一个前期阶段，因而如何让后作业能够迅速、正确地进行，并使货物品质及作业水准也能得到妥善维持，在进货阶段对货物做好清楚有效的编号，应是不可省除的一项手续。

① 货品编号的原则　简易性：应将货品信息化繁为简，便于货物处理。

完全性：要使每一项货品都有一种编号代替。

单一性：每一个编号只能代表一项货品。

充足性：其所采用的文字、记号或数字，必须有足够的数量来编码。

扩充性：为未来货品的扩展及产品规格的增加预留编号，使编号能按照需要自由延伸，或随时从中插入。

组织性：编号应有组织，以便存档或查询相关资料。

易记性：应选择易于记忆的文字、符号和数字，或富于暗示及联想性。

② 货品编号的方法　货品编号大致可分为下列六种方法：

a. 流水号编号法：流水号编号法是由 1 开始按数字顺序一直往下编的编号法。常用于账号或发票编号，属于延伸式的方法。

例如：编号	货品名称
1	洗面奶
2	肥皂
3	牙刷

b. 数字分段法：是将数字分段，让每一段数字代表共同特征的一类货品。

例如：编号	货品名称
1～4 预留给肥皂编号用	
1	4 块装肥皂
2	6 块装肥皂
3	12 块装肥皂
4	18 块装肥皂
5～12 预留给洗面奶编号用	
5	玉兰油洗面奶
6	大宝洗面奶
⋮	⋮

c. 分组编号法：是依货品的特征分成多个数字组，每一个数字组代表此项货品的一种特征，例如第一数字组代表货品的类别，第二数字组代表货品的形状，第三数字组代表货品的供应商，第四数字组代表货品的尺寸，至于每一个数字组的位数多少可视实际需要而定。此方法目前较为常用。

例如：	类别	形状	供应商	尺寸
	07	4	006	110

d. 实际意义编号法：是依货品的名称、尺寸、重量、分区、储位、保存期限或其他特征的实际情况来考虑编号。例如：编号 F04915B1。

F0 表示 food，食品类；

4915 表示尺寸大小为 4、9、15；

B 表示货品所在储区为 B 区；

1 表示第一排料架。

e. 后数位编号法：是运用编号末尾的数字，来对同类货品作进一步的细分，也就是从数字的层级关系为货品的归属类别。

例如：编号	货品类别

260	服饰
270	女装
271	上衣
271.1	毛衣
271.11	红色毛衣

f. 暗示编号法：是用数字与文字的组合来编号，编号本身虽不是直接指明货品的实际情况（与实际意义编号法不同），但却能暗示货物的内容，这种方法的优点是容易记忆，但又不易让外人了解。

例如：货物名称　　尺寸　　颜色和车型　　供应商
　　　　By　　　　003　　　bb　　　　　　9

By 表示自行车（bicycle）；

003 表示大小型号 5 号；

b 表示黑色（black）；

b 表示小孩型（boy's）；

9 表示供应商号码。

（4）货物分类　货物分类是将多品种货物按其性质或其他条件逐次区分，分别归入不同的货物类别，并进行有系统的排列，以提高作业效率。

2.4.2　备货的作用

1. 备货可使配送中心的配送活动得以顺利开展

作为配送中心实施经营活动的基础，备货作业是配送中心各项具体业务活动的第一关。任何配送活动，如果没有相应的货物作保证，再科学的管理办法，再先进的配送设施，也无法完成配送任务，可谓"巧妇难为无米之炊"。作为"炊中之米"，备货业务开展的好坏，直接影响到配送活动的其他后续业务活动的开展。如果备货人员业务不精，不熟悉供货商的情况，没有建立供货网络系统，接到订单后再接触供货商，与其洽谈进货价格、进货通道、进货时间等基本业务，势必使商品购进在途时间过长、占压资金过多，既浪费了时间，又增加了进货成本，进而导致配送总成本上升。若供货渠道不畅，还会使企业面临无货或缺货的尴尬境地，导致无法按期配送货物，丧失商业信誉，降低市场竞争力。如果备货人员拥有各类商品的供货网络系统，熟悉各供货商的供货能力、供货成本、供货时间，能够及时地按照客户的订单组织货源，根据企业的需要补充库存，就可使企业的业务顺利开展下去，通过良好的配送服务赢得客户的首肯，进而赢得客户的信任和企业良好的服务信誉，为企业进一步拓展市场打下坚实的基础。

2. 备货可使社会库存结构合理，降低社会总成本

目前，"零库存"的概念已被我国越来越多的企业所接受。从物流活动合理化的角度来研究问题，零库存应当包含两层含意：库存对象物的数量趋近于零或等于零；库存设施、设备的数量及库存劳动耗费同时趋近于零或等于零。后一种意义上的零库存，实际上是社会库存结构的合理调整和库存集中化的表现，就其经济意义而言，它并不亚于通常意义上的在库物资数量的合理减少。"零库存"并不等于不设库存，而是将社会总体的库存结构进行合理的调整，通过资源调整，形成库存集中化。即生产企业和商业零售组织不设库存或减少库存，由大型或综合型配送中心实施产品供、存、销业务。

生产企业的原材料、零部件及产品由配送中心统一提供，可使生产企业用于购买原材料、零部件及进行销售的资金有所减少，进而降低了企业的生产总成本，使企业的产品在市场上更具竞争力。同时由于企业不再分出人力、物力用于原料的购进和产品的储运，企业可以拥有更多的生产能力和市场销售能力，可以生产出更多更好的产品销到更广泛的地区。如深圳海福发展有限公司对 IBM 公司在我国境内生产厂的电子料件配送业务，宝供储运对宝洁公司产品的配送业务。同样，大型的零售组织也可自己不设库存，改由配送中心统一采购所需销售商品，集中配送，如沃尔玛、大商集团。这些大型零售组织的商品网点遍布世界各地或国内各省，各分店自行采购，既无法保证商品的质量、种类和数量，又无法降低成本，他们就利用自己的配送中心共同采购，集中配送。这种工商生产与经营企业自己不设库存，将购物、发送业务交由配送中心承担的做法，优化了社会库存结构，从而使社会总成本降低。

对配送中心来说，"零库存"思想的深入发展。将使企业拥有更大的发展空间。但订单的多少，直接来自于企业的备货能力。企业备货能力强，能够根据市场的需要，客户的要求，及时、准确、保质、保量的将产品安全配送到指定地点就会赢得市场的需要，被市场接受，参与到整合库存资源的行列中来，获取自己的经济利益。

阅读材料

仓库是河流而不是水库

仓库以前被认为只有仓储的职能，靠仓库来保证生产，而现在把物料的流速作为评价仓库职能的重要指标。从供应链的角度来看，只有每一个环节全部都流通起来，才能提高整个供应链的反应速度，达到零库存资金占用。

提高物流效率的最大目的就是实现零库存。海尔认为，没有订单的生产就是生产库存。在新经济时代，如果仍然按照计划生产，而这个计划又不是市场需要的，不是用户的订单，那就是生产库存。对企业来讲能不能做到为订单生产呢？应该做到。美国的 UPS，他们代表的是全美的流通，它的口号很简单——"次日送达"，即今天的货，明天就可以送到用户的手里；日本的宅急便，整个日本，哪儿都可以送到，他们不是按天计算，而是按小时计算的。在中国有谁？海尔人决定自己做。

海尔认为，电子商务意味着海尔与用户之间是零距离，速度是海尔电子商务制胜的关键，是电子商务的生命，电子商务要求海尔快速满足用户的个性化要求。目前，海尔已经开通了在线购买平台，其电子商务是面向企业整个供应链管理，旨在降低交易成本，缩短订货周期，提高信息管理和决策水平，从质量、成本和响应速度三个方面改进经营，增强企业竞争能力。海尔物流的宗旨是"时间消灭空间"，快速响应是海尔物流最大的特征。

现在欧洲的电子商务普遍不如日本好，其实全世界电子商务的电子技术并没有多大的差距，差就差在商务上。欧洲的电子商务公司可以提供满意的服务，但是它的货送不到；而日本将原来没搞电子商务的 24 小时便利店全部都纳入到其配送网络之中，消费者在网上要的货，通过便利店 1 小时之后就可以把货送到。

上网以后，各个企业的优势、劣势都会被无形地放大，海尔的竞争对手不是一般的品牌，而是世界知名品牌。海尔现在要做的就是跟对手抢速度，提高整个集团供应链对市场和用户的响应速度，尽快满足用户的个性化需求。用户在网上下了订单以后，最重要的是如何做到把产品及时地配送到用户手中。

海尔电子商务取得成功靠的是"一名两网"。"一名"即是海尔自己的品牌，"两网"是指配送网络和支付网络。品牌有了，网络也有了，海尔去年网上交易额达到几十个亿。

3. 备货可使配送中心节约库存空间，减低配送成本，增加经济效益

通过科学的备货方式，配送中心可以确定适当的库存商品数量，合理的库存结构。在减少不必要库存占用的前提下，使库存的成本下降，从而降低产品的配送成本。与此同时，由于调整了库存结构，剔除了不合理的库存占用，使企业拥有了扩展业务的空间，新业务的增加，既增加了适应市场变化的能力，又大大提高了企业的整体经济效益。

2.4.3 备货方式

任何一种事物的产生，都是伴随某种需要而来的。配送中心作为流通中介，它对商品的需要是基于配送用户的要求。在货物配备的过程中，配送中心的订货方式，采购品的质量，交货期以及储存商品的质量，直接影响着配送活动的顺畅进行，以及配送企业的整体效益。为保证客户需要的满足，配送中心应树立以需求为中心的备货思想，实行科学的备货方式，在客户不需要某种商品时，避免和减少过早地保留库存，在客户需要时，又能以足够的库存满足需求。

1. 与 MRP 系统相结合的备货方式

MRP（material requiring planning）系统是一种以物料需求计划为核心的生产管理系统。在为生产企业实施原材料、零部件配送时，配送中心可以针对其多品种、少批量的特点，利用资源共享的优势，将客户、配送中心及供应商三位一体，利用 MRP 系统进行备货，在 MRP 系统中，针对物料需求在品种数量和交货期等方面要求的细化所带来的管理复杂度，而开发了计算机信息管理系统，配送中心可以利用这一系统，将客户的需要计划、供应商的供货信息和自己的配送计划集成起来，实行同步一次生成采购计划。如果需要有变化，只要将相关数据输入计算机管理系统，经过系统运算，就可迅速重新编排采购计划。应用 MRP 系统进行备货的主要步骤如下：

（1）商品查询 通过商品分类快速查询，对每一商品，按需用的额度，规定优选原则。在简化采购商品的品种规格基础上，保持一定批量以争取优惠。

（2）编制计划 编制可以延续到未来某个人某一时期的周密计划，既可以按需要采购，又可以保证足够的采购提前期和采购预算，防止因突发性采购而增加额外的采购费用。

（3）控制采购权限，规范采购管理 在系统设置每一个采购员的采购范围和支付权限，规定超过限额的审批层次和权限内容。

（4）控制库存 对每一种商品规定最大储存量和储存期限，超过最大值时，系统将发出提示信号。

（5）建立供应商文件认证目标，以保证购进商品的质量 对于没有建立主文件的供应商，系统将拒绝向其采购。

（6）同时提供多种查询途径（如采购单号，供应商号）跟踪采购订单以及采购合同执行情况。

（7）控制付款程序 付款前，系统将自动进行一系列对比，如商品性能、合格数量、交货日期与采购单是否一致，报价单与发票金额是否一致，各方相符后才能执行付款程序。

运用系统进行备货，可使配送中心简化采购计划和调配，形成批量采购，简化运输管理，减少库存，降低配送成本，提高整体配送效率。

2. 以 JIT 方式为主的备货方式

JIT（just in time）的理念是"在恰当的时候，把恰当的商品以恰当的质量，恰当的数

量送到恰当的地点"。体现在生产上就是准时送货，准时生产，准时销售，体现在配送中就是准时进货，准时配货，准时送货。恰时恰量的准时进货是 JIT 方式的关键，如果进货太多太早，就会增加企业的库存，提高库存成本，降低企业效益，而进货太迟太少，又会影响生产和配送进程，同样会影响企业的效益。利用 JIT 方式进行备货，一方面可以保证各种商品订货量的准确性及相应的产品质量，另一方面可使企业得到准确和及时的批量运输。实施 JIT 方式备货的主要步骤如下：

（1）实施"看板"管理　所谓"看板"就是一种作为信号或指令的传递卡片，应用于配货过程的各个环节，是控制各环节之间生产数量、时间、进程的一种凭据。"看板"管理是把看板作为"生产指令"、"取货指令"、"运输指令"，用以控制生产量和调节生产计划的一种管理办法。它是在生产过程中，有下道工序要求（进货单位）根据看板卡片规定的品种，数量和时间，到上道工序（供货单位）领取原材料或物品，确保各生产环节准时、合理、协调地进行生产的一种控制方法。如进货部要在 1:00～3:00 向五个商业网点送其需要商品，配货部就要在 22:00～1:00 之间将这五个商业网点所需货物全部购进，以保证次日凌晨能按时发货"看板"。看板管理的特点是，把传统工序中由前向后工序送货制，改为后工序向前工序取货制，去掉了环节中不必要的商品储存，达到了准时化生产的要求，减少了资金占用，提高了生产效益。

（2）获取信息，进行订货　配送中心的备货人员通过 JIT 独特的看板信号协调获得需求信息后，再利用供应链关系的信息共享系统与供应商及时交换采购商品的供应信息，即时确定采购量，进行网上采购。

（3）确保需求数量　备货人员利用与固定供应商建立一种即时采购和即时供应的利益伙伴关系，保证所需数量的正确性。

（4）确定进货时间　根据客户不同的要货时间，备货人员规定供应商将货物送抵配送中心的具体时间。

配送中心的备货方式中还包括定量订购、定期订购、批量订购等传统的方式。这些方式虽然是就配送所需而采购，但是采购的终点是静止的库存。其采购费用的降低是以库存费用的增加为代价的。采购的订货量也是与库存水平密切相关的，配送中心再利用时可与库存理论中的订货方式内容相结合。

海福发展（深圳）有限公司的配送体系

海福发展（深圳）有限公司为高科技电子产品生产企业进行料件配送，这种方式就是现代物流的一种——第三方物流。

该公司承接了国际著名电子企业 IBM 公司在我国境内生产厂的电子料件配送业务，为此他们按 IBM 的要求开发了一套严密控制作业流程和管理物流信息的电子网络系统。在这个电子网络系统的支持下，将 IBM 分布在全球各地区 140 余家供应商的料件通过海、陆、空物流网络有机地联系在一起。其装着料件的集装箱运达香港机场或码头后，由公司配送中心进行报关、接运，并负责质检、分拆、选货、配套、集成、结算、制单、信息传递、运输、装卸等项作业环节，将上千种电子料件在 24 小时内安全、准确地完成从香港到保税区再到 IBM 工厂生产线的物流过程，保证 IBM 生产厂在料件零库存状态下生产。另外还要把不合格的料件在规定时间内准确无误地退给 IBM 的各供应商，与此同时还要完成 IBM、海福、供应商三者之间的费用结算。

2001 年 3 月，海福公司又与日本美能达公司签订了提供配送服务的业务。这项服务与前者的不同之处在于，前者是多家供应商向 IBM 生产厂一家供货；后者是供应商不仅向美能达本部供货，还要向美能达分布在国内外的几十家分部供货，所有这些料件的集散、选配货、信息传递、运输、报关都要由海福的配送中心来完成。

从海福的物流业务来看有两个形式、一个特点。形式一是 IBM 式，完成多个供货商对一个需方生产线的配送活动，即"多对一"物流；形式二是美能达式，承担多个供货商对一个需方的多个分供点的配送业务，即"多对多"。一个特点是零关税配送，因为这是在保税区业务范围内进行，来料进入（包括废品退回）及成品出口都是在不上税的条件下完成的。这对保税区严格货品进出口管理和杜绝走私逃税起了很大作用，值得推荐。

开业四年来，海福发展（深圳）有限公司以年均 30％以上的发展速度增长，1998 年共完成了 4.3 亿美元的进出口物流额，获得了良好的经济效益。

案例思考题

1. 海福发展（深圳）有限公司是如何组织货源并完成对 IBM 和美能达产品配送的？
2. 海福发展（深圳）有限公司配送业务存在的经济意义是什么？

思考与练习

一、填空题

1. 配货的原则有_____、_____、_____。
2. _____是配送中心区别于传统仓储行业的明显特征。
3. 实施 JIT 方式备货的主要步骤有_____、_____、_____。
4. 配货主要包括_____和_____两方面内容。
5. 备货业务包括两个基本内容，即_____和_____。
6. 流程改善常遵循的原则包括_____、_____、_____、_____。
7. 订单处理系统主要包括两种作业，即_____、_____。

二、简答题

1. 简述应用 MRP 系统进行备货的主要步骤。
2. 简述备货的作用。
3. 简述订货处理过程改善的关键因素。
4. 简述企业完善订单处理过程的基本步骤。

第3章 配送储存作业

【学习目标】

本章重点是配送中心储位空间规划与分配及盘点作业流程，通过本章的学习，使学生能进行简单的配送仓库储位规划，会进行仓库盘点检查。

【导入案例】

众所周知，国美电器集团是以家电及消费电子产品零售为主的中国全国性连锁企业。国美电器集团在全国280多个城市拥有直营门店1200多家，旗下拥有国美、永乐、大中、黑天鹅等全国性和区域性家电零售品牌，年销售能力1000亿元。2008年控股三联商社，成为具有国际竞争力的民族连锁零售企业。目前，集团拥有员工（含门店促销员）20万人，每年为国家上缴税收超过20亿元。2008年统计营业收入为10230000万元。

全国性连锁超市的最大特点就是统购分销，降低成本，连锁的发展模式是家电行业近年发展的大趋势。近年来，国美电器与各地大型商场的比拼，表面上看是价格之争，其实背后是两种商业状态的竞争，是连锁专营店与传统销售模式的较量。连锁经营模式极大地提升了国美的销售规模和商品销量，并降低了运营成本，使消费者购物更为便利，商家的规模化经营与微利销售更易于激活大众的消费热情：比如，同一种型号的家电产品，在国美比其他大商场要便宜几十元甚至几百元；在国美购买的任何一种产品，到任何一家国美的连锁店都可享受比国家规定时间还要长的换、退货服务，这种价格上的优势和服务上的便利，是其他经营方式所无法比拟的。国美连锁店在进销管理上，借助一整套系统，由连锁总部进行统一管理，集中进货，然后再由各地连锁店分散销售。2000年5月，国美公司搞了一项"回头率"调查，在被回访的600名顾客当中，竟发现有47%的顾客为"回头客"，有45%的顾客竟是朋友推荐来国美购物的。国美的顾客都因他们所购的商品质优价廉而心满意足。国美的成功，在很大程度上归功于现代化的物流配送体系。高效而低成本的储存则是国美配送体系的关键性环节。在短短20年的时间里，国美成长为中国最大的电器零售商。如果不采取连锁经营模式和高效的物流配送体系，就没有今天的辉煌。

据国美电器北京一家门店分管物流的经理介绍，他每天上班的第一件事是填写需货通知单，传真到"大库"（北京地区配送中心），在那里排上队，随后门店所属的大货车开到位于京郊的大库提货。中午时分，所需商品便能运到门店，入到门店所附的"小库"。"每天都要从大库调货，多的时候一天要调七八趟。"他补充说。"大库"、"小库"构成了国美电器全国连锁的物流系统的枢纽。在国美已有的北京、天津、上海、成都、重庆 5 家分部，各自拥有一家 7000～10000 平方米的配送中心，家电产品由生产厂家驻各地的分公司直接拉进这些配送中心，然后，再由配送中心分送至众多门店。国美电器高层管理者透露，每个地区分部需有 7～8 家连锁店，配送中心方能充分发挥其作用。国美去年底进军西南，力争在成都、重庆各开六家以上的连锁店，正是源于这样的考虑。与前面提到的门店经理工作程序一样，国美各地连锁店负责物流的经理一般按此前 2～3 天的实际销售情况、总公司市场宣传的卖点以及总部的业务指标，决定每天从本区域配送中心调货的数量以及型号，运输由每家门店拥有的 2～3 辆 3 吨货车完成。600～700 平方米的"小库"是国美各家门店必备的设施，也是门店选址的一个重要参考因素。与门店随时从配送中心调货相对应，门店也可把残次品或销售不太佳的商品送回配送中心。当然，这期间需严格按公司的流程规定操作。

思考题：

1. 你认为是什么造就了国美今天的辉煌？
2. 连锁经营模式与传统销售模式相比最大的特点是什么？
3. 国美的物流系统有什么特色？作为连锁企业配送中心的管理人员，在配送储存业务中，如何从计划、入库、盘点保管、出库等方面进行系统化的管理？

本章主要从实务的角度介绍配送中心储存规划的方法、原则，及储存盘点作业的具体步骤、流程及其相关内容。

3.1　储存管理

储存是配送作业的重要环节，是购货、进货的延续。在配送活动中，货物储存有两种表现形态：一种是暂存形态；另一种是储备形态，包括安全储备和周转储备。

暂存形态的储存是指按照分拣、配货工序的要求，在理货场地储存少量货物，以便随时满足顾客订货需要。这种形态的货物储存是为了适应"日配"、"即时配送"的需要而设置的。其数量多少对下一个环节的作业方便与否产生影响。但一般来说，不会影响储存活动的总体效益。

储备形态的储存是按照一定时期的配送活动要求和根据货源的到货情况，有计划地确定存货品种和数量，是配送活动持续进行的资源保证。

用于支持配送的货物储备有两种具体形态：安全储备和周转储备。无论是哪种形态的储备，相对于暂存形态的储存来说，数量都比较多，因此其储存合理与否会直接影响配送的整体效益。为确保配送业务的顺利进行，提高配送作业的效率和效益，配送中储存管理的首要任务是对储存空间进行合理的规划与分配。

3.1.1　储位空间规划与分配原则

储位空间规划与分配的主要作用是提高储位的利用率和配货作业的效率。

1. 周转率原则

指按照货物在仓库中的周转率（销售量除以存货量）来安排货位。首先按周转率由大到小排序，再将此序列分为若干段，通常分为五到八段。同一段中物品列为同一级，依定位或分类储存法的原则，为每一级货品安排储位。周转率越高的离出入口越近。如京东商城1.5万平方米的仓库内，1.8万余种商品并没有按产品类别摆放（比如显示器和显示器放在一起，冰箱和冰箱放在一起），而是根据销量分区摆放。最畅销的货品都摆放在靠近通道的货架上。见图3-1。

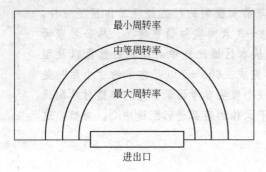

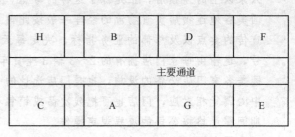

图 3-1　按周转率划分储位示意图　　　　　　图 3-2　进出口分离的货位

当进货口与出货口不相邻时，可依据出入库的次数来作货位的调整，如表3-1所示，A、B、C、D、E、F、G、H为八种货品进出仓库的情况，当进货口与出货口分别在仓库的两端时，如图3-2所示，可依货品入库与出库次数的比率，来安排其存放货位。

表 3-1　八种货品进出仓库情况

货品	入库次数	出库次数	入库次数/出库次数
A	40	40	1
B	67	67	1
C	250	125	2
D	30	43	0.7
E	10	100	0.1
F	100	250	0.4
G	200	400	0.5
H	250	250	1

2. 产品相关性原则

产品相关性原则指相关性大的货品，在订购时经常被同时订购，所以应尽可能存放在相邻位置。

3. 产品特性原则

产品特性原则是指以货品为基础，根据货物物理特征、化学特征及用途分区分类存放。将同一种货品储存在同一保管位置，产品性能类似或具有互补性的货品放在相邻位置，而相容性低的则应分开放置，如烟、香皂、茶叶等不可放在一起。

4. 先进先出的原则

先进先出是指先入库的货物要先出库，这种原则一般适用于寿命周期短的货物，如：食品、感光纸、药品等。

先进先出作为储存管理的重要手段，对很多货物来说是必需的，但是若在产品形式变化少、产品寿命周期长、保管时不易发生损耗破损等时，则需考虑先进先出的管理费用和采用先进先出所带来的效益，两相比较后，再来决定是否要采用先进先出的原则。另外，对于食品或易腐变味的货物，此时应考虑的是先到期先出的原则。仓库往往会出现先到货的反而保存期长，而后到货的保存期短的情况。所以，此时应将保存期快过期的货物先出库。

5. 面对通道原则

指将货物的名称、标志面对通道摆放，以便让作业员容易简单辨识。为了使货物的存取能够容易且有效率地进行，货物就必须要面对通道来保管，这也是使仓库内能流畅作业的基本原则。

6. 产品尺寸原则

指在仓库布置时，考虑货物单位大小及相同货物所形成的整批形状，以便能提供适当空间满足某一特定需要。所以在储存货物时，必须要有不同大小位置的变化，用以容纳一切大小不同的货物，此原则的优点在于货物储存数量和位置适当，则拣货迅速，搬运工作量及时间都能减少。如未考虑储存货物单位大小，将可能造成储存空间太大而浪费空间，或储存空间太小而无法存放。如不考虑储存货物整批形状，也可能造成整批形状太大无法同处存放（数量太多）或浪费储存空间（数量太少）。所以一般将体积大的货物存放于进出较方便的位置。

7. 重量特性原则

指按照货物重量的不同来决定货物在保管场所的高低位置。一般而言，重物应保管于地面上或货架的下层位置，轻的货物则应保管于货架的上层位置；若是以人手进行搬运作业，则人的腰部以下高度用于保管重物或大型货物，而腰部以上高度则用来保管轻的货物或小型货物，此原则对于采用货架储存和人手搬运作业的安全性有很大的意义。

8. 明晰性原则

是指利用视觉系统，使保管场所及保管货物能够容易识别的原则。例如使用颜色看板、标示符号等方式，让作业一目了然，而且容易产生联想而帮助记忆。如沃尔玛配送中心的运作流程是：供应商将商品的价格标签和 UPC 条形码（统一产品码）贴好，运到沃尔玛的配送中心；配送中心根据每个商店的需要，对商品就地筛选，重新打包，从"配区"运到"送区"。由于沃尔玛的商店众多，每个商店的需求各不相同，这个商店也许需要这样一些种类的商品，那个商店则有可能又需要另外一些种类的商品，沃尔玛的配送中心根据商店的需要，把产品分类放入不同的箱子当中。这样，员工就可以在传送带上取到自己所负责的商店所需的商品。那么在传送的时候，他们怎么知道应该取哪个箱子呢？传送带上有一些信号灯，有红的，绿的，还有黄的，员工可以根据信号灯的提示来确定箱子应被送往的商店，来拿取这些箱子。这样，所有的商店都可以在各自所属的箱子中拿到需要的商品。

3.1.2　储位分配的方法

所谓储位分配的方法，就是指在储存空间、储存设备、储存区位、储位编码等一系列前期工作准备就绪之后，用什么方法把货品分配到最佳的位置上。目前常用的货位分配方法有人工分配、计算机辅助分配和计算机全自动分配三种方式。

1. 人工分配

以人工分配货位就是管理者根据经验分配货位，因凭借的是管理者的知识和经验，所以其效率会因人而异。这种分配方法的优点是比计算机等设备投入费用少。但其缺点是分配效率低、出错率高、需要大量人力。

人工分配货位的管理要点是：

① 要求分配者必须熟记各种货位分配原则，并能灵活应用这些原则。

② 仓储人员必须严格按分配者的指示（书面形式）把货品存放在指定货位上，并将货品的上架情况记录在货位表单上，并及时更新货位信息。

③ 仓管人员每完成下一个货位指派内容后，必须把这个储位内容记录在表单上。此外，货物因补货或拣货从货位中移出后，也应登记消除，从而保证账物相符。

2. 计算机辅助分配

这种货位的分配方法是利用图形监控系统，收集货位信息，并显示货位的使用情况，提供给货位分配者实时查询，为货位分配提供参考，最终还是由人工下达货位分配指示。

3. 计算机全自动分配

这是利用图形监控储位管理系统和各种现代化信息技术（条形码扫描器、无线通信设备、网络技术、计算机系统等），收集货位有关信息，通过计算机分析后直接完成货位分配工作，整个作业过程不需要人工分配作业。这是现代化的货位分配方式。总之，计算机辅助分配和计算机全自动分配方法因为不受人为因素的影响，出错率低，效率高，为自动化仓库的首选方式。当然，设备投资和维护费用也高。

3.1.3 储位指派的原则与策略

1. 货位指派的基本步骤

进入仓库中储存的每一批物品在其理化性质、来源、去向、批号、保质期等方面都有独特的特性，仓库要为这些物品确定一个合理的货位，既要保证保管的需要，更要便于仓库的作业和管理。仓库需要按照物品自身的理化性质和储存要求，根据分库、分区、分类的原则，将物品在固定区域和位置存放。此外还应进一步在定置区域内，以物品材质和型号规格等系列，按一定顺序依次存放。货位指派的基本步骤如图 3-3 所示。

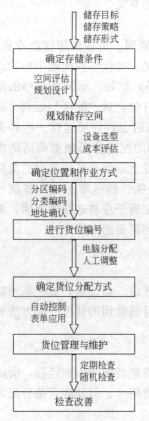

图 3-3 货位指派的基本步骤

2. 储位指派的原则与策略

储位指派的原则与策略是指货物进入仓库后，确定货物在储存区域的位置的原则和方法。良好的储存方法可以减少出入库移动的距离，缩短作业时间，保障货物品质，甚至能够充分利用储存空间。常用的储位指派的原则与策略有定位储存、随机储存、分类储存、分类随机储存和共同储存等。

（1）定位储存 定位储存是一种事先将货架进行分类、编号，并贴上货架代码，各货架内装置的货物事先加以确定的货位存货方式。

在这种管理方式下，每种货物都有固定货位，不同货物不能互用货位。因此在规划时，每一项货物的货位容量不得小于其可能的最大在库量。

定位储存的优点如下：

① 每种货物都有固定的储存位置，拣货人员容易熟悉货物货位，从而方便存取。

② 货物的货位可按周转率大小或出货频率来安排，以缩短出入库搬运距离。

③ 可针对各种货物的特性安排货位，将不同货物特性间的相互影响减至最小。

小资料

资料：国美对配送中心设置的要求是：

① 面积在 1500 平方米以上的封闭式仓库，交通便利；

② 附带足够的停车位，保证送货车辆取送货停车和夜间停放；

③ 防火、防盗设施齐备，以保证货物安全；

④ 有供库房人员办公、住宿的场所，生活、通信、电力、上下水设施齐备；

⑤ 24 小时全天候进、出货保障，确保营业取送货需要；

⑥ 仓库通风、干燥、地面平整。

配送中心的管理有章可循，基本要求如下：

① 建立健全商品账目，按类别分账管理，认真填全账上项目；

② 库房商品按类别分区码放，标志货区，便于货物查找，提高工作效率；

③ 所有商品入库时均要求检验机身、核对配件、登记机号，出库时对随机赠品需随机发放；

④ 库房商品分类别由专人负责，责任落实到人。

定位储存的缺点主要是货位必须按各项货物的最大在库量设计，因此储存空间平时的使用效率比较低。

适合的情况如下：

① 储存条件对货物储存非常重要时。例如，有些货物必须控制温度。

② 易燃货品，必须限制储存于一定高度以满足保险标准及防火法规。

③ 根据货物特性，由管理或其他策略规定某些货物必须分开储存。如饼干和肥皂，化学原料和药品。

④ 重要货物需要特别保护时。

⑤ 库房空间较大。

⑥ 多种少量货物的储存。

总之，定位储存容易管理，所需的总搬运时间较少，但却需较多的储存空间。

（2）随机储存　随机储存指每一种物品被指派的位置都是随机产生的，而且可以经常改变。也就是说，任何货物都可以被存放在任何的位置。随机原则一般是由储存管理人员按习惯来确定储存位置，而且通常是按货物入库的时间顺序储存于靠近出入口的货位。

随机储存的优点主要是由于货位可以共用，因此只需按所有库存货物最大在库量设计即可，储存空间的利用率较高。根据模拟研究的结果，随机储存与定位储存相比，可节省 35％的移动储存时间及增加 30％的储存空间，但较不利于货物的拣取作业。

随机储存的缺点如下：

① 物品变更登录时出差错的可能性较高，货物出入库管理及盘点工作的难度较大。

② 周转率高的货物可能被储存在离出入口较远的位置，增大了出入库的搬运距离。

③ 具有互相影响特性的货物可能被相邻储存，造成货物的危害或发生危险。

随机储存适用的情况如下：

① 库存空间有限，需尽量利用储存空间。

② 种类少或体积较大的货物。

如能利用计算机协助进行随机储存，由计算机记录仓库中每项货物的储存位置，则不仅可以在进出货时查询货位，也可以借助计算机来调配进货储存的位置空间，依计算机所显示的货位剩余空间来决定货物的储存位置，必要时也能调整货物的储存位置。

例如，通用汽车制造公司实行准时库存与生产管理制度，需要更快的卡车运输，严格按时送货。公司在北美的供货厂商，要把零部件准时、直接运送到各需用工厂，工作太复杂、太缓慢，费用又太高，而且常误期，不可靠。因此，公司决定设立一个中转站，接受和集中各供货厂商送来的零部件，然后立即重新组合发送到各制造工厂，以保证它们准时完成生产计划的需要。为了执行这项中转功能，公司建立了一个新型的自动化配件仓库。它的运作方式如下：

当送货卡车进入停车场，保卫人员记录下拖车车号。在集装箱从拖车上卸下时，通过扫描，确认是否与供货厂商电传的货物清单相符。随着中央计算机对安装在叉车上的终端传送命令，指示操作人员如何处理卸下的集装箱货物，因为有 60％ 以上的入库集装箱货物，在几分钟或几小时内要重新发运，而不是储存起来。在一个 3 万平方米的仓库，有 2/3 的空间用作中转储存作业区。那些待发运的货物扫描后，搬运到计算机所指定的储存区。在储存区，另外的叉车操作人员对集装箱再次扫描，并从终端获悉存放集装箱的确切位置。一旦集装箱进入"定位"，又再一次扫描，使计算机确认其储存位置。当需用该零部件时，能及时将其储位货物清单通知目的地公司装配厂。这样提高了零部件从供货厂商到装配工厂的流转速率，减少了多余库存，为公司和它的供货厂商节约了 800 万美元。

固定型场所管理方式尽管具有准确性和便利性等优点，但是，它也有某些局限性。一般来讲，固定型管理适用于非季节性物品，重点客户的物品，以及库存物品种类比较多且性质差异较大的情况；而季节性物品或物流量变化剧烈的物品，由于周转较快，出入库频繁，则流动型管理更为适用。

（3）分类储存 分类储存是指将货物按照一定标志加以分类，每一类货物都有固定的存放位置，而同属一类的不同货物又按一定的原则来指派货位。

分类储存通常按物品相关性、流动性、产品尺寸、重量、产品特性等来分类。

例如，某企业是一家生产工装裤的工厂，它只生产少数几种产品，产品的主要差别在于裤子的尺寸。在设计仓库布局时，该企业按照工装裤的尺寸大小分别存放进行考虑。先按照工装裤的腰围大小，从最小尺寸到最大尺寸分为若干类。分类分项后，按顺序存放。为了减少订单分拣人员的分拣时间，除了按上述方法，将工装裤按尺寸大小分类分项存放外，还将那些客户最常选购的一般尺寸产品，就近存放在存取较为方便的货位，而将特小和特大、客户不常选购的特殊尺码存放在较远和高层的货位。通过货物在仓库中的合理布局，从而提高了物流工作的效率，实现了物流的合理化。

分类储存的主要优点如下：

① 便于畅销品的存取，具有定位储存的各项优点；

② 各分类的储存区域可根据货品特性再作设计，有助于货物的储存管理。

分类储存的主要缺点如下：

① 产品相关性大，经常被同时订购；

② 分类储存较定位储存具有弹性，但也有与定位储存同样的缺点。

分类储存一般适用于以下场合：

① 产品相关性大，经常被同时订购；

② 周转率差别大；

③ 产品尺寸相差大等情况。

（4）分类随机储存　分类随机储存是指每一类货物都有固定的储存位置，但在各类区域内，每个货位的指派是随机的。分类随机储存的优点主要是既具有分类储存的部分优点，又可节省货位数量，提高储区利用率。缺点主要是货物出入库管理及盘点工作的难度较高。

分类随机储存兼具分类储存和随机储存特色，需要的储存空间介于两者之间。

（5）共同储存　共同储存是当确切知道各货物进出仓库的时间时，不同的货物可以共用相同的货位。当然，这在管理上会带来一定的困难，但是有助于减少货位空间，缩短搬运时间，有一定的经济性。

3.1.4　仓库保管员的工作职责和工作流程

1. 保管员工作职责

配送货物入库后的储存管理工作主要由仓库保管员来负责，其工作职责如下：

① 熟悉货物的品种、规格、型号、产地及性能，对物料安排货位，科学堆码，分类排列，标明标记。

② 按规定做好出库验收、记账、发放手续，及时搞好清点工作，做到账账相符、账实相符。

③ 随时掌握库存动态，保持材料及时供应，充分发挥周转效率。

④ 搞好安全工作管理，检查防火、防窃、防爆设施，及时消除安全隐患。

对照表 3-2，看看你是否具备了一个合格的仓库保管人员的素质，在哪些方面还需完善？

表 3-2　企业物流部门仓库保管人员职责自检表

自　检　项　目	是	否
你是否熟悉在库货物的基本情况,尤其是各类货物的数量以及库存位置		
你是否能胜任货物的收、管、发的整体工作		
在工作中你是否注意做好各类货物的收发记录		
你是否能够定期盘点在库货物,掌握货物的消耗动态		
你是否经常巡查储存货物,及时发现问题并做恰当处理		
你是否掌握对货物进行科学的保养和保护的具体方法和技巧		
你是否能够用最合适的方法储藏各类不同货物		
你是否注意及时记录在库货物的价值情况,以便统计、会计和计税		

如：国美配送中心三级管理制

国美配送中心实行三级管理制：配送中心总经理—库管员—库工。

配送中心经理向地区分部总经理、业务部经理负责，并督导下级（库管员、库工及配送中心司机）。其主要职责是：

① 合理安排配送中心人员的工作，制定配送中心的日常工作制度，严把出入库关；

② 组织库房商品盘点，发现问题及时上报处理；

③ 依据公司制度及有关规定，负责执行商品进出库的工作流程；

④ 合理调配运输车辆，保障商品流转的正常进行；

⑤ 加强对残次商品的管理，将每日发生的残次商品及时上报业务部，请示解决方案。

库管员向配送中心经理负责，并督导库工工作。其具体分工是：

① 建立健全库房商品账目，严把出入库手续；

② 依据流程规定，负责对商品进行验收、组织装卸、清点数量、核对型号、记录机号并办理一切入账手续；

③ 妥善管理残次商品，及时上报经理；

④ 负责库存商品的码放工作；

⑤ 做好库区的防火防盗工作，保证库存商品的安全；

⑥ 负责安排库工的日常工作。

库工向配送中心经理、库管员负责。日常工作是负责商品出入库的装卸、码放工作；负责商品、库房的卫生；做好库区内的防火防盗工作。

配送中心司机直接向配送中心经理负责，服从配送中心经理的调配，完成各项运输任务，保证所送货物的安全。

2. 保管员工作流程

保管员的岗位操作流程如图 3-4 所示。

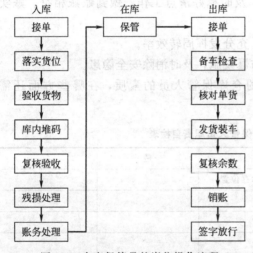

图 3-4　仓库保管员的岗位操作流程

(1) 接单　接收采购部门的接货通知单。

(2) 落实货位　接到通知单后，按照通知单上的货物种类、体积大小等安排货位。

(3) 验收货物　根据入库凭证开列的收货单位和货物名称与送交的货物内容和标记进行核对。核对无误后，指挥装卸工卸货，并对将入库货物从数量、质量、包装三方面检验。

① 数量检验　按商品性质和包装情况，数量检验分为三种形式，即计件、检斤、检尺求积。

计件是按件数供货或以件数为计量单位的商品，在做数量验收时的清点件数。

检斤是对按重量供货或以重量为计量单位的商品，做数量验收时的称重。

检尺求积是对以体积为计量单位的商品，例如木材、竹材、沙石等，先检尺，后求体积所做的数量验收。

> **小知识**
>
> 商品的重量一般有毛重、皮重、净重之分。毛重是指包括包装在内的实重。皮重主要指包装重量。净重是毛重减去皮重的余额。我们通常说的商品重量是指净重。

凡是经过数量检验的商品，都应该填写磅码单。在做数量验收之前，还应根据商品来源、包装好坏或有关部门规定，确定对到库商品是采取抽验还是全验方式。

② 质量检验　质量检验包括外观检验、尺寸检验、机械物理性能检验和化学成分检验四种形式。仓库一般只做外观检验和尺寸检验，后两种检验如果有必要，则由仓库技术管理职能机构取样，委托专门检验机构检验。

③ 包装检验　凡是产品合同对包装有具体规定的要严格按规定验收，对于包装的干潮程度，一般是用眼看、手摸方法进行检查验收。

注意：在物品入库凭证未到齐之前不得正式验收；发现物品数量或质量不符合规定，要会同有关人员当场做出详细记录；在数量验收中，计件物品应及时验收，发现问题要按规定的手续，在规定的期限内，向有关部门提出索赔要求；外包装的完好性、品名、规格、数量是否与入库凭证相符。

特别提示：物品验收务必遵循及时、准确、严格、经济的原则！

小知识

对进口物资经验收发现规格、数量等不符合合同规定的，如属供货方责任的，应在规定的索赔期限内向外商提出索赔。国际上规定：材料、燃料等对外索赔期为 10 天，五金钢材、机器、仪器等为 90 天，化工产品为 60 天，成套设备和大型机械设备为 1 年，对外索赔需要由商检局证明及验收报告、对外贸易合同、国内外发货票、装箱单、质量证明书及单等。在索赔期内应妥善保管物资，以备商检局或供货方复验。对国内供应物资，在验收中发现数量、产品质量不符时，如属运输部门责任时，应填制索赔单，随同运输部门的商务记录，将由运输部门处理；如属供货单位责任时，应查询后处理。

（4）库内堆码　在货物运入仓库后，指挥装卸工进行堆码作业。堆码过程中特别要注意"五距"、种类和批次。货垛的"五距"指的是垛距、墙距、柱距、顶距和灯距。堆垛货垛时，不能依墙、靠柱、碰顶、贴灯；不能紧挨旁边的货垛，必须留有一定的间距。无论采用哪一种垛型，房内必须留出相应的走道，方便商品的进出和消防用途。

① 垛距　货垛与货垛之间的必要距离，称为垛距，常以支道作为垛距。垛距能方便存取作业，起通风、散热的作用，方便消防工作。库房垛距一般为 0.3～0.5m，货场垛距一般不少于 0.5m。

② 墙距　为了防止库房墙壁和货场围墙上的潮气对商品的影响，也为了散热通风、消防工作、建筑安全、收发作业，货垛必须留有墙距。墙距可分为库房墙距和货场墙距，其中，库房墙距又分为内墙距和外墙距。内墙距是指货物离没有窗户墙体的距离，此处潮气相对少些，一般距离为 0.1～0.3m；外墙距是指货物离有窗户墙体的距离，这里湿度相对大些，一般距离为 0.1～0.5m。

③ 柱距　为了防止库房柱子的潮气影响货物，也为了保护仓库建筑物的安全，必须留有柱距。柱距一般为 0.1～0.3m。

④ 顶距　货垛堆放的最大高度与库房、货棚屋顶横梁间的距离，称为顶距。顶距能便于装卸搬运作业，能通风散热，有利于消防工作，有利于收发、查点。顶距一般为 0.5～0.9m，具体视情况而定。

⑤ 灯距　货垛与照明灯之间的必要距离，称为灯距。为了确保储存商品的安全，防止照明灯发出的热量引起靠近商品燃烧而发生火灾，货垛必须留有足够的安全灯距。灯距按规定应有不少于 0.5m 的安全距离。

（5）复核验收　对货物进行复核，在随货同行的入库单上签字，同时在入库单上注明问题货物。

（6）残损处理　如果在收货过程中发现货物有残损问题，应认真调查，分清责任。对于卸货过程中，由于卸货人员不慎而导致包装破损的货物应重新进行包装；而对于由于厂商不慎而引起的货物残损，应将其退还厂商。

如：国美对残次商品有一整套的控制制度。首先，在送货、进货环节上控制，公司规定：

① 各配送中心在送货时要严格把关，对外包装破损、重心、重量有异常情况的商品要及时查明情况，不得转调门店或其他配送中心。

② 配送中心和各门店在从厂家进货时要严格检验，对于外包装破损、重心、重量有异常情况的商品应开箱检验，并做好确认记录。

③ 进货时如发现商品有残次，收货方可拒收或记录注明。

④ 在装卸过程及商品码放过程中严格控制。如商品装卸时，配送中心或门店必须有一名负责人在场，杜绝野蛮装卸。

⑤ 商品码放要符合仓库码放的管理规定，严禁超高、倒置或倾斜。

⑥ 门店一旦发现有残次品，需如实填写有关情况，配送中心严格核对。

国美根据商品流转程序，对配送中心及各门店的外伤残次率作了严格限定：各门店外伤残次率限额为 0.8%，各配送中心外伤残次率，限额为 1%，各配送中心之间调运商品的残次率限额为 1%。针对这个限额，公司又有一套奖惩措施与之对应。

（7）账务处理 对检验合格的物品应办理入库手续，进行登账、立卡、建档。物品入库，仓库应建立详细反映物品仓储的明细账，登账的主要内容有：物品名称、规格、数量、件数、累计数或结存数、存货人或提货人、批次、金额，注明货位号或运输工具。物品入库或上架后，将物品名称、规格、数量或出入状态等内容填在料卡上，称为立卡。料卡又称为货卡、货牌，插放在货架上，物品下方的货架支架上，或摆放在货垛正面明显位置。

> **小知识**
>
> 登账前首先要认真审查凭证，记好日期、凭证编号，摘要栏要尽量简明扼要，认真填写。在转次页时，应在最后一行的摘要栏内注明转次页，并依次结出本月收、支、存数，在次页第一行摘要栏内注明承前页，并记录上页结出的收、支、存数。保管账可采取专职管理人员负责建立管理总账和保管员一人一账的方法。不论采取哪种管理方法，均应做到每天登账，经常查对，保证账账相符、账卡相符、账物相符。

（8）保管 货物入库后，负责货物在库保养和库区卫生工作，按规定每天如实记录温度和湿度状况，参加每天的货物巡查工作，及时上报并处理各类仓储事故和各类突发事件。

（9）接单 接收公司的送货通知单。

（10）备车检查 联系运输部门，请其备车并对车辆进行检查，看其是否清洁，有无防护措施。

（11）核对单货 核对送货通知单所列的内容是否与货物一致，如发现问题，则应及时纠正。

（12）发货装车 指挥装车工装车并清点数目，在装车时应注意不同品种、不同批次货物分开堆放。

（13）复核余数 清点余下的货物，核对余数与账目是否相符。

（14）销账签证 在货卡上销账，注明货物去向，在库存台账上销账。复核无误后，开出门证；要求司机（或提货人）在出库单上签收，并登记其身份证号码、车辆牌号、联系电话；如果货物是分批出库的，应在台账、提货单上逐批记录。

如大荣公司物流作业中心，一般的进、出货流程如下：

（1）在进货流程方面。①进货。收货采用栈板作业依规定堆叠。②进货检验。按采购传真验收品项及数量、检验品质及制造日期、电脑开立验收单。③搬运入库。验收无误按货品的属性储位入库、调整仓储，以利先进先出。④库存管理。建立适当安全存量，电脑记录进、销、退、存货、盘点（采用抽点或总盘点）。⑤采购。维持安全库存，按货品进货基数采购；以电脑列印采购单，以传真方式采购。

（2）在出货作业流程方面。①接受订单。商流制单采用整批传输至物流中心或有紧急订单时采用电话、传真机订购。②订单处理。分派路线、车次、批次，库存不足紧急采购处理。③拣货。印制拣货单、批次拣货单排程（含堆高机及人力规划）。④装载配送。配送路线排程、码头对点货品。⑤客户。对点货品及签收验收单，收点货品及接受退货商品。⑥回单确认。出货差异核对、货品核对、退品分类入库。⑦审单确认。出货单电脑确认，及退货登记，各单据的核对与确认。⑧应收账款。每月核计总销售量，以收取营销及配送的费用，并且扣除退货商品的金额。

保管员除熟悉岗位操作流程外，还应熟练掌握日常所用表单的填制，掌握储存的原则，熟悉储存作业的方法和策略。

3. 保管员日常所用表单

保管员日常所用表单见表 3-3～表 3-10。

表 3-3　入库单

日期：

时间：　　　　　　　　　　　　　　　　　　　　编号：

项次	品名/规格	供应商	货品编号	单位	储位	预计进货数量	实际进货数量

主管：　　　　　　　　　　　　　　　　　　　　经办：

表 3-4　补货单

类别		补货日期/时间			本单编号		
项次	存放储位	品名	货品编号	货源储位	单位	要货数量	实发数量

点数：　　　　　　　　　　　　　　　　　　　　经办：

表 3-5　库存单

项次	品名/规格	货品编号	出/入库日期	出/入库单据编号	收发货记录				备注
					昨日库存量	入库量	发货量	结存量	

主管：　　　　　　　　　　　　　　　　　　　　经办：

表 3-6　入库日计表

验收单号码	品名	规格	代号	数量	单价	金额	厂商	请购单编号	备注

表 3-7　库存日报表

批号	等级	规格	昨日结存	缴库		发送		退回		本日结存
				本日	本月累计	本日	本月累计	本日	本月累计	

表 3-8　破损报告表

报废单位：

日期：　年　月　日　　　　　　　　　　收料日期：　年　月　日

制造号码：　字号：

损费原因				原领用途					
材料类别	品名	规格	色纹材质	单位	退回	实收	估计价值		备注

表 3-9　出货通知单

编号：＿＿＿＿＿＿＿＿
日期：＿＿＿＿＿＿＿＿

出货日期		年　月　日　时	
货物名称		数量	
包装情形			
承运单位		收货人	
运输方式		地址	
出货类别			
货物起运时间			
其他要说明的事项			
批示			

表 3-10　退货单

编号：＿＿＿＿＿＿＿＿
日期：＿＿＿＿＿＿＿＿

货物编号	名　称	数　量	原　因	签　章

3.2　盘点作业

3.2.1　盘点作业目的

1. 查清实际库存数量

盘点可以查清实际库存数量，并通过盈亏调整使库存账面数量与实际库存数量一致。账面库存数量与实际存货数量不符的主要原因通常是收发作业中产生的误差，如记录库存数量时多记、误记、漏记；作业中导致的损失、遗失；验收与出货时清点有误；盘点时误盘、重盘、漏盘等。通过盘点清查实际库存数量与账面库存数量，发现问题并查明原因，及时调整。

2. 帮助企业计算资产损益

对货主企业来讲，库存商品总金额直接反映企业流动资产的使用情况，库存量过高，流动资金的正常运转将受到威胁。而库存金额又与库存量及其单价成正比，因此为了能准确地计算出企业实际损益，必须通过盘点。

3. 发现仓库管理中存在的问题

通过盘点查明盈亏的原因，发现作业与管理中存在的问题，并通过解决问题来改善作业流程和作业方式，提高人员素质和企业的管理水平。

3.2.2 盘点作业步骤与流程

盘点员是配送中心的重要操作人员之一，通常货物经过一段时间的不断收货与出货，容易产生误差。形成这些误差的原因有：库存资料记录不准确，如多记、漏记、误记等；库存产品数量有误，如损坏、遗失等；盘点方法选择不恰当，如误盘、重盘、漏盘等。通过盘点一是可以控制存货，以指导日常经营业务；二是可以掌握损益，以便真实地把握经营绩效，并尽早采取防漏措施。

1. 工作职责

① 通过点数计数查明商品在库的实际数量，核对库存账面资料与实际库存数量是否一致。

② 检查在库商品质量有无变化，有无超过有效期和保质期，有无长期积压等现象，必要时还必须对商品进行技术检验。

③ 检查各种安全措施和消防设备、器材是否符合安全要求，建筑物和设备是否处于安全状态。

④ 检查保管条件是否与各种商品的保管要求相符合。如堆码是否合理稳固，库内温度湿度是否符合要求，各种计量器具是否准确等。

2. 工作流程

盘点的工作流程图如图 3-5 所示。

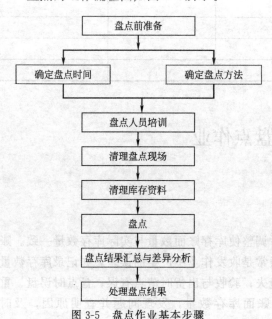

图 3-5 盘点作业基本步骤

（1）盘点前准备　盘点前准备工作是决定盘点工作效率和效果的关键。为了使盘点工作能在较短时间内利用有限的资源迅速准确地完成目标，盘点前应做好以下准备工作。

① 确定盘点的程序方法。

② 配合会计结算进行盘点。

③ 设计印制盘点用表单。

④ 对盘点人员进行相关培训及责任分工。

⑤ 结清库存资料。

（2）确定盘点时间　一般性货品就货账相符的目标而言盘点次数愈多愈好，但因每次实施盘点必须投入人力、物力、财力，这些成本耗资不菲，故也很难经常为之。事实上，导致盘点误差的关键因素在于出入库的过程，可能是因出入库作业单据的输入，检查点数的错误，或是出入库搬运造成的损失，因此一旦出入库作业次数多时，误差也会随之增加。所以，可以根据物品的不同特点、价值大小、流动速度、重要程度来分别确定不同的盘点时间，盘点时间的间隔可以从每天、每周、每月到每年盘点一次不等。以一般生产厂而言，因其货品流动速度不快，半年至一年实施一次盘点即可。但在配送中心货品流动速度较快的情况下，我们既要防止过久盘点对公司造成的损失，又碍于可用资源的限制，因而最好能视配送中心各货品的性质制定不同的盘点时间。通常 A 类主要货品每天或每周盘点一次；B 类货品每两周或三周盘点一次；C 类较不重要的货品每月盘点一次即可。盘点日期一般选择在财务结算前夕和营业淡季进行。

（3）确定盘点方法　因商品性质、盘点场合需求不同，盘点主要分为账面盘点及现货盘点。

账面盘点又称为永续盘点，就是把每天入库及出库货品的数量及单价，记录在电脑或账簿上，然后不断地累计加总算出账面上的库存量及库存金额。现货盘点亦称为实地盘点或实盘，就是实际去清点调查仓库内的库存数，再依货品单价计算出实际库存金额的方法。目前，国内大多数配送中心都已使用电脑来处理库存账务，当账面数与实存数发生差异时，有时很难断定是账面数有误还是实盘数有误。所以，可以采取"账面盘点"和"现货盘点"平行的方法，以查清误差出现的实际原因。

① 账面盘点法　账面盘点法就是将每一种物品分别设立"存货账卡"，然后将每一种物品的出入库数量及有关信息记录在账面上，逐笔汇总出账面库存结余数，这样随时可以从电脑或账册上查悉物品的出入库信息及库存结余量。

② 现货盘点法　现货盘点法按盘点时间频率的不同又可分为"期末盘点"和"循环盘点"。期末盘点是指在会计计算期末统一清点所有物品数量的方法；循环盘点是指在每天、每周清点一小部分物品，一个循环周期将每种物品至少清点一次的方法。

a. 期末盘点法　由于期末盘点是将所有物品一次点完，因此工作量大、要求严格。通常采用分区、分组的方式进行，其目的是为了明确责任，防止重复盘点和漏盘。分区即将整个储存区域划分成一个一个的责任区，不同的区由专门的小组负责点数、复核和监督。因此，一个小组通常至少需要三人分别负责清点数量并填写盘存表，复查数量并登记复查结果，第三人核对前两次盘点数量是否一致，对不一致的结果进行检查。等所有盘点结束后，再与电脑或账册上反映的账面数核对。

b. 循环盘点法　循环盘点通常对价值高或重要的物品进行盘点，检查的次数多，而且监督也严密一些；而对价值低或不太重要的物品，盘点的次数可以尽量少。循环盘点一次只对少量物品盘点，所以通常只需保管人员自行对照库存资料进行点数检查，发现问题按盘点程序进行复核，并查明原因，然后调整。也可采用专门的循环盘点单登记盘点情况。

c. 循环盘点与期末盘点结合　期末盘点是比较规范的盘点，但需要停业和消耗大量作业成本。循环盘点较能针对各货物物账差额作出适时调整，由于其针对性强，因此，将这两种盘点方式结合，平时针对重要货品作循环盘点，而至期末再将所有货品作一次大盘点，不仅能使循环盘点的误差渐渐减少，而且到了期末大盘点，由于循环盘点配合，使误差率大幅降低，并缩短期末盘点的时间。两种盘点的差异见表 3-11。

（4）盘点现场与商品整理　这项工作具体包括：对厂商在盘点前送来的货物必须明确其数目；储存区在关闭前应通知各有关部门；整理储存场地，预先鉴定滞销商品、废品、不良品；整理、结清账卡、单据、资料，进行自行预盘，以便提早发现问题并加以预防。

（5）盘点作业　盘点时可以采用人工抄表计数，也可以用电子盘点计数器。盘点工作不仅工作量大，而且非常单调烦琐，为确保盘点工作的准确性，除加强人员培训外，盘点期间还应加强现场监督与指导。盘点表见表 3-12。

表 3-11　期末盘点与循环盘点的差异比较表

盘点方式	期末盘点	循环盘点
周期	期末,每年仅数次	平常,每天或每周一次
时间	长	短
人员耗用	全体动员(或临时雇用)	专门人员
盘点情况	多且发现得晚	少且发现得早
对营运的影响	需停止作业数天	无
对品项的管理	平等	A类重要货品:深度管理;C类不重要货品:常规管理
盘差原因追究	不易	容易

表 3-12　盘点表

盘点表号码:＿＿＿＿＿＿＿＿＿

区域号:＿＿＿＿＿＿　　盘点人:＿＿＿＿＿＿＿　　复核人:＿＿＿＿＿＿＿

储位号码	商品名称	规格	条形码	赠品或配件	盘点数量	复核数量	差异

(6) 盘点结果汇总与差异分析　当盘点结束后,应对盘点结果汇总,并对差异进行分析,分析思路如下:

① 通过盘点,实际库存量与账面库存量的差异有多大?盘点数量误差是多少?

② 这些差异主要集中在哪些品种?

③ 这些差异对公司的损益造成多大影响?

④ 平均每个品种的商品发生误差的次数情况如何?

⑤ 当发现所得数据与账簿资料不符时,还应追究产生差异的原因是什么。

可能出现的原因及相应的对策见表 3-13。

表 3-13　盘点差异原因及对策

代码	差异原因	对策
1	系统单据输入错误	加强对单据输入人员的管理和培训
2	盘点制度缺点导致货账不符	改进盘点流程
3	盘点人员不负责,导致盘点错误	加强对盘点人员的培训
4	漏盘、重盘、错盘	加强复盘
5	进货验收错误	明确进货验收作业管理规则
6	挑选出货错误	加强对挑选出货的管理
7	库存移动作业错误	加强对库存移动作业和单据处理的管理
8	退货作业错误	加强对退货人员的管理和培训
9	其他领用的错误	加强对商品领用的管理
10	报损作业的错误	加强对商品报废作业的管理

（7）盘点结果的处理　差异原因追查后，应针对主要原因进行适当的调整与处理，至于呆废品、不良品减价的部分则需与盘亏一并处理。

物品除了盘点时产生数量的盈亏外，有些货品在价格上会产生增减，这些变更在经主管审核后必须利用货品盘点盈亏及价目增减更正表（表3-14）修改。

表 3-14　货品盘点数量盈亏增减更正表

部门：＿＿＿＿＿＿＿＿＿＿＿			日期：＿＿＿＿＿＿＿＿＿＿＿												
货品编号	货品名称	单位	账面数据			实物盘点			数量盘亏				库存调整			差异原因	负责人
			数量	单价	金额	数量	单价	金额	盘赢		盘亏		增数		减数			
									数量	金额	数量	金额	单价	金额	单价	金额		
差异原因代码：①　　②　　③　　④　　⑤																	
配送中心经理：　　　　　　　　申请人：																	

【本章小结】

储存是配送作业的重要环节，是购货、进货的延续。在配送活动中，货物储存有两种表现形态：一种是暂存形态；另一种是储备形态，包括安全储备和周转储备。

储备形态的储存是按照一定时期的配送活动要求和根据货源的到货情况，有计划地确定存货品种和数量，是配送活动持续进行的资源保证。

用于支持配送货物储备有两种具体形态：安全储备和周转储备。无论是哪种形态的储备，相对于暂存形态的储存来说，数量都比较多，因此其储存合理与否会直接影响配送的整体效益。为确保配送业务的顺利进行，提高配送作业的效率和效益，配送中储存管理的首要任务是依照一定的原则对储存空间进行合理的规划与分配。作为仓库保管人员还应熟悉储存的业务流程，熟练掌握物品出入库和盘点的方法和内容。

本章主要从实务的角度对配送中心储存规划的方法、原则及储存作业的具体步骤与流程进行了详细的讲解，针对性较强。相信各位通过本章内容的学习，对配送中心储存作业具体操作有了明确的思路，对岗位职责有了清晰的认识。

案例

彬泰物流公司的经营

彬泰物流公司成立于1987年，1993年正式设立于大园，大园自有车辆与契约车共五十几部，每日的出货约为1000万台币，平均月营业额为2.5亿台币，库存的品项大约6000～7000种。

大园物流中心的规模，在硬件方面主要是厂房设备和电脑；在软件方面则可分为自动化、资讯化两方面；在功能设计上，则有商品保存、配送服务等。

1. 配送能力

目前大园物流中心的配送店数为750家，配送对象除了"福客多商店"外，也帮"OK便利商店"、"小豆苗"及零散的单独店作商品配送工作。配送的品项包括常温食品、公卖局的商品、日用品等共2300多种，上游供应的厂商有300多家。

目前配送的前置时间为24个小时，北部门市在下午3点前订货，"彬泰"在次日早上8点开始拣货，大约8点半开始出车送货，最后出车时间大约是下午5点，目前暂无实施夜间配送。中南部门市大约是中午12点前订货，第二天就能送到中南部的转运中心，从转运中心再送到门市。对于"福客多"门市采取每天到店配送。"OK便利商店"的货则是调配三次，其他服务对象则依各店需求，有不同的配送次数。配送"福客多"店铺的车，不会再夹杂其他单独店的商品，但其他单独店的商品，则会合在一起配送。

2. 软件设备

大园中心的主电脑为IBM，主机设在台北总公司，平时通过一条数据专线联系。门市的订货由EOS传送到台北总公司，处理后的资料再传到大园物流中心。

在资讯系统方面，是使用Windows NT为作业平台，及Exceed物流专业软体，包括接收门市订单、对上游厂商的订货、对账、检货绩效评估、退货、传真，当库存量不足时，电脑还会自动显示订货建议。

3. 电脑控制的自动仓储

在硬件设备方面，一部分是采用委托日本设计的自动仓储设备。自动仓储设备属于整箱出货区，由电脑连到控制台，操作机械手臂。自动仓储区高约14m，共分6层，每层高度1.8m左右，每列的货架有299个储位，四列货架共有1196个栈板储位。每个栈板都采用1.1m正方的标准规格，有两台机械手臂负责存取货品的工作。所谓的机械手臂，其实只是一块具有上下左右来回移动功能的铁板。机械手臂的动作完全由电脑控制，在进货时，电脑会自动记录该品项存放的储位及时间；出货时事先由控制中心将商品品项及总出货数输入电脑，电脑会自动选取该品项最先存入的栈板位置，列印出该品项的出货储位清单。工作人员出货时，将该储位的电脑代号输入机械手臂前的电脑，电脑便会指挥机械手臂拣取。由机械手臂存取每个栈板的时间，约为73s。拿出来的栈板需由人工依照拣货表，将各店所需数作分配。目前每天平均进出的栈板约有400个，其中大约有300个品项，保持库存的大约有100多种品项。

每天的拣货时间是从早上8点到下午5点，不过通常会到晚上7点左右才能拣完货品。此处的栈板比一般的重棚要稳得多，存取栈板时货品不会掉落，所以不需要用塑胶圈将货物箱捆起来。省掉了大的塑胶圈费用，还免掉捆包及拆封的时间及人力。厂商将货物运下车后，直接存放在栈板上，便可由机械手臂送入仓储。因为有电眼侦测的装置，所以即使发生物品掉落的情形，系统也会自动断电机确保安全。在盘点时，也可改由手动操作，让盘点人员入内逐层盘点。一般盘点工作分成两种：一种是平时抽点，是由电脑随机选取栈板出来抽点；另一种是半年一次的大盘点，盘点人员进入存放区逐层盘点。

4. 重量棚

重量棚也是属于整箱出货区，不过此区是存放较重的物品，如米、饮料等。共有650个拣货储位，存放800项商品，下层为出货区，上面为暂存区。以电板车搬运和存取栈板，用奇数偶数区分不同的储位巷道，使工作人员能够很容易辨别方位进入状况，因此可以雇用许多兼职人员，节省人力成本。

为了维持商品的新鲜度及节省存放空间，库存一般不会太多。对经常缺货的畅销商品，或是遇到春节前由于厂商有较长的时间无法供货，则会有大约半个月的储存。如果制造商的工厂在南部，为了节省运输时间和降低成本，一般一次会订购一台货车的数，一般商品（如饮料）的平均回转周期是 7 天一次，库存都不多。

5. 流动棚

位于二楼的流动棚，主要是以散装商品为主，货物从一楼由电梯运上来，放在架上，工作人员依拣货单拣货，一次拣一家店铺的货。"彬泰"的服务对象较复杂，不像其他便利商店的物流中心，只是体系内物流，所以无法应用电子标签拣货系统。除了"福客多"每家店的订货商品较多，其他像 OK（只负责一部分常温商品的配送）及单独店的订货都比较少，如果使用电子标签，在输送带上，一次只能拣一家店的货，效率比较低，所以取消了以前曾经使用过的电子标签系统。

二楼另外还有一个房间，专门放置洋酒等高单价的商品，也是使用流动棚，拣货人员也是依照拣货单拣货，从此区出货的商品，司机会和门市的验收人员一一对照清楚，其他区出货的商品，司机和验收人员则只核对箱数而已。由于此区商品单价高，所以除了此区的工作人员外，限制其他人的进入。

6. 组织体系

"彬泰"在组织体系上分成流通事业、行销营业、经营管理中心、管理部、财务室五个部门，大约有 100 名工作人员。另外在林口还有一个书籍配送中心，属于"彬泰"体系下的配书课，品项约有 250 种左右。由于书籍杂志的时效性很重要，所以需要每天配送。

7. 经营上遇到的问题及努力目标

目前经营上有以下几个问题需要克服：①每次送的商品量过多，所以需要比较多的人力与验收时间；②由于门市的人力有限，所以店主往往需要另外增加兼职人员帮忙验收；③需进一步降低次品率、错误率；④由于服务对象较多，同一样商品可能有好几种价格，造成作业上的负担。

今后将设法开拓物流通路，增加服务对象，以增加营业额；还将扩充厂房，增加配送商品，减少人力和运送时间；设法减少商品的损耗及耗材的浪费，以达到节流的目的，还将设法采取策略联盟的方式，联合采购，降低成本，提高商品的毛利率。

分析讨论：

1. "彬泰"自动仓库每天平均进出的栈板约有 400 个，其中大约有 300 个品项，保持库存的大约有 100 多种品项。面对如此大的吞吐量，"彬泰"是如何完成存取作业的？

2. 目前很多配送中心通过引进电子标签自动拣货系统来提高拣选效率，但"彬泰"为何取消了以前曾经使用过的电子标签系统？

3. 储存规划有什么特点？通过"彬泰"物流配送中心的运营你得到什么启示？

思考与练习

一、概念理解

定位储存　随机储存　分类储存　分类随机储存　账面盘点　现货盘点

二、判断题

1. 储位空间规划与分配的主要作用是提高储位的利用率和配货作业的效率。

2. 盘点作业可以查清实际库存数量。

3. 盘点作业可以帮助企业计算资产损益。

4. 盘点作业可以发现仓库管理中存在的问题。

5. 盘点可以查清实际库存数量，并通过盈亏调整使库存账面数量与实际库存数量一致。

6. 导致盘点误差的关键因素在于出入库的过程。

7. 一般来讲，流动型货位管理适用于非季节性物品，重点客户的物品，以及库存物品种类比较多且性质差异较大的情况。

8. 季节性物品或物流量变化剧烈的物品，由于周转较快，出入库频繁，则固定型货位管理更为适合。

9. 期末盘点是指在会计计算期末统一清点所有物品数量的方法。

10. 账面盘点又称为永续盘点，就是把每天入库及出库货品的数量及单价，记录在电脑或账簿上，然后不断地累计加总算出账面上的库存量及库存金额。

三、简述题

1. 简述仓库保管员的工作职责和工作流程。

2. 简述储位空间规划与分配的原则。

3. 简述仓库保管员工作流程。

4. 简述期末盘点与循环盘点的异同点。

四、综合实训题

【情景设置】

月末，某连锁超市财务人员及仓库保管员到仓库盘点，要求在规定的库存区域内，对库存物品进行盘点检查，核对现有存货与账记载数量是否一致，查明各项物品的可用程度，发现不良品、呆滞品均要记录，并用货卡标识出来。

【技能训练目标】

让学生学会库存物品数量检查和质量检查的方法，掌握账、卡、物数目核对的技能，熟悉盘点作业的过程，对盘点中发现的差错能正确处理。

【技能训练准备】

1. 学生每三人为一组，具体分工是初盘员一人、复盘员一人、制表员一人。

每位学生要明确自己的角色，能够互相配合完成一次盘点作业流程。可考虑进行角色互换训练。

2. 工具准备：带好记账用笔，另带红笔一支。

3. 单据准备：每组一份空白盘点票、盘点记录表。盘点票九周前需统一编号、记数。

4. 教师带队，现场指导。

5. 训练时间安排：6 学时。

【技能训练步骤】

1. 盘点准备：查验账目、清点实物、整理仓库。

2. 发放盘点单，记下发放的盘点单的编号。

3. 初盘，填写盘点票。

4. 填写盘点记录表。

5. 复盘，确认初盘数量。数量有差异者，与初盘人员做好复核确认，确认后数据记录于盘点记录表上。

6. 若模拟过程未发生盘点票填写错误，则由教师提供填写错误的盘点票，要求学生用正确的方式修改错误。

7. 若模拟过程未发生盘点数量差异，则由教师提供初盘复盘差异数据一套，要求学生进行处理。

8. 复盘完毕，从实物处取下盘点票。

【技能训练注意事项】

1. 不同的盘点小组在不同的指定区域内作业。学生要明确自己的角色，熟悉各个角色的工作职责，严格按训练步骤进行，认真规范填写各种表格、单据。

2. 该训练可以在校内实训室进行，也可以在校外实习基地完成。如果实习工位不够，可将全班分为两大组，每一大组分为初盘人员与复盘人员两种角色，并进行角色互换训练。

【技能训练评价】

盘点能力评价评分表，见表 3-15。

表 3-15 实施盘点能力评价评分表

考评人		被考评人	
考评地点			
考评内容	实施盘点业务		
考评标准	具体内容	分值/分	实际得分
	盘点前期准备工作充分	5	
	填写盘点票认真、准确、清晰	20	
	填写盘点记录表认真、准确、熟练	20	
	采用正确的方式修改填写错误的盘点表	15	
	复核、填写复盘数据认真、准确	15	
	采用正确的复核确认方式处理初盘复盘有差异的盘点数据	15	
	盘点作业流程完整，没有遗漏	10	
合计		100	

注：考评满分为 100 分，60～70 分为及格，71～80 分为中，81～90 分为良好，91 分以上为优秀。

第 4 章　配送分拣与配货作业

【学习目标】

　　本章重点是了解分拣配货作业的一般流程的作业方式。通过本章学习，使学生对配送分拣配货作业和补货作业的基本内容和一般流程具备感性认识，能根据配送中心设施设备条件和货物特点，设计分拣配货作业和补货作业一般流程；会进行基本的分拣配货及补货作业。

【导入案例】

哈尔滨市烟草公司卷烟分拣系统严控假烟

　　出库—拆箱—分拣—打码—装箱—贴标签—送货……每个环节都是那么严谨、规范，且有条不紊。这是哈市烟草公司物流中心的卷烟进货、分拣半自动化流程。据了解，该中心是目前哈尔滨最大、设备最先进的卷烟物流中心。

　　在该物流中心一楼货物进出口处可以看到，一箱箱卷烟正从一条条传送带上输送下来，直接落到步行式电动叉车的托盘上，托盘装够固定的件数，工人们就把其托盘拽到备货区，往送货车上装烟。据介绍，这是卷烟配送流程中的最后一道程序。

　　卷烟是怎么送到卷烟零售业户手中的？在二楼的出库区，库区内堆积着几百件卷烟，三名员工正在一丝不苟地记录着出库卷烟。据了解，卷烟出厂时每条烟都有不同的号段，当配送到物流中心，首先对入库卷烟进行扫码确认，并上报国家烟草局已收到烟厂货源。随后，根据每天卷烟零售业户的电话订单出库。在分拣车间，我们看到的是快速有序运转的卷烟分拣设备和员工们忙碌的身影。一条条卷烟被放到卷烟分拣流水线上进行分拣，并进行激光打码，而后从不同格口处自动进入烟箱。被"整合"到一起的卷烟，就被贴上写有烟店名称、数量、条数、分拣批次、格口等字样的标签。最后，烟箱通过传送带输送到一楼仓库。整个程序唯一需要人工操作的，就是拆箱放条烟进系统和贴标签，其他分拣过程都是自动化生成，机械操作。

　　该负责人讲，卷烟业户的需求是多样化的，往往是多个品种的"大拼盘"。以前这项工作必须由送货人员人工处理，夏季天热的时候，送货员每到一户，就得像"蒸桑拿"一样待在温度高达40多摄氏度的后车厢分货，效率非常低。自从引进了卷烟分拣系统后，效率明显提高。经过电话访销，电脑下了订单之后，该中心就会自动进行条烟分拣。

　　自哈市卷烟实行"一户一码"制度以来，每个卷烟业户都有了自己的编码。一条分拣线上分立式机和卧式机，每一件卷烟都要拆开了放进机器里，每打到一户电脑就会按照程序分拣出业户需要的卷烟品种和数量，然后经过传送带经过激光打码的探头进行打码，打过码的每条卷烟再经传送带进入周转箱，工人们再把标有卷烟品种和数量的标签放入周转箱，并按照送货员的线路集中存放，再由送货员配送到每一个卷烟零售客户。这样既有利于卷烟市场监管，更能防止不法烟贩制售卷烟。

中午时分，刚刚送货返回的送货员们，又有序而迅捷地进入仓库，开始为下一个路线的卷烟业户配货、装车、送货。在仓库内，配送人员熟练地对单进行配货，快速而又小心地把每一个业户所需的烟进行分配、归整、装箱。配货工作接近尾声后，已经配完货的线路开始装车。

每一个配送人员都小心翼翼地把配好的卷烟装到送货车上，生怕把其中的任何一箱或一条卷烟损伤。因为他们清楚，卷烟是易损品，如果不轻搬轻放的话，卷烟很容易损坏，受损的卷烟是难以销售的。卷烟业户预定的货都是急需销售的，如果有所损失，就得进行换货，还耽误时间，不但会影响业户的生意，更重要的是会影响公司的形象。

思考题：

1. 哈尔滨市烟草公司是怎样严控假烟的？物流中心卷烟是怎么送到卷烟零售业户手中的？

2. 面对客户少量多样的需求，配送中心怎样提高服务水平和作业效率？

本章将本着简要务实的原则对拣货作业和补货作业的一般流程、常用的作业方式及其相关内容进行讲解。

4.1　分拣配货作业

配送中心的主要任务是要在有限的时间内将客户需要的货品组合送达，而客户少量多样的需求形态使得拣选作业的难度提高，如果作业时间限制不变，必定要在拣选作业环节上做更大努力。一般而言，分拣作业所需人力占物流中心人力资源的50%以上，分拣作业所需时间占物流中心作业时间的40%以上；拣货作业的成本占物流中心总成本的15%～20%。从以上数字不难看出这样的结论：分拣作业是整个配送作业系统的核心，是决定一个配送中心能否高效运转的关键。分拣作业的效率直接影响着配送中心的作业效率和经营效益，也是配送中心服务水平高低的重要因素。是完善送货、支持送货的准备性工作，是不同配送企业在送货时进行竞争和提高自身经济效益的必然延伸。

4.1.1　分拣配货作业的内容

拣货作业是指根据订单，将顾客订购的货物从保管区或拣货区取出，或直接在进货过程中取出，并运至配货区的作业过程。配货作业是指配送中心人员对分拣出来的货物根据用户或配送路线进行分类，集中放置在集货暂存区的作业过程。一直以来，拣货作业和配货作业都是配送中心各作业环节中最费时，也是占用人工最多的作业之一。因此，合理地规划与管理分拣配货作业，对配送中心作业效率有着决定性影响。

拣货作业集中在配送中心内部完成，是为高水平配送货物所进行的拣取、分货、配货等理货工作，是配送中心的核心工作。从国外的物流实践来看，由于大体积、大批量货物需求多采取直达直送的供应方式，因此，配送的主要对象是中小货物，即配送多为多品种、小体积、小批量的物流作业，这样使得分拣作业工作量占配送中心工作量非常大，特别是对于客户多、商品品种多、需求批量小、需求频率高、送货时间要求高的配送服务，分拣作业的速度和质量不仅对配送中心的作业效率具有决定性的作用，而且直接影响到整个配送中心的信誉和服务水平。因此，迅速准确地将顾客所要求的货物集合起来，并且通过分类配装及时送交顾客，是分拣作业最终的目的和功能。

近年来，随着配送中心配送货物数量和配送范围的不断扩大，很多配送中心一方面合理选择配货作业的方法和工艺，另一方面通过引进自动分拣系统来提高拣选效率。

4.1.2 拣货作业的一般流程

拣货作业的一般流程如图 4-1 所示。

图 4-1 拣货作业的一般流程

1. 拣货信息的产生

拣货作业必须在拣货信息的指导下才能完成。拣货信息来源于客户的订单或配送中心的送货单。国内有些配送中心直接利用客户的订单或配送中心的送货单指导人员拣货，即拣货作业人员凭客户的订单或送货单拣取货物。然而，这种拣取方式无法明确显示所拣货物的储位，延长了拣货人员寻找货物的时间。目前，一些配送中心先将订单等原始拣货信息转换成拣货单或电子拣货信号，指导拣货人员进行拣货作业，以便提高作业效率和作业准确性。比如客户在当当网上下了订单，1 个小时后数据传至当当库房 ERP 系统，制单房将 40 份订单打印成一份拣货单，由拣货人员在库里转一圈拣出 40 份订单的商品后，在质检分单区再次被分拣为单个订单。

例如，在某配送中心，各订单分拣工作人员通过计算机打印出的清单来进行工作。清单中表明所要分拣的货物名称、数量和存储地点，及这些货物如何按各份订单的顺序集中起来。该系统的效果十分显著。在该分配中心的发货高峰季节，60 个分拣人员在 0.46 平方米的拣选区，每天能处理 33000 份订单。

2. 行走与搬运

拣货时，拣货作业人员或机器必须直接接触并拿取货物，因而形成了拣货过程的行走与货物的搬运。缩短行走与货物搬运距离是提高配送中心作业效率的关键。拣货人员可以步行或搭乘运载工具到达货物储存的位置，这一过程也可以由自动储存分拣系统完成。

3. 拣取

无论是人工拣取货物还是机械拣取货物，都必须首先确认被拣货物的品名、规格、数量等内容是否与拣货信息传递的指示一致。这种确认既可以通过人工目视读取信息，也可以利用无线传输终端读取条码，由计算机进行对比，后一种方式往往可以大幅度降低拣货的错误率。拣货信息被确认后，拣取的过程可以由人工或自动设备完成。通常品种少、批量小的货物或货重在人力范围内且出货频率不是特别高的货物，可以采取手工方式拣取；对于体积大、质量大的货物可以利用升降叉车等搬运机械辅助作业；对于出货频率很高的货物可以采用自动分拣系统。

如一家生产糖果的公司，使用一种完善的计算机分拣系统。每个订单分拣人员携带一台手持计算机，该机起着订单分拣终端的作用，它告诉分拣人员所要分拣的产品名称、数量和产品的存储地点。当每种产品拣选完毕以后，工作人员就接通"任务已完"键，仓库的总控计算机就通过手持终端告诉分拣人员下一步的工作安排。

资料：大阪物流配送中心专门从事药品配送，主要为日本关西地区几百家药店提供配送服务，拥有面积达2万平方米的仓库。这家物流配送中心针对日本医药管理的大改革，适时采用了先进的自动化立体仓库和自动化分拣系统。原先的日本医药管理是医、药不分家，医院是药品经销商的最大客户，每一次进、存药品的量都很大。药品经销商只需在推销之后，将大量的药品送到各医院即可，物流成本不高，传统物流方式也能满足需要。但在日本医、药分家之后，药品的销售不再面对医院等大客户，而是面对分散的众多小型零售药店，配送点和配送线路呈百倍千倍地增加。另外，小型药店没有地方也没有财力像大医院那样能一次进、存大量的药品，因此，经销商必须小批量、高频次面对大量零售药店进行送货服务。传统的物流方式已不能适应新形势，物流成本飞涨。

大阪物流配送中心及时进行物流改革，采用信息化、自动化的方式来适应这种小批量、高频度、多配送点的物流方式。该中心建立了自动化立体仓库，采用了自动分拣系统和自动检验系统，从进货检验、入库到分拣、出库、装车，全部采用各种标准化物流条码并经电脑终端扫描，由传送带自动进出，人工操作只占其中很小一部分，较好地适应了高频度、小批量分拣出货的需要，降低了出错率。

特别值得一提的是，大阪物流配送中心为解决部分药品需要在冷冻状态下保存与分拣问题，采用了全自动循环冷藏货架。由于人不便进入冷冻库作业，冷冻库采用了全自动循环货架，取、放货时，操作人员只需在库门外操作电脑即可调出所要的货架到库门口，存、取货作业完毕后再操作电脑，货架即回复原位。

4. 分类与集中

配送中心在接到多个客户的订单后，可以形成批量拣取，然后再根据不同的客户或送货路线分类集中。有些需要进行流通加工的货物还需根据加工方法进行分类，加工完毕再按一定方式分类出货。多品种货物分类出货的工艺过程较复杂，难度也大，容易发生错误，必须在形成规模效应的基础上提高作业的精确性。在物品体积小、重量轻的情况下，可以采取人工分货，也可以采取机械辅助作业，或利用自动分货机对拣取出来的货物进行自动分类与集中。分类完成后，货物经过核对、包装便可以进行出货、装运、送货了。

4.1.3　拣货作业管理

拣货作业在配送作业环节中不仅工作量大、工艺过程复杂，而且作业要求时间短、准确度高、服务质量好，因此加强对拣货作业的管理非常重要。

1. 拣货作业管理的基本流程

在拣货作业的管理中，根据客户订单所提供的货物特性、数量多少、服务要求、送货区域等信息，对分拣作业系统进行科学系统的规划与设计，并制定出合理高效的作业流程是分拣系统管理的关键。在此基础上还应确定分拣作业方式，制定分拣信息传递的单据，设计作业路径，安排拣货作业人员，将所订不同种类和数量的货物从储位或其他作业区域拣出，然后分区集中，完成分拣作业。拣货作业管理的一般流程如图4-2所示。

2. 拣货作业管理的目标

从拣货作业一般流程中的多个环节可以看出，整个拣货作业所消耗的时间主要包括以下四个部分：

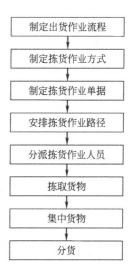

图 4-2　拣货作业管理
的一般流程

① 订单或送货经过信息处理过程，形成拣货指示的时间。

② 行走或搬运货物的时间。

③ 准确找到货物的储位并确认所拣货物及其数量的时间。

④ 拣取完毕，将货物分类集中的时间。

因此，加强拣货作业管理，提高拣货作业效率，应主要缩短以上四个作业时间，以提高作业速度和作业能力。此外，防止分拣错误的发生，提高中心内部储存管理账实相符率，降低作业成本也是拣货作业管理的目标。

4.1.4　拣货人员分工与职责

拣货人员的专业化水平直接影响拣货的效率和拣货的准确性。物流中心的拣货小组人员大致分为两部分：一部分为拣货作业管理人员，另一部分为拣货作业操作人员。职责如下：

1. 拣货作业管理人员职责

① 规划每月拣货出库计划、每日拣货计划。

② 制定作业时间表、作业批量表、作业人员安排表。

③ 管理拣货作业操作人员。

④ 测算和控制拣货作业管理成本。

2. 拣货作业操作人员职责

① 安全操作和管理拣货作业器具，如堆垛机、托盘货架、自动仓库等。

② 每日盘点。

③ 向拣货作业管理人员提交报告，如拣货出库的实际情况和具体业绩的掌握和报告、盘点状况汇报、相关设备的检查报告等。

4.1.5　拣货员日常应用的表单

见表 4-1 和表 4-2。

表 4-1　分户拣货单

拣货单编号					用户订单编号				
用户名称									
出货日期					出货货位号				
拣货时间		年　月　日至　　年　月　日					拣货人		
核查时间		年　月　日至　　年　月　日					核查人		
序号	储位号码	商品名称	规格型号	商品编号	包装单位			数量	备注
					箱	整托盘	单件		

表 4-2　品种拣货单

拣货单号			包装单位			储位编号
商品名称		数量	箱	整托盘	单件	
规格型号						
商品编码						
生产厂家						
拣货时间			拣货人			
核查时间			核查人			

序号	订单编码	用户名称	包装单位			数量	货位出货	备注
			箱	整托盘	单件			

4.1.6　拣货方式与策略

1. 单一拣取

单一拣取是每次拣取只针对一张订单，由作业人员巡回于仓库内，按照订单所列货物及数量，将客户所订购的货物逐一由仓库储位或其他作业区中取出，然后集中在一起的拣货方式。一般流程如图 4-3 所示。结合分货策略具体又可以分为单人拣取、分区接力拣取和分区汇总拣取几种方式。

（1）单一拣取方式的几种方式　单人拣取可以一张订单由一个人从头至尾负责到底。这种方式的拣货单，只需将订单资料转为拣货需求资料即可。

分区接力拣取是将存储或拣货区划分为几个区域，一张订单由各区人员采取前后接力方式合力完成。

分区汇总拣取是将存储或拣货区划分为几个区域，将一张订单拆成各区域所需的拣货单，再将各区域所拣的商品汇总在一起。

（2）单一拣取方式的特点

① 作业方法单一，接到订单可以立即拣货送货，所以作业前置时间短，作业人员责任明确，易于安排人力。

② 作业员责任明确，派工容易。

③ 拣取准确程度高，很少发生差错，并且机动灵活。这种方法可以根据用户要求调整拣货的先后次序；对于紧急需求，可以集中力量快速拣取；对自动化、机械化没有严格要求；一张货单拣取完毕后，货物便配置齐备，配货作业和拣货作业同时完成，简化了作业程序，有利于提高作业效率。

④ 货物品种多时，拣货行走路径加长，拣取效率降低。

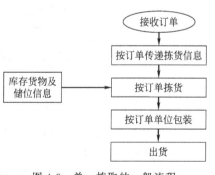

图 4-3　单一拣取的一般流程

⑤ 拣货区域大时，搬运系统设计比较困难。

（3）单一拣取方式的适用条件　单一拣取方式处理的弹性比较大，临时性的调整较为容易。单一拣取方式适合于以下情况：

① 用户不稳定，波动较大。不能建立相对稳定的用户分货货位，难以建立稳定的分货线。在这种情况下，宜采用灵活机动的拣选式工艺，用户少或用户多时都可采取这种拣选方式。

② 用户需求差异较大，共同需求种类不多。在这种情况下，统计用户共同需求，将共同需求一次取出再分给各用户的办法无法实行。在有共同需求，又有很多特殊需求 的情况下，采用其他配货方式出现差错，而采用一票一拣的方式更方便操作。

③ 季节性强的货物配送、配送时间要求不一的配送。用户要求的配送时间不一，采用单一拣选工艺可有效地调整拣选配货顺序，满足不同的时间要求，尤其对于紧急的需求更为有效。

④ 货物外形、性质差异较大的情况下，宜采用单一拣取方式配送。如化妆品、家具、电器、高级服饰等。

2. 批量拣取

批量拣取是将数张过账订单集合成一批，再将各订单相同商品的订购数量加总起来一起拣取处理。批量拣取的一般流程如图4-4所示。

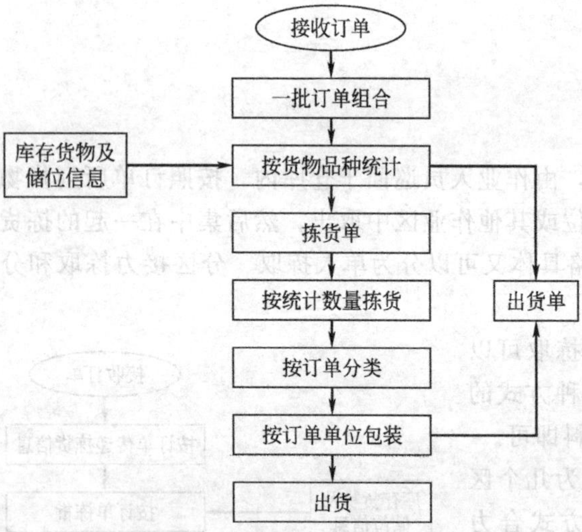

（1）批量拣取的分批方式　主要有下述几种：

① 按拣货单位分批。也就是将同一种拣货单位的品种汇总一起处理。

② 按配送区域（路径）分批。也就是将同一配送区域（路径）的订单汇总一起处理。

③ 按流通加工需求分批。将需加工处理或需相同流通加工处理的订单汇总一起处理。

④ 按车辆需求分批。也就是如果配送商品需特殊的配送车辆（如低温车、冷冻、冷藏车）或客户所在地需特殊类型车辆者可汇总合并一起处理。

图 4-4　批量拣取的一般流程

（2）批量拣取的特征

① 可以进行大批量拣取，取得规模效益。

② 有利于拣取路线的规划，减少不必要的重复行走，缩短拣取货物的行走时间，增加单位时间的拣货量，提高拣货作业的效率。

③ 订单必须要累积到一定数量，才进行一次性处理，因此中间会出现停滞时间。

④ 但其计划性较强，规划难度较大，容易发生错误。

（3）批量拣取的适用范围

① 比较适合用户稳定而且用户数量较多的专业性配送中心，和外形较规则、固定的货物出货，如箱装、扁袋装的货物。数量需求可以有差异，配送时间要求不太严格，但品种共性要求较高。

② 需要进行流通加工的货物也适合批量拣取，拣取后进行批量加工，然后分类配送，

有利于提高货物的加工效率。

3. 复合拣取

为克服单一拣取和批量拣取方式的缺点，配送中心也可以采取单一拣取和批量拣取组合起来的复合拣取方式。复合拣取即根据订单的品种、数量及出库频率，分别确定适合单一拣取和批量拣取的订单，采取不同的拣货方式进行操作。

4. 计算机辅助拣货工具——电子标签拣选系统

为了提高拣货作业的效率，目前很多配送中心通过引进自动拣货系统来提高拣选效率，电子拣选系统就是其中之一。

> **小词典**
>
> 　　电子标签 RFID 又称射频标签、射频识别。它是一种非接触式的自动识别技术，通过射频信号识别目标对象并获取相关数据，识别工作无需人工干预，作为条形码的无线版本，RFID 技术具有条形码所不具备的防水、防磁、耐高温、使用寿命长、读取距离大、标签上数据可以加密、存储数据容量更大、存储信息更改自如等优点。
>
> 　　电子标签在现代物流中正发挥越来越大的作用。电子标签用于物流配送，能有效提高出库效率，并适应各种苛刻的作业要求，尤其在零散货品配送中有绝对优势，在连锁配送、药品流通场合以及冷冻品、服装、服饰、音像制品物流中有广泛应用前景。而 DPS 和 DAS 是电子标签针对不同物流环境的灵活运用。一般来说，DPS 适合多品种、短交货期、高准确率、大业务量的情况；而 DAS 较适合品种集中、多客户的情况。在日本和韩国，电子标签已成为大部分物流配送中心的标准配置。

目前电子标签拣选系统在国外连锁超市和便利店已得到广泛应用。国内部分企业也逐步得到应用。应用电子标签拣选系统后，只要把客户的订单输入操作台上电脑，存放各种商品的货架上的货位指示灯和品种显示器会立刻显示出拣选商品在货架上的具体位置（即货格）及所需数量，作业人员便可以从货架里取出商品，放入输送带上的周转箱，然后揿动按钮，货位指示灯和品种显示器熄灭，配齐订单商品的周转箱由输送带送入自动分拣系统。

电子标签拣选系统自动引导拣货员进行拣选作业，作业人不需特别训练即能立即上岗作业，从而大大提高了商品处理速度，减轻了作业强度，而且使差错率大幅度降低。如：金华烟草物流中心出库分拣区占地面积约 1122 平方米。共有 2 条电子标签辅助配货分拣线，每条分拣线可满足 125 个品种的分拣任务。单线配货速度可达到 200 件/小时。整个分拣系统由配货架、电子标签、输送线、号牌、喷码机、包装机和计算机控制软件（DPS）组成。电子标签附货架上，配货人员按提示进行分拣作业，并确认分拣结果，计算机自动记录分拣进程。分拣后的货物通过输送线运至喷码机；喷码机对每条烟进行喷码到户；然后根据每个客户的订单信息码垛进入热收缩膜包装机，整个分拣工作完成。

4.1.7　配货作业

配货作业是指把拣取分类完成的货品经配货检查，装入容器并做好标识，再运到配货准备区，等待装车、发运。

1. 配货作业的基本流程（见图 4-5）

（1）分货就是将拣货完毕的商品，按用户或配送路线，集中放置在集货暂存区进行的工作。如果在拣货的同时已经完成了分类，这一步就可以省略了。分类的方法主要有人工分类、旋转货架分类以及自动分类机分类等。

图 4-5　配货作业流程图

拣选式配货作业是分拣人员或分拣工具巡回于各个储存点并将分店所需货物取出，完成配货任务，货位相对固定，而分拣人员或分拣工具相对运动。

① 人工分类　人工分类即"人到货"的配货方式，是由人工根据订单或其他信息将各用户的货品进行分类。具体有"播种式"和"摘果式"两种方式。先将需要配送的商品集中搬运到理货区，再分配到各指定的用户区或容器中的方式称为"播种式"。而根据用户订单，按订单类别拣取货物，然后按订单直接将商品集中起来的方式称为"摘果式"。便利店的配送作业，就是服务业中摘果式配货作业的典范。

② 旋转货架分类　旋转货架分类即"货到人"的配货方式，是将旋转货架的每一格位当成客户的出货框，分类时只要在电脑中输入各客户的代号，放置架即会自动将货架转至作业员面前。

③ 自动分类机分类　自动分类机分类是指利用电脑和自动识别系统进行自动化分货配货工作。这种系统具有准确、快捷、高效的特点，尤其适合于品种多、业务繁忙的配送中心。这种自动化分拣系统的分拣作业与上面介绍的传统分拣系统有很大差别，可分为三大类：自动分拣机分拣、机器人分拣和自动分类输送机分拣。

自动分拣机，一般称为盒装货物分拣机。是药品配送中心常用的一种自动化分拣设备。这种分拣机有两排倾斜的放置盒状货物的货架，架上的货物用人工按品种、规格分别分列堆码；货架的下方是皮带输送机；根据集货容器上条码的扫描信息控制货架上每列货物的投放；投放的货物接装进集货容器，或落在皮带上后，再由皮带输送进入集货容器。

机器人分拣系统与装备，与自动分拣机分拣相比，机器人分拣具有很高的柔性。

自动分拣系统，当供应商或货主通知配送中心按订单发货时，自动分拣系统在最短的时间内可从庞大的存储系统中准确找到要出库的商品所在的位置，并按所需数量、品种、规格出库。自动分拣系统一般由识别装置、控制装置、分类装置、输送装置组成，需要自动存取系统（AS/RS）支持。

（2）配货检查　分类后要进行配货检查。配货检查是指根据用户信息和车次对拣选货物进行商品号码和数量的核对，以及对产品状态及品质进行检查，以保证发运前的货物品种、数量、质量无误。配货检查的方式主要有以下几种：

① 人工检查　人工检查是将货品一个个点数并逐一核对出货单，进而检查配货的品质和状态。这是一种比较原始的方法，为了提高人工检查的效率，可以将货物有规律地放置，如进行"五五堆码"等以便于点数；或者采用称重办法，先称出货物的总重量，再对照货物的单位重量，计算并核对配货数量；还可以采用抽查的技术。但总的来说人工检查效率较低。

> **小知识**
>
> "五五化"堆垛就是以五为基本计算单位，堆码成各种总数为五的倍数的货垛，以五或五的倍数在固定区域内堆放，使货物"五五成行、五五成方、五五成包、五五成堆、五五成层"，堆放整齐，上下垂直，过目知数。便于货物的数量控制、清点盘存。

② 声音输入检查法　声音输入检查法由作业员发声读出商品名称、代码和数量后，语音识别系统接收声音并自动识别，转换成资料信息与发货单进行对比，从而判断是否有误。此方法的优点在于作业人员只需用嘴读取资料，从而解放了手脚，自由度较高。缺点是发声要准确且每次发音字数有限，否则电脑辨识困难，可能产生错误。

资料卡

　　MailCode 公司开发的语音识别设备有两种：口音适应型设备和非口音适应型设备。口音适应型设备需要操作员在生产前进行口音适应训练，操作员要花半小时左右的时间让设备适应自己的语音特点，这些特点作为文件保存到系统中，以备将来使用。这种设备尤其适合那些有地方方言或口音的操作员。非口音适应型设备基本上不需要语音训练，适用于临时工较多，操作员不固定的场所。只是非口音适应型设备比起口音适应型设备来速度略慢，准确率略低。

　　实验表明语音技术提高了生产率。一个熟练的手工分拣员平均每小时分拣 700 件邮件，这样的效率至少需要三个月的训练。而使用语音识别技术，一个没有经过训练的操作员仅一星期后分拣速度就可以达到每小时 550 件，四周后分拣速度就可达到每小时 700 件。另外，手工分拣每小时查找邮件 150 件，而利用语音技术，邮件查找量每小时可以达到 600 件，随着操作员对设备越来越熟练，分拣的精确度会进一步提高。

　　③ 商品条形码检查法　这种方法要导入条形码，条形码是要随货物移动的，检查时用条形码扫描器阅读条形码内容，电脑会再一次把扫描信息与发货单进行自动对比，从而检查商品数量与号码上的差异。

小词典

　　商品条形码是指由一组规则排列的条、空及其对应字符组成的标识，用以表示一定的商品信息的符号。其中条为深色、空为浅色，用于条形码识读设备的扫描识读。其对应字符由一组阿拉伯数字组成，供人们直接识读或通过键盘向计算机输入数据使用。这一组条空和相应的字符所表示的信息是相同的。

　　（3）包装、打捆　最后，一般还要对配送货物进行重新包装、打捆，以保护货物，提高装卸搬运的效率，配送到户时客户便于识别各自的货物等。

　　配送中的包装主要是指物流包装，其主要作用是为了保护货物并将多个零散包装物品放入大小合适的箱子中，以实现整箱集中装卸、成组化搬运等，同时减少搬运次数，降低货损，提高配送效率。另外包装也是产品信息的载体，通过在外包装上书写产品名称、原料成分、质量、生产日期、生产厂家、产品条形码、储运说明等，可以便于客户和作业人员识别产品，进行货物的装运。通过扫描包装上的条形码还可以进行货物跟踪，配货售货员可以根据包装上装卸搬运说明对货物进行正确操作。

　　包装是物流的必要环节。包装设计不仅要考虑生产终结的要求，而且要考虑流通的要求，尽量做到包装合理化。包装合理化途径如下：

　　① 包装简洁化　由于包装本身只起保护作用，对产品使用价值没有任何意义，因此，在强度、寿命、成本相同的条件下，应尽量采用更轻、更薄、更短、更小的包装，这样不仅可以降低包装的成本，还可以提高包装的活性。

　　② 包装标准化　包装的规格和托盘、集装箱关系十分密切。因此，包装应考虑到长运输车辆、搬运机械的兼容性，从系统的角度制定包装的尺寸标准。

　　③ 包装单位大型化　随着交易单位大量化和物流过程中的装卸搬运机械化，包装的大型化有利于减少包装时间，提高包装效率。

④ 包装机械化　为提高流通作业效率和包装现代化水平，各种包装机械的应用十分重要。在包装过程中，应尽量应用机械操作，减少人力耗费。

⑤ 资源节约化　在包装过程中，应加大包装物的再利用程度，减少过度包装，开发新型包装方式，以减少对包装材料的使用，节约包装资源。

2. 配货作业的主要形式

（1）单一拣取的配货作业　由于单一拣取通常是每次拣取只为一个客户服务，因此配货作业的主要内容是对货物进行一些包装作业，以保护货物并方便发运。

一般来讲，如果整托盘拣取的货物允许整托盘发运，那么需要进行固定作业，也就是用膜或绳索将货物固定在托盘上；如果整托盘拣取的货物不采取托盘运输，则需要将货物先从托盘上卸下，然后将其进行捆装；对于整箱拣取的货物一般需要进行装箱作业，以免货物丢失或损坏。

（2）批量拣取的配货作业　由于每次拣取的货物是为多个客户服务的，所以其配货作业通常比单一拣取多一个拆箱、分类的程序，其余与单一拣取大致相同。

4.2　补货作业

4.2.1　补货作业的基本内容

在配送中心的一般作业流程中，补货实际上是拣货的一种辅助活动，其目的是确保货物保质保量、按时送到指定的拣货区，所以不作为一个独立的作业环节；但由于拣货是配送流程中的关键环节，而与之息息相关的补货，其经常性特征得以凸显，因此在这里作为一节内容加以阐释。

在不同的范围内，补货的含义是有区别的。广义的补货是指需求企业库存量低于最低库存时，向供应商或配送中心发出订货补货信息，采用批量连续供货等形式通过市场信息的实时传递，保证货物的不断货和降低缺货率。狭义的补货是指在配送作业的流程中，从储存区把货物运到拣货区的工作，这也是本节所讲的补货。无论是广义的还是狭义的补货，其意义都在于建立准确预测和高效的补货计划，根据动态需求及时补足货物，减少运营费用和调整滞后带来的高成本。高效的库存管理，可使物流配送企业在高水平服务的同时降低库存。

4.2.2　补货作业的一般流程

补货作业的流程图如图 4-6 所示。

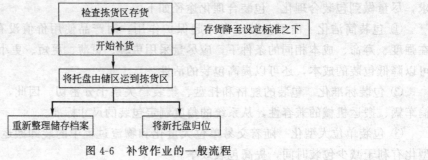

图 4-6　补货作业的一般流程

4.2.3　补货作业方式

在实际操作中，可通过多种方式进行补货，主要的补货方式如下：

1. 按每次补货量区分

（1）整箱补货　这种补货方式是由补货人员应用取货箱到货架保管区取货，将取货箱装满后，用手推车运到拣货区。这种补货方式比较适合体积小、量少，但品种多的货物。

（2）托盘补货　这种补货方式是以托盘为单位进行补货。补货人员先用叉车等将托盘由保管区运到拣货区，然后拣货人员在拣货区将托盘上的货物搬运到输送机上。这种方式适合于体积大或出货量大的货物。

（3）货架补货　这种方式主要用于保管区与拣货区处于同一货架的情形。由于配送中心通常把一些体积小、流动不大的货物存放在同一个货架的上下不同两层，下层作为拣货区，上层作为保管区。货架补货就是当下层货架上的存货低于设定标准时，将上层货物移出一部分补充到下层，使其达到设定标准。

2. 按补货周期分

（1）批次补货　这种补货方式是指通过计算机查询每天需要的总补货量，以及拣货区的存货量的情况，在拣货之前一次性补足的方式。比较适合一日内作业量变化不大、紧急插单少或是每批次拣货量大的情况。

（2）定时补货　这种方式是每天规定几个时点，补货人员在这几个时段内检查拣货区的存货情况，若货架上的存货已经降到规定水平以下，则立即进行补货。这种方式适合拣货时间固定且紧急情况较多的配送中心。

（3）随机补货　这种方式通常是指设定专门的补货人员，随时巡查拣货区存货状况，发现不足则立即补货。这种方式适合每批次补货量不大，但紧急插单多，不确定性大的情况。

3. 其他补货方式

（1）直接补货　以上介绍的补货方式都是补货人员先到补货区将货物取出，然后将货物移到拣货区，再由拣货人员在拣货区将货物拣走。直接补货方式与此不同，它是补货人员直接在进货时将货物放到拣货区，货物不再进入保管区的拣货方式。对于一些周转非常快的中转性配送中心，直接补货方式是很常用的补货方式。

（2）复合式补货　在复合式补货情况下，拣货区的货物采取同类货物相邻放置的方式，而保管区采用两阶段的补货方式。

（3）自动补货。

4.2.4　补货作业的时机

1. 批次补货

每天由计算机统计出所需货物的总量，然后查看动态管理区存货量，在拣货之前一次性补足。

2. 定时补货

把每天分几个时点，在设定时点上统计存货量，当动态管理区存货量小于设定标准时，立即补货。

3. 随机补货

巡视员发现动态管理区存货量小于设定标准时，立即补货。

【本章小结】

　　拣货作业是指根据订单，将顾客订购的货物从保管区或拣货区取出，或直接在进货过程中取出，并运至配货区的作业过程。配货作业是指配送中心人员对分拣出来的货物根据用户或配送路线进行分类，集中放置在集货暂存区的作业过程。拣货作业和配货作业都是配送中心各作业环节中最费时，也是占用人工最多的作业之一。因此，合理地规划与管理分拣配货作业，对配送中心作业效率有着决定性影响。本章主要从操作员角度阐述了分拣配货作业和补货作业的基本内容，拣货作业和补货作业的一般流程，以及拣货作业和补货作业的常用方式。相信通过本章内容的学习，你可以掌握拣货配货作业岗位的基本常识。

案例

卓越的配送全流程

　　2009年2月6日晚上10点，家住团结湖中路的纪元在卓越网上下了自己的订单。半小时后，他的订单传输到了卓越的库房。卓越4万平方米的崭新库房完全是按照亚马逊的要求设计修建的，包括里面的一切设备和系统。据介绍，这里面储藏了一千多万件货品。

　　卓越的库房分为三部分，最主要的部分是图书区，占据了约1.4万平方米左右的面积；另外两部分是百货区和处理中心。

　　无论百货区或是图书区，所有的货物都是随机存储的。手提包和芭比娃娃躺在一个货架上，电饭锅的旁边是加湿器和切菜板。这样杂乱无章的摆放，很难想到拣货员是如何高效寻找到订单上货品的。

　　秘密就在亚马逊收购卓越后采用的物流系统，这一系统借助电脑和定位系统实现了"看似无序，实则有序"。在货架和商品上贴着的条码就是各件商品的"定位仪"。员工上货时，手持扫描枪先扫描货品条码，再扫描货架条码，计算机就将这一货品和存储的货架牢牢"记住"。

　　这样一来，上货的效率大大提高，因为他不必寻找特定的货架，只需要推着商品见缝插针——反正什么样的商品都可以堆放在一起。这样大大节约了存储空间。

　　6日晚上10点半，卓越的一名拣货员进入库房，他一次性需要拣出50份订单的货品，其中就有纪元的书单。而电脑已经就这些订单为其设计好一条最短路线，并通过拣货员手中的扫描枪告知。"我其实更像机械，因为扫描枪会一一告诉我下一步怎么做。"他举例说，扫描枪上首先显示订单中距离他最近的一份商品所处货架，在取出这一商品后，扫描枪又会根据拣货员所处的新位置定位出另一最近商品的货架。

　　在卓越库房，晚上10时50分，拣货员将满满一车的商品推到分拣区，在这里，分拣员将推车上的货品按照50份订单分拣，分拣车更类似一个由无数透明隔间组合成的柜子，每一个隔间里就是一份完整的订单商品。

　　晚11时5分，纪元的订单已经完成了整个库房内的流程，和成千上万单商品一起堆积在库房门口，等待配送车前来。

　　晚11时半，"卓越"的车前来取走了这批货。这是卓越自己的配送队，这也是卓越库房当天的最后一次出库。目前卓越只在京津沪广州4地拥有自己的配送队伍，一共约300人。与此同时，纪元收到卓越的电子邮件，告知"您的商品已经发出"。

　　2月7日早晨7时，配送员黄长庆来到国贸的配送站取走了一批货，纪元的书就在其中。

2 月 7 日下午 1 点，纪元接到了黄长庆打来的电话，告诉他下午两点左右可以到货。这是纪元在订单上特别提出的要求"货到前一小时请电话通知"。

"因为常常有快递送货上门，而我正好有事出去了，让他白跑一趟。"纪元说，所以他一直会在订单特殊要求一栏填下这一要求。

从订货到拿书，总共费时 16 个小时，一天不到。卓越向购物不足 49 元的用户收取的运费是 5 元，按照目前京沪等地的快递收费标准来看，这是一个成本价。

分析讨论：

1. 在卓越杂乱无章的仓库中，拣货员是如何高效寻找到订单上货品的？

2. 卓越拣货员采取哪种拣货方式？这种拣货方式有何特征？

思考与练习

一、概念理解

拣货作业　配货作业　补货作业

二、判断题

1. 拣货作业集中在配送中心内部完成，是配送中心的核心工作。

2. 缩短行走与货物搬运距离是提高配送中心作业效率的关键。

3. 迅速准确地将顾客所要求的货物集合起来，并且通过分类配装及时送交顾客，是分拣作业最终的目的和功能。

4. 单一拣取方式作业员责任明确，派工容易。

5. 单一拣取方式拣取准确程度低，易发生差错。

6. 单一拣取方式简化了作业程序，有利于提高作业效率，但货物品种多时，拣货行走路径加长，拣取效率降低。

7. 货物外形、性质差异较大的情况下，宜采用单一拣取方式配送。如化妆品、家具、电器、高级服饰等。

8. 批量拣取比较适合用户稳定而且用户数量较多的专业性配送中心，数量需求可以有差异，配送时间要求不太严格，但品种共性要求较高。

9. 托盘补货方式比较适合体积小、量少，但品种多的货物。

10. 整箱补货方式适合于体积大或出货量大的货物。

三、简述题

1. 简述拣货作业的一般流程。

2. 简述拣货作业管理的重要性。

3. 简述拣货作业管理的一般流程。

4. 简述单一拣取和批量拣取的异同点。

四、综合实训题

【情景设置】

新学期开始在本校图书中心，管理员据同学们的索书单设计借书分拣方案，快速完成借书任务。

【技能训练目标】

熟练掌握分拣配货流程，并能正确处理分拣配货过程中的异常情况和配货后的有关问题。

【技能训练准备】

1. 学生每五人为一组，每个小组指定一名组长。

2. 以小组为单位制定拣书作业流程。

3. 教师带队，现场指导。

4. 训练时间安排：4 学时。

【技能训练步骤】

1. 确认索书单。
2. 制定分拣方式、路线。
3. 制定拣货单。
4. 拣货。
5. 配货。
6. 送货。

【技能训练注意事项】

1. 熟悉每个角色的工作职责，严格按训练步骤进行。
2. 一丝不苟，认真做好每个环节的工作。
3. 认真填写有关单据。

【技能训练评价】

分拣配货能力评价评分表，见表 4-3。

表 4-3 分拣配货能力评价评分表

考评人		被考评人	
考评地点			
考评内容		分拣配货业务	
考评标准	内　　容	分值/分	实际得分
	认真核拣货凭证	10	
	制定合理分拣方案	20	
	制定新拣货单	10	
	拣货快速	20	
	配货准确	20	
	正确填写单据并登账	10	
	异常情况处理恰当	10	
合　　计		100	

注：考评满分为 100 分，60～70 分为及格，71～80 分为中，81～90 分为良好，91 分以上为优秀。

第5章 送货与退货

【学习目标】

通过本章的学习，使学生掌握物流送货与退货的基本流程、基本要求及送货与配货的基本原则，同时使学生掌握物流退货的条件，通过本章的学习，使学生具备送货、退货操作能力，能熟练掌握送货与退货的基本知识。

> 物流送货与配货作为整个物流环节的两个重要环节，对物流体系起到重要的作用。从物流送货的流程及作业要求、提高配货效率等层面掌握现代物流送货的流程。一个物流企业送货效率的高低直接决定着该企业的核心竞争力、物流成本及配送效率。但有时候，可能由于种种原因，存在物流退货的现象。如果及时、高效、合理地处理物流退货，能使退货成本降到最低，对物流企业的影响降到最小化，这是我们学习本章的目的和核心所在。

5.1 送 货

送货作业是指配货作业完成后，将用户所需的货物使用汽车或其他运输工具从配送仓库或配送中心送至客户的过程。配送的送货通常是一种短距离，小批量，高频率的运输形式。它以服务为目标，以尽可能满足客户需要为宗旨。

5.1.1 送货作业流程

1. 划分基本送货区域

首先客户合作区域上的整体划分，将每一客户分配在不同的基本送货区域中，作为配送决策的基本参考。例如，按行政区域或按交通条件划分为不同的送货区域，然后在区域划分的基础上再做弹性调整来安排送货顺序。

2. 车辆配载

由于配送货物的品种、特性各异，为提高送货效率，确保货物质量，必须首先对特性差异大的货物进行分类。在接到订单后，将货物按特性进行分类，以便采取不同的送货方式和运输工具。如按冷冻食品，速食品，散装货物，箱装货物等货物类别进行分类配载。其次，配送货物也有轻重缓急之分，必须初步确定哪些货物可配于同一辆车，哪些货物不能配于同一辆车，以做好车辆的初步配装工作。

3. 暂定送货的先后顺序

在考虑其他影响因素，做出最终送货方案前，应先根据客户订单的送货时间将送货的先后次序进行大致预定，为后面车辆配载做好准备工作。预先确定基本送货顺序可以有效保证送货时间，提高运作效率。

4. 车辆安排

车辆安排要解决的问题是安排什么类型，多大吨位的配送车辆进行最后的送货。一般企业拥有的车型有限，当本公司车辆无法满足需求时，可向外雇车辆。在保证送货运输质量的前提下，是组建自营车队，还是以外雇车辆为主，则应该视经营成本和公司的经营利润而定。无论选用自有车辆还是外雇车辆，都必须事先掌握有哪些车辆可供调派并符合要求，即这些车辆的容量和额定载重是否满足要求；安排车辆之前，还必须分析订单上的货物信息，如体积，重量，数量，对装卸的特别要求等，综合考虑多方面的影响后，再做出最合理的车辆安排。

5. 选择送货路线

知道了每辆车负责配送的具体客户后，如何以最快的速度完成对这些货物的配送，即如何选择配送距离短，配送时间短，配送成本低的路线，还需根据客户的具体位置，沿途的交通情况等做出优先选择的判断。除此之外，还必须考虑有些客户或其所在地点对送货时间、车型等方面的特殊要求，如有些客户不在中午或晚上收货，有些道路在某个高峰期实行特别的交通管制等。配送路线的选择可以利用有关的运筹模型辅助决策。

6. 确定每辆车的送货顺序

做好车辆安排及选择好最佳的配送路线后，就可以确定每辆车的送货顺序，从而估计出货物送到客户的大致时间，并通知客户。

7. 完成车辆配载

明确了客户的送货顺序后，就可以按一定的次序装车，完成车辆的配载。

5.1.2 送货作业要求

1. 时效性

时效性是配送客户最重视的因素，即要确保能在指定的时间内交货。送货是从客户订货至交货各阶段中的最后一个阶段，也是最容易引起时间延误的环节。影响时效性的因素有很多，除配送车辆故障外，所选择的配送路线不当，中途客户卸货不及时等均会造成时间上的延误。因此，必须在认真分析各种因素的前提下，用系统化的思想和原则，有效协调，综合管理，选择合理的配送路线、配送车辆和送货人员，使每位客户在预定的时间内收到所订购的货物。

2. 可靠性

可靠性是指将货物完好无缺地送达目的地，这是对配送中心的差错率、货损率的考核。要达到可靠性的目标，关键在于提高配送人员以下几方面的素质：

（1）装卸货时的细心程度。

（2）运送过程中对货物的保护。

（3）对客户地点及作业环境的了解。

（4）配送人员的操作规范。

3. 服务性

送货作业是配送的末端服务，它是通过上门服务直接与客户接触，是与客户沟通最直接的桥梁，在物流中起着非常重要的作用，它的服务质量好坏直接关系到销售或供应商品的时间与质量，影响着配送的效果与企业经营效益。

4. 经济性

以较低的费用完成配送作业使企业形成规模经营效益以及实现价格"卖点"或低成本的基础。所以，配送企业不仅要强调高质量，便利化，敏捷化的配送服务，在提高配送和运输效率的同时，还应加强配送运输成本控制与管理。

5.1.3 提高送货效率的手段

为提高送货效率，可采取以下几种手段：

（1）消除交错送货 可以提高整个配送系统的送货效率。例如，将原计划直接由各个工厂送至各客户的零散路线利用配送中心来整合，并调配转送，这样可缓解交通网络的复杂程度，且可大大缩短运输距离。

（2）开展直配，直送 由于商流与物流的分离，订购单可以通过信息网络直接传给厂商，因此各工厂的产品可从厂商的物流中心直接交货到零售店。这种利用直配、直送的方式可大幅简化物流的层次，使得中间的代理商、批发商减少库存，下游信息也能很快地传达到上游。

（3）采用标准的包装器具 配送不是简单的送货上门，而是要运用科学而合理的方法选择配送车辆的吨位、配载方式，确定配送路线，以达到"路程最短，每吨公里费用最小"的目标。采用标准的包装工具，如托盘，可以使送货中货物的搬运、装卸效率最高，并便于车辆的配装。

（4）建立完善的信息系统 完善的信息系统能够根据交货配送时间，车辆最大积载量，客户的订货量、件数、重量来选出一个最经济的配送方式；根据货物的形状、容积、重量及车辆的能力等，由计算机自动安排车辆和装载方式，形成配车计划；在信息系统中输入每一客户点的位置，计算机便会以最短距离找出最便捷的路径。

（5）改善运货车辆的通信 健全的车载通信设施，可以把握车辆及司机的状况，传达道路信息或气象信息，掌握车辆作业状况及装载状况，传递作业指示，传达紧急信息指令，提高运行效率及确保安全运转。

（6）均衡配送系统的日配送量 通过与客户沟通，尽可能使客户的配送量均衡，通常可以采用以下方式：

① 对大量订货的客户给予一定的折扣。

② 制定最低订货量。

③ 调整交货时间，对于受季节性影响的产品，尽可能引导客户提早预约。

5.2 退 货

配送中心的业务宗旨是及时、准确地将货物送达到客户手中，但由于消费需求的多样性，往往货物在客户手中停留一段时间后，又要进行退货或调换。退货的原因多种多样，配送中心必须采取相应的管理手段，既满足客户的退货要求，又要保证配送中心的工作顺利进行。

5.2.1 退货的原因

1. 做好退货管理工作的意义

商品退货，是指配送中心按配送合同将货物发出后，由于某种原因，客户将商品退回公司。商品退货会减少公司的营业额，降低利润，因此企业要检讨商品竞争力，了解导致商品退货的原因，加强营业管理，提高营运绩效。通常发生退货或换货的原因主要有：

① 依照协议退货　对超市与配送中心定有特别协议的季节性商品、试销商品、代销商品等，协议期满后，剩余商品配送中心将给予退回。

② 有质量问题的退货　对鲜度不佳、数量不足等有瑕疵的商品，配送中心也将给予退换。

③ 搬运途中损坏退货　由于包装不良，货物在搬运中受到剧烈振动，造成产品破损或包装污损的商品，配送中心将给予退回。

④ 商品过期退回　一般的食品或药品都有相应的有效期限，如面包、卤味、速食类以及加工肉食等。通常配送中心与供应商定有协约，商品的有效期一过，就予以退货或换货，在消费者意识高涨的今天，过期的货品，绝对要从货架上卸下，不可再卖，过期商品的处理，要花费大量的时间、费用和人力，无形中增加了营运成本。为此，配送中心必须做到适量订货，事前通过准确分析商品的需求，实施多次少量配送，从而减少过期商品生产；同时要特别注意进货时商品上的生产日期，做到先进先出。

⑤ 次品回收　产品在设计、制造过程中存有问题，但在销售后，才有消费者或厂商自行发现。存有重大缺失的商品，必须立即部分或全部回收。此种情况虽不常发生，但却是不可避免的。

⑥ 商品送错退回　凡是有效期已超过1/3以上的商品，以及商品条码、品相、规格、细数、重量、数量与订单不符，都必须换货或退回。

2. 做好商品退货的意义

实施商品的退换货服务，是配送中心售后服务中的一项基本任务。现代企业的竞争手段多种多样，竞争的基础已不仅是产品本身，更是产品的外延——售后服务。做好商品的退货工作是配送中心扩大市场份额、维系老客户、吸引新客户的有效手段，对搞好配送中心的工作有着积极的推进意义。

(1) 做好商品的退货工作可以满足客户需要，吸引大量订单　现代消费者的购买能力较强，需求多变性的特征表现明显，准确的洞悉市场变化、了解消费倾向对经营者来说越来越困难。预测市场不准导致进货量失误，产品开发时间过短导致产品缺陷等，种种对经营者不利的现象屡屡发生，为维护自身利益，经营者往往希望上述问题能够得到妥善解决。配送中心对配送的货物若能做到及时调换，就能为经营者解决后顾之忧，从而吸引大量的配送订单。

(2) 做好商品退货工作可以建立良好的企业形象　配送中心的工作主要是提供服务，服务的无形性决定了人们在感知它时具有不确定性、无标准性。服务的内容能否被需要它的人接受，要看其满足需要的程度。配送中心对所发出的有问题商品进行及时的退换货处理，可保证广大客户的利益，进而增强自己与客户的亲和力，建立起良好的企业形象。

(3) 做好商品的退货工作可以提高资源的利用率　配送中心进行退换的商品并不都属于

有问题的商品。退换下来的商品有时是某一地区销售季节已过,但商品本身并不存在任何问题,可在另一地区继续销售;有时是因某一经营者的经营范围有限,无法在商品保质期内全部销售完毕,若适当调配,可在其他地区短期内销售殆尽的商品。对于此类商品,配送中心可利用自己的商品信息系统,将其适时地调配到合适的经营地点,充分发挥这些商品的效用,提高社会资源利用率。

3. 商品退货管理的原则

配送中心在处理客户的退货时,不管是"经销商的退货",还是"使用者的退货",都必须遵循一定的原则。

(1) 责任原则　商品发生退货问题,配送中心首先要界定产生问题的责任人,即是配送中心在配送时产生的问题,还是客户在使用时产生的问题。与此同时,配送中心还要鉴别产生问题的商品是否由自己送出,从而做出最佳的解决方案。

(2) 费用原则　进行商品的退货要消耗企业大量的人力、物力和财力。配送中心在实施退换商品时,除由配送中心自身原因导致的商品退换外,通常需要对要求进行商品退换的客户加收一定的费用。

(3) 条件原则　配送中心应当事先决定接受何种程度的退货,或者在何种情况下接受退货,并且规定相应的时间作为退换期限。例如决定仅在"不良品或商品损伤的情况下接受退货";或是"销售额的 10% 以内的退货",7 天之内,保证退货还钱等原则。

(4) 凭证原则　配送中心应规定客户以何种凭证作为退换商品的证明,并说明该凭证得以有效使用的方法。

(5) 计价原则　退货的计价原则与购物价格不同。配送中心应将退货的作价方法进行说明,通常是取客户购进价与现行价的最低价进行结算。

5.2.2　退货作业流程

为规范商品的退换货工作,配送中心要制定一套符合企业标准流程作业的退货作业流程,以保证退货业务的顺利进行。

1. 接受退货

配送中心的销售部门接到客户传来销货退回的信息后,要尽快将销货退回信息通知质量管理及市场部门,并主动会同质量管理部门人员确认退货的原因。若客户退货原因明显为公司的责任,如:货号不符、包装损坏、产品品质不良等,应迅速整理好相关的退货资料并及时帮助客户处理退货,不允许压件不处理。若销货退回的责任在客户,则销售人员应会同质量管理部门人员向客户说明判定责任的依据、原委及处理方式,如果客户接受,则请客户取消退货要求,并将客户所要退的相关资料由质量管理部门储存管理;如果客户仍坚持退货,销售、质量管理部门人员须委婉地向客户作进一步的说明,若客户仍无法接受时,再同市场部门作深层次的协商,以"降低公司损失至最小,且不损及客户关系"为原则加以处理。

配送中心接受客户退货时,销售部门要主动告知客户有关销货退回的受理相关资料,并主动协助客户将货品退回销售部门。若该批退货商品经销售部门与客户协商需补货时,销售人员要将补货订单及时传递给采购或库存部门,迅速拟定补交货计划,以提供相应货号、数量的商品给客户,避免客户因停工而效益受到影响。如果客户的生产、经销需求比较迫切时,销售部门要依据客户的书面需求或电话记录并经主管同意后,由相关部门安排进行商品更换,不得私下换货。

2. 重新入库

对于客户退回的商品，配送中心的销售部门要进行初步的审核。通常配送中心受理客户提出退货的要求后，企业的信息系统根据相关信息即生成销货退回单。销货退回单上将记载货品编号、货品名称、货品规格型号、货主编号、货主名称、仓库编号、区域、储位、批次、数量、单位、单价及金额等信息，销售人员接到退货后，即将退货商品的名称和数量与销货退回单进行初步核对，在确保退货的基本信息没有出现误差后，由企业的库存部门将退货商品重新入库。

3. 重验货物品质

配送中心将客户退回的商品重新入库时，要通知质量管理部门按照新品入库验收标准对退回的商品进行新一轮的检查，以确认退货品的品质状况。对符合标准的商品进行储存备用或分拣配送；对于客户退货的有问题商品，在清点数量与"销货退回单"标志相符后，将其以"拒收标签"标志后隔离存放。

拣货人员进行重新挑选，或降级使用或报废处理，使公司减少库存呆滞品的压力；储存部门要进行重新挑选并确保有问题商品不再流入客户的生产线及经营之中，并于重新挑选后向质量管理部门申请库存重验；质量管理部门需依据出货"抽样计划"加检验方式重验有问题的商品的品质，合格产品可经由合格标志后重新安排到正品仓库内储存，并视客户需求再出货，凡未经质量管理部门确认的商品一律不得再出货。

4. 退款估算

实施商品退换货虽然能满足客户的各种需要，但对配送中心的日常配送工作却带来不便，例如退换货打乱了已经制订的购销计划，增加了配送车辆的安排，变更了分拣、备货等工作的具体环节，给配送中心的工作添加了许多变量。同时，由于销货和退货的时间不同，同一货物价格可能出现差异，同质不同价、同款不同价的问题时有发生，故配送中心的财务部门在退货发生时要进行退回商品的估价，将退货商品的数量、销货时的商品单价及退货时的商品单价信息输入企业的信息系统，并依据销货退回单办理扣款业务。

5. 质量管理部门的追踪处理

商品退货时，客户常常出现抱怨。质量管理部门应追踪销货退回时的处理情况及成效，并将追查结果予以记录，并及时通知客户。与此同时，质量管理部门应冷静地接受客户的抱怨，并抓住抱怨的重点，分析事情发生的原因，找出解决方案。在问题解决后，还要对客户加强后续服务，使客户对企业拥有良好的印象。最后，质量管理部门还要对客户抱怨以及销货退回处理情况进行登记存档，作为今后配送工作改善及查核的参考。

5.3   商品退货的清点

配送中心接到客户退货后，必须重新查点退回商品的数量与质量，确认所退货的种类、项目、名称是否与客户发货单的记载相同。

5.3.1   数量清点

退货商品到达配送中心后，接货入库的验货人员首先要查验退货商品的数量。由于配送中心的工作非常繁忙，通常会有几辆卡车同时到达，逐车验收费时间，且送货卡车又不愿久等，所以一般采取"先卸后验"的方法，即由卡车送货人员按不同的商品分别堆码托盘，验货员接过随货同行单据，用移动式计算机终端或其他方法查阅核对实际送达商品与预报的商品是否相符。几辆卡车同时卸车，先卸毕先验收，交叉进行，既可节省人力，又可加快验收速度；既可便利点验，又可防止出现差错。

验货人员在清点退货商品数量时，首先要注意商品的计量单位和"细数"，正确统计退货商品数量。"细数"是商品包装内部的数量。例如 1 盒与 1 箱，虽只差一字，因一箱有 24 盒，故实际数量相差 24 倍。其次要大体确定退货物品有无损失，是否为商品的正常状态，若有异常，贴上标志，暂时隔离，等待进一步的品质清点。对易碎流质类商品卸车时，应采取"边卸边验"的方式，通过"听声音、看异状"等手段，发现问题，分清责任。同时，配送中心在进行数量验证时，除了验收大件外，还需对散装、畸形、零星等各种商品实施清点验收。

另外，进行退货商品数量验收时还要同时进行商品规格验收，即根据单据核对退回商品的品名、规格、数量。例如，对退回的洗衣粉核对牌名、同一牌名却不同规格的还要核对每小包的克数及包装区别。

5.3.2 品质清点

分清退回商品的品质并合理分配使用退回商品，是配送中心处理销货退回的重要内容。

1. 收货点验

在收货点验时，由于交货时间短和现场工作条件的限制，一般只能用"看"、"闻"、"听"、"摇"、"拍"、"摸"等感官检验方法，检验范围也只能是商品的包装外表。收货点验的方法主要有：

① 在验收流汁商品时，应检验包装外表有无污渍，若有污渍，必须开箱检查。

② 在验收含有玻璃成分的制品时，要件件摇动或倾倒细听声音，若发现破碎声音，应当场开箱检查破碎细数和程度，以明确交接责任。

③ 在验收香水、花露水等商品时，除了"听声音"外，还要在箱口处"闻"一下，如果闻到香水严重刺鼻，可以判定内部商品必有异状。若开箱检查内部没有破碎，应注意检查瓶盖的密封状况。

④ 在验收棉织品等怕湿商品时，要注意商品包装外表是否有水渍。

⑤ 在验收时，还要注意商品的出厂日期和有效期。

⑥ 检验货物箱的外包装时，要注意纸箱封条是否破裂，箱盖（底）板是否粘牢，纸箱内包装是否外露，纸箱是否受过潮湿。

2. 质量部门检验

企业质量检验部门在实验室里，利用各种仪器、器具和试剂，运用化学及生物学的方法，可对退回商品做进一步的品质检验。

（1）物理检验 我们利用各种量具、量仪、天平、秤或专业仪器来测定商品的一些基本物理量，如长度、细度、面积、体积、厚度、重量（质量）、密度，粒度及表面光洁度等。

（2）力学检验 即通过各种力学仪器测定商品的力学性能，如商品的抗拉强度、抗压强度、抗冲击强度、抗疲劳性能、硬度、弹性、耐磨性等。

（3）光学检验 即利用显微镜、折光仪等光学仪器进行商品光学性能的检验。

（4）电学检验 即利用电学仪器测定商品电学方面的质量特性及商品的材质，含水量。

（5）热学检验 即利用热学仪器检验商品的热学质量特性，包括熔点、凝固点、沸点、耐热性、导热性及热稳定性。

（6）化学检验 即根据一定的、已知的、能定量完成的化学反应进行商品的重量分析、容量分析和气体分析。

（7）微生物检验 即采用微生物技术手段进行商品中有害微生物的检验。

3. 调整库存量

销货退回的商品经清点后，配送中心要通过相应的库存管理科，可以科学合理地控制库存的订购点、订购量和库存基准。但当发生销货退回问题时，配送中心的库存有时会超出库存数量的最高界限，配送中心不及时调整库存安排，将会冲击购销计划，增加库存成本，减低企业效益。因此，销货退回后，销售部门要尽快制作退货受理报告书，以作为商品入库和冲销货额应收账款的基础资料；财务人员据此书面报告要调整账面上的"应收账款余额"与"存货余额"；备货人员据此报告书，重新调整购货计划及订购量，或暂时少进，或差额补缺，以保证库存商品数量科学合理，达到既能满足客户需求，又能保持合理库存的目标。

5.4 商品退货的会计流程

当客户将商品退回时，企业内部必须通过会计流程，运用表格式的管理制度，以多联式"验收单"在各部门流动，对客户所退的商品加以控制，并在账款管理上予以调整。商品退货管理过程中牵涉到的部门分别有：商品验收部门、信用部门、开单部门、编制应收账款明细账的部门、编制总账的部门。若公司人员少，部门不多，可将上述部门的工作加以归纳，分摊到相关部门的工作职责中。

客户退货后，销售部门将"退货退回单"送至配送中心的商品验收部门。验收部门据此进行退回商品的数量和质量清点验收后，填制验收单两联，第二联依验收单号码顺序存档，第一联送交信用部门核准销货退回。

1. 信用部门核销退货

信用部门收到验收单后，根据验收部门的报告核准销货退回，并在验收单上签名，以示负责；同时将核准验后的验收单送至开单部门。利用信用部门核销退货的主要目的是为了防止有关人员不按退货作业流程处理退货，私自退换货，造成退换货品的数量和质量出现严重问题，导致以后的配货供应中少发商品或误发质量缺失的退货商品，对企业产生负面作用。

配送中心的信用部门可以是一个组织，也可由某级主管担任，其主要任务是：

① 验明货物的销货地点、销货单据。

② 向提出退货的客户概要说明本企业的商品退货规定。

③ 协调企业与客户的关系。

④ 核单签名，承担责任。

2. 开单部门编制通知单

开单部门接到信用部门转来的验收单后，编制"变项通知单"一式三份，第一联同核准后的验收单送至财务会计部门，编制应收账款；第二联送达客户，通知客户销货退回已核准并计入账册；第三联依"贷项通知单"号码顺序存档。

"贷项通知单"的内容主要包括：商品编号、货品名称、货品规格型号、货主编号、货主名称、数量、单位、单价及金额等信息。

配送中心的财务会计部门，在收到开单部门转来的"贷项通知单"第一联及已核准的验收单后，经核对其正确无误，于"应收账款明细账"中贷入客户明细，于"存货明细账"中贷入退货数量，以保证"应收账款余额"和"存货余额"的正确无误，并将贷项通知单及核准后验收单存档。

配送中心由于流通品种繁杂，客户需求变化不定，故退换货现象十分普遍。为了加强退换货的账目管理，配送中心的财务部门每月月底记录总账的人员都要从开单部门取出存档的贷项通知单，核对其编号顺序无误后，加总后一次过入总分类账。

5.5　经销商的理赔退返管理

对于一次购货数量较少但购物次数较多的配送业务，配送中心并不是直接面对客户实施配送，而是通过各种经销商实现商品的再分配，经销商是连接配送中心和各类客户的中间企业。在经销商处购买商品的客户，通常会将退换货问题直接反映到经销商处。当配送中心配送的商品经由经销商销售时，配送中心必须做好对经销商理赔退返工作的管理。

对于易发生退换货的商品，配送中心的销售人员在执行销售合同过程中，往往根据经营商品的具体情况，统一给予经销商某一额度的理赔费用或补偿金，用以支付日常发生的商品退换损失。

理赔费用额度的确定，通常根据经销商的性质、规模，经营商品的性质、种类，经营风险的大小因素来决定。对于区域代理商或大型零售商，由于其经营的商品数量大、品种多，配送中心通常会提供较大额度的理赔费用，以支持该类经销商的市场铺货力度，并以此来吸引大型经销商与本中心的合作密度，从而利于其广泛的销售渠道为企业带来大量供货订单；对于规模较小、经营范围有限的中小型经销商，配送中心可以提供适当额度的理赔费用，保证该经销商在经营本中心配送的商品时利益不会受到损失，以巩固该类经销商与企业的关系；对于经销有一定风险商品的经销商，如新品介绍、流行品、季节性商品等，配送中心则要适时变化理赔费用的额度，既降低经销商的经营风险，又激励经销商的后续经营活动。

1. 理赔原则

配送中心面对经销商退回的商品进行处理时，要遵循一定原则。

（1）及时原则　对于客户提出的退货要求，不管合理与否，配送中心一定要及时给予处理，及时了解情况，及时分析原因，及时提出解决方案，争取在最短的时间里达到客户满意。

（2）效益原则　退货对交易双方来说都存在效益的损失。为了将损失降低到最小程度，配送中心要积极主动地提出解决问题的方法，缩短处理问题的时间，通过对问题的妥善解决，加强双方的进一步合作，从而推动双方获得更大的经济效益。

（3）关系原则　配送中心在处理退货问题时，要本着与客户进行密切合作的态度，一切从维系交易双方的合作关系出发，利用关系营销的思想与手段，树立以客户为中心的经营理念，重承诺，守信用，与客户建立良好的交易关系。

2. 验收和退赔

对于经销商因商品质量缺损提出退回的商品，配送中心要经过验收，视不同情况区别对待。

（1）故障机的处理　对经销商退返的故障机，配送中心应立即通知机器的生产厂家进行修复处理，修复后退还经销商，原则上不予更换，不予退货。

（2）故障品的处理　接收经销商退返故障货品后，配送中心应组织服务人员立即对其进行开箱检验，并在"接收清单"上详细记录检验结果。配送中心与经销商代表在"接收清单"上签字确认后，由经销商留存"接收清单"，商家保管提货凭证，配送中心将故障品交由生产厂家处理。

① 对保修期内故障货品予以免费维修，不收维修费和故障元件费。

② 三年保修期外的故障货品，按公司标准规定收取维修费和元件费用。

③ 所有非生产质量问题引起的损坏以及附件（如接线、遥控器等）遗失，材料、配件补充费用由经销商承担。

故障货品修复后，经销商凭"接收清单"保管联提回商品，并在备注栏注明"已归还"字样并签名。同时，配送中心还应计算出经销商应付修复费用，并列出清单，由经销商支付费用。

3. 退赔商品的处理

若经销商提出退赔的商品无法修复，配送中心的销售部门要会同市场部门、财务部门及生产厂家进行审核，确认无误后，经有效审批人员签名和财务核实，按"商品退货作业流程"实施商品退货。仓管人员凭已审批的"商品退换货申请表"，办理货物验收入库手续，同时填写"商品退换货验收情况表"。凡未经公司有效审批人员审批，擅自办理退换货手续者，按退换货金额的50％扣罚财务人员，10％扣罚具体责任人。

4. 结算理赔费用

配送中心实施配送供应的经销商越多，发生的理赔问题就越多，须核准、结算的理赔项目和费用亦越繁杂。在执行销售合同时，虽然销售人员已将统一的理赔费用给予经销商，但意料之外而需要理赔的项目依然较多，为了更好地与经销商合作，配送中心要定期与各经销商进行理赔费用的结算。

结算理赔费用时，配送中心要与经销商依据相应的指标进行。结算理赔费用的指标主要有：

（1）退赔数量　即一定时期内实际发生的商品理赔退返数量。包括在保修期内免费维修的商品数量；超出保修期而维修的商品数量；无法维修全部或部分退货的商品数量。

（2）退赔品种　即一定时期内实际发生理赔退返的商品品种类别。不同类别的商品，理赔额度不同，如工业品生产资料单件品的理赔额度远高于一般日用品。

（3）退赔期限　即配送中心和经销商还要确定合理的退赔期限，既不要过长，以免理赔金额过大，影响经销商的资金周转；也不要过短，以免使交易双方频繁结算，占用大量时间，影响日常工作进度。

思考与练习

一、填空题

1. 提高送货效率的手段有_____、_____、_____、_____、_____、_____。

2. 配送中心处理销货退回的重要内容是_____。

3. 送货作业的基本要求是_____、_____、_____、_____。

4. 配送中心面对经销商退回的商品进行处理时，遵循的原则是_____、_____、_____。

5. 商品退货管理的原则有_____、_____、_____、_____。

6. 送货作业流程有_____、_____、_____、_____、_____、_____。

二、简答题

1. 进行商品的退货工作对配送企业有哪些影响？

2. 如何进行商品的退换？

3. 如何进行退还商品的清点验收？

4. 怎样才能减少商品的退换？

5. 简述配送中心的信用部门的主要任务。

二、简答题

1. 选址目标是确定工业、商业、各种服务性网点、居民区的最佳位置。

2. 影响选址的因素。

3. 如何进行选址及其应考虑的因素。

第6章 配送线路选择及车辆配装技术

【学习目标】

本章重点是配送中心的概念和功能、配送中心的选址和规模确定、配送中心的基本业务等，通过本章的学习要知道配送中心选址的影响因素、配送中心类型的确定、配送中心的基本作业、配送中心的规模选择，会选择配送中心的位置、规模，可以熟练完成配送中的业务活动。

【导入案例】

某卷烟厂的配送中心每天由订单受理员通过电话接受订单，然后安排车辆向各个用户配送，由于香烟的特殊流通体系，一般不会外包给社会车辆配送，过去为了准确地将香烟送达客户，他们做了不少工作，但效果不明显。在 2006 年，他们委托一家软件公司，按照他们的要求编写了一套配送管理软件，这几年配送中心的工作量明显增加，配送非常准确，并且每天除了最后一辆车外其余车辆全部满载。是什么原因使他们的配送工作如此高效了呢？原来软件公司按照他们提出的配载和线路选择的相关要求，编写了专门针对该配送中心的线路运行和配载软件，他们所使用的技术就是本章所要讲的线路选择及车辆配载技术，此类技术叫做物流软技术。

6.1 配送线路的选择

配送线路的选择方法比较多，要根据具体的情况来判断，例如：待配送货物的数量、种类、性质、客户的地理位置、交通状况、客户要求等因素。

由于配送中心每次配送活动一般都面对多个非固定用户，并且这些用户坐落地点各不相同，配送时间和配送数量也都不尽相同，如果配送中心不进行运输路线的合理规划，往往会出现不合理运输现象，如迂回运输，也就是绕道，不按照最短路径进行运输；重复运输，也就是运输过程中有多余的中转、重复装卸等。不合理运输不仅造成运输成本上升，而且导致配送服务水平难以提高，因此经常采取科学的方法，对配送路线进行合理的规划调整，是大多数配送中心与配送系统日常的一项重要工作。

1. 确定配送路线的原则

（1）确定目标 目标的选择是根据配送的具体要求、配送企业的实力及客观条件来定的。有以下多种目标可以选择：

① 以效益最高为目标 指计算时以利润的数值最大为目标值。在选择效益为目标时，一般是以企业当前的效益为主要考虑因素，同时兼顾长远的效益。效益是企业整体经营

活动的综合体现，可以用利润来表示，因此，在计算时是以利润的数值最大化为目标值的。

由于效益是综合的反映，在拟定数学模型时，很难与配送路线之间建立函数关系，一般很少采用这一目标。

② 以成本最低为目标　成本和配送路线之间有着比较密切的关系，尽管计算各配送路线的运送成本仍比较复杂，但相对效益目标而言却有所简化，比较实用。由于成本对最终效益起决定作用，选择成本最低为目标实际上还是选择了效益为目标。

③ 以路程最短为目标　这可以大大简化计算，而且也可以避免许多不易计算的影响因素。需要注意的是，有时候路程最短并不见得成本就最低，如果道路条件、道路收费影响了成本，单以最短路程为最优解则不合适了。

④ 以 t·km 最小为目标　吨公里最低在长途运输时常作为目标选择，在多个发货站和多个收货站的条件下，而又是整车发到情况下，选择吨公里最低为目标是可以取得满意结果的。在配送路线选择中一般情况是不适用的，但在采取共同配送方式时，也可用吨公里最低为目标。在"节约里程法"的计算中所确定的配送目标，是采用吨公里最小。

⑤ 以准时性最高为目标　准时性是配送中重要的服务指标，以准时性为目标确定配送路线就是要将各用户的时间要求和路线先后到达的安排协调起来，这样有时难以顾及成本问题，甚至需要牺牲成本来满足准时性要求。当然，在这种情况下成本也不能失控，应有一定限制。

⑥ 以劳动消耗最低为目标　以油耗最低、司机人数最少、司机工作时间最短等劳动消耗为目标确定配送路线也有所应用，这主要是在特殊情况下（如供油异常紧张、油价非常高、意外事故引起人员减员、某些因素限制了配送司机人数等）所要选择的目标。

(2) 确定配送路线的约束条件　以上目标在实现时都受到许多条件的约束，必须在满足这些约束条件的前提下取得成本最低或吨公里最小的结果。一般的配送约束条件有以下几项：

① 路线允许通行的时间限制　某些路段在一定的时间范围内，不允许某种类型的车辆通行。因此，确定配送路线时应当考虑这一因素。如果在这个区域配送则应预计好通过的时间，安排相应的车辆送货。

② 运输工具载重的限制　运输工具载重的限制是指，车、船、飞机都有一定的额定载重量，如果超重就会影响安全运输，所以在安排货物的配送路线时，应保证同路线货物的重量不会超过所使用运输工具的载重量。比如货物由 C 至 B，运送的货物总重 10t，配送中心有额定载重量为 8t 的货车和额定载重量为 10t 的货车，就应该选择后者。

③ 配送中心的能力　配送中心的能力同时包括运输和服务这两个方面的能力。所谓运输能力，是指提供适当的专门化车辆的能力，用于温度控制，散装产品，以及侧面卸货等；对于服务能力而言，它包括利用 EDI 编制时间表和开发票，在线装运跟踪以及储存和整合。

④ 自然因素的限制　主要包括气象条件、地形条件。尽管现代运输手段越来越发达，自然因素对于运输的影响已相对减少，但是，自然因素仍是不可忽视的影响因素之一。如在决定采取航空运输时，就应考虑起运地和到货地是否有比较恶劣的气候。如有，就应考虑替代方案。

⑤ 其他不可抗力因素的限制　其他不可抗力主要指法律的颁布，灾害的发生，战争的爆发等。这些因素有时会产生很严重的后果，为了规避风险，应当对其进行充分估计并购买

相应保险。

2. 配送路线的决策方法

配送线路的决策方法比较多，这里主要介绍启发式方法和节约里程法两种，关于节约里程法在 6.2 将详细讲到。下面对启发式方法作一简单介绍：

（1）启发式方法的意义　启发式方法，有时也称为逐次逼近法，即先简单地求出初始解，然后利用一些经验法则反复计算修改初始解，并通过模仿人的跟踪校正过程使之逐步达到最优解的方法。该方法对于求解非确定型决策，是一种有效的方法。

对于解决复杂的非确定型决策的问题，一直是靠经验准则或主观判断的方法。这种经验准则或主观判断不能科学地程序化，只能作为无法考虑其内部机理的"黑箱"来处理。对系统输入一定的信息，经过主观判断产生决策的输出，这种主观判断的行为被看成是"黑箱"。

启发式方法就是把决策过程中的黑箱变成明确的决策准则。也就是研究简化解决问题的启发过程，即采用什么样的启发式方法，为何种特定的问题选用特定的寻优过程，以及以什么样的顺序进行寻找可行解等问题。

虽然启发式过程是从决策者的思考过程中推导出来的，但是一经把它明确起来，并且编成计算机程序，求解过程就会大大加快。目前，启发式方法不仅能模拟实际的决策过程，而且也能通过计算机求解一些人工无法处理的复杂问题。

（2）启发式方法的特点　传统的优化方法为了能够应用最优化的计算过程，就要把决策问题结构化。与此相反，启发式方法为了求得可接受的可行解，就要适应特定问题的性质去发现其可以分别应用的决策准则，这是这种方法的特点。启发式方法未必能够保证得到最优解，关于这一点，与非确定型决策的系统模拟模型是相同的。可是通过发现最优解的求解过程，则所得到的解有时是最优解的近似值，有时是相同的最优解。启发式的重点不是求最优解，而是把重点放在求最优解的过程上。因此，对于下述三类问题，应用启发式方法是比较有效的。

① 从问题的本质来说，尽管可以构造数学模型，但由于问题过分复杂，采用最优解的方法是比较困难的。

② 问题涉及的因素多，数学模型不能抓住问题的重要特征。如企业上层经营决策问题，即使能够利用数学模型，而在构造模型之前的准备阶段或之后的继续工作阶段不能规范化的问题。

③ 启发式方法的基本思路

a. 确定目标函数。就是建立运输总成本函数。我们的目标就是求出使总成本函数取最小值的解。

b. 求解。由于目标函数是非线性函数，所以采取先求初始解以后的求解过程中，顺次得到接近最小成本的方法。

求出初始解。

求出第二次解。

求出最优解。

求解这一步骤中涉及大量的高等数学问题，在此不作进一步的阐述。

6.1.1　简单配送线路的确定

在配送路线设计中，当由一个配送中心向一个特定的客户进行专门送货时，从物流角度看，客户的需求量接近或大于可用车辆的定额载重量，需专门派一辆或多辆车一次或多次送货。配送路线设计时，追求的是最短配送距离，以节省时间、多装快跑，提高送货的时间效率，这主要是寻求物流网中的最短路径的问题。对于这种问题，进行配送路线规划的目标是找出从配送中心到特定客户的最短路径，而不需考虑车辆的载重限制和运行距离等约束，可采用最短路径法确定。

最短路径法可描述为：已知一个网络由节点和线组成，点与点之间由线连接，线代表点与点之间运行的成本（距离、时间或时间和距离加权的组合）。最初，除始发点外，所有节点都是未解的，即均未确定是否在选定的运输路线上。始发点 V_s 作为已解的点，计算从始发点开始。

对于单配送中心来讲，可以用 Dijkstra 算法进行计算，这种方法由 Dijkstra 于 1959 年提出，目前被认为是求无负权网络最短路径的最好办法，所谓负权就是指边上的距离为负。

计算方法如下，采用标号法。可用两种标号：T 标号和 P 标号，T 标号表示临时性标号（temporary label），P 标号表示永久性标号（permanent label）。给 V_i 点一个 P 标号时，表示从 V_s 到 V_i 的最短距离，V_i 的标号不再改变；给 V_i 点一个 T 标号时，表示从 V_s 到 V_i 的估计最短距离的上界，是一种临时标号，凡没有得到 P 标号的都有 T 标号。算法每一步都把某一点的 T 标号改变为 P 标号，当终点 V_t 得到 P 标号时全部计算结束。V_i 的标号不再改变。对于有 n 个节点的网络图，最多经过 $n-1$ 步就可以得到从起点到终点的最短路径。

基本步骤如下：

① 给 V_s 以 P 标号，$P(V_s)=0$；其余各点给 T 标号，$T(V_i)=+\infty$。

② 若 V_i 为刚得到 P 标号的点，考虑与它相连接的 T 标号点 V_j，对 V_j 的 T 标号加以修改

$$T(V_j)=\min[T(V_j),P(V_i)+d_{ij}]$$

③ 比较所有具有 T 标号的点，把最小者改为 P 标号，即

$$P(\overline{V_i})=\min[T(V_i)]$$

若全部点均为 P 标号则停止，否则用 $\overline{V_i}$ 代替 V_i 转回②。

下面举例说明最短路径法的求解过程

例：图 6-1 是一个网络图，求 V_1 到 V_8 的最短路径。

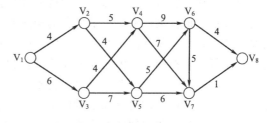

图 6-1 网络图

解：

① 给 V_1 以 P 标号，$P(V_1)=0$；其余节点赋予一个 T 标号，$T(V_i)=+\infty(i=1,\cdots,8)$。

② 由于 V_2、V_3 为 V_1 的相邻边，且 V_2、V_3 为 T 标号，所以修改这两个点的标号：

$$T(V_2)=\min[T(V_2),P(V_1)+d_{12}]=\min[+\infty,0+4]=4$$
$$T(V_3)=\min[T(V_3),P(V_1)+d_{13}]=\min[+\infty,0+6]=6$$

③ 比较 T 标号，$T(V_2)$ 最小，所以令 $P(V_2)=4$，同时标注路线 $V_2=1$，表示 V_2 的前一编号为 V_1。

④ 以 V_2 为刚得到 P 编号的点，考察它的下一结点 V_4、V_5

$$T(V_4)=\min[T(V_4),P(V_2)+d_{24}]=\min[+\infty,4+5]=9$$
$$T(V_5)=\min[T(V_5),P(V_2)+d_{25}]=\min[+\infty,4+4]=8$$

⑤ 比较所有 T 标号，$T(V_3)$ 最小，所以令 $P(V_3)=6$，同时标注路线 $V_3=1$。

⑥ 考虑 V_3，有

$$T(V_4)=min[T(V_4),P(V_3)+d_{34}]=min[9,6+4]=9$$
$$T(V_5)=min[T(V_5),P(V_3)+d_{35}]=min[8,6+7]=8$$

⑦ 全部 T 标号中，$T(V_5)$ 最小，令 $P(V_5)=8$，同时标注路线 $V_5=2$。

⑧ 考察 V_5，有

$$T(V_6)=min[T(V_6),P(V_5)+d_{56}]=min[+\infty,8+5]=13$$
$$T(V_7)=min[T(V_7),P(V_5)+d_{57}]=min[+\infty,8+6]=14$$

⑨ 全部 T 标号中 $T(V_4)$ 最小，令 $P(V_4)=9$，同时标注线路 $V_4=2$。

⑩ 考察 V_4，有

$$T(V_6)=min[T(V_6),P(V_4)+d_{46}]=min[13,9+9]=13$$
$$T(V_7)=min[T(V_7),P(V_4)+d_{47}]=min[14,9+7]=14$$

⑪ 全部 T 标号中，$T(V_6)$ 最小，令 $P(V_6)=13$，同时标注路线 $V_6=5$。

⑫ 考察 V_6，有

$$T(V_7)=min[T(V_7),P(V_6)+d_{67}]=min[14,13+4]=14$$
$$T(V_8)=min[T(V_8),P(V_6)+d_{68}]=min[+\infty,13+4]=17$$

⑬ 全部 T 标号中，$T(V_7)$ 最小，令 $P(V_7)=14$，同时标注路线 $V_7=5$。

⑭ 考察 V_7，有

$$T(V_8)=min[T(V_8),P(V_7)+d_{78}]=min[17,14+1]=15$$

⑮ 只有一个 T 标号 $T(V_8)$，令 $P(V_8)=15$，结束。

从 V_1 到 V_8 的最短路径为 15，反向追踪线路可以得到 V_1 到 V_8 线路，为 8—7—5—2—1，同理可以得到从 V_1 到任何一个节点的最短路长和最短路径。

6.1.2 节约里程法

1. 节约里程法的基本原理

（1）节约里程法的基本思想　配送路线是指各种送货车辆向各个用户送货时所要经过的路线。决定了最佳路径就决定了顾客的配送顺序，也决定了装车的次序问题，所以说配送路径如何顺路是决定最佳配送顺序的问题，配送线路的合理与否对配送速度、合理利用车辆和配送费用都有直接影响，因此配送线路的优化是配送工作的一个主要问题。

当有配载限制时，简单配送线路将不能够解决问题，这种情况下由于受到太多的约束，往往求不到最优解，此时可以求近似最优解，随着配送的复杂化，配送线路的优化一般要结合数学方法及计算机求解的方法来制定合理的配送方案，因而 IBM 公司开发了一套可以解决此类问题的 VSP（vertical solution package）垂直行业解决方案软件包，可以利用数值计算的方式由电脑来寻找最短运行路径，此系统原则为：以循环配送来产生缩短值。下面主要介绍确定优化配送方案的一个较成熟的方法——节约法，也叫节约里程法。

（2）节约里程法是建立在以下几个假设的基础上的：利用节约里程法确定配送线路的主要出发点是，根据配送中心的运输能力（包括车辆的多少和载重量）和配送中心到各个用户以及各个用户之间的距离来制定使总的车辆运输的 t·km 数量小的配送方案。为了便于介绍节约法的基本思想及解题步骤，设：

① 配送的货物可以在同一辆车装载；

② 各用户的坐标 $(X，Y)$ 及需求量均为已知；

③ 各个用户之间、配送中心到用户之间最短路已知；

④ 配送中心有足够的运输能力。

利用节约里程法制定出的配送方案除了使配送总 t·km 最小外，还要满足以下条件：

① 方案能满足所有用户的要求；

② 不使任何一辆车超载；

③ 每辆车每天的总运行时间或行驶里程不超过规定的上限；

④ 能满足用户到货时间要求。

（3）节约里程法的原理　节约里程法基本思想是三角形的两边之和大于第三边，先构造一个初始解——假设由配送中心分别给每一个用户进行配送，然后试着由配送中心出发，经第一用户继续前进到第二用户，然后返回，计算比原来节约的路程，此即为节约里程法。设 p_0 点为配送中心，它分别向用户 p_i 和 p_j 送货，从 p_0 到 p_i 和 p_j 的距离分别为 d_{0i} 和 d_{0j}，两个用户之间的距离为 d_{ij}，则送货方案只有以下两种，即图 6-2(a) 和图 6-2(b)。

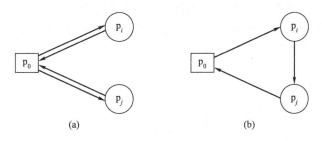

图 6-2　配送线路图

图 6-2(a) 方案是从配送中心 p_0 向用户 p_i、p_j 分别往返送货，配送路线为：

$$p_0 — p_i — p_0 — p_j — p_0$$

总的配送距离为：

$$d_a = 2d_{0i} + 2d_{0j}$$

图 6-2(b) 方案是从配送中心向用户 p_i、p_j 同时巡回送货，配送路线为：

$$p_0 — p_i — p_j — p_0$$

总的配送距离为：

$$d_b = d_{0i} + d_{0j} + d_{ij}$$

对比这两个方案，哪个更合理呢？这就要看 d_a 和 d_b 哪个小，距离越小则说明方案越合理。

$$d_a - d_b = 2d_{0i} + 2d_{0j} - (d_{0i} + d_{0j} + d_{ij}) = d_{0i} + d_{0j} - d_{ij}$$

很明显 p_0、p_i、p_j 是一个三角形的三个顶点，两边之和大于第三边，即：$d_a - d_b > 0$，配送方式（b）优于（a）。

配送中心 p_0 的范围内还存在着第 3，4，5，…，n 个用户，在汽车载重量允许的情况下可将它们按照节约量的大小一次连入巡回线路，直至汽车满载为止。余下用户安排下一辆车，采用同样的方法进行线路的安排。

2. 节约里程法在配送中的应用

（1）以单配送中心、送货量不超过一台车的装载量为例说明节约里程法在配送线路的运用。

例：分别有 8 个用户，到配送中心的距离以及它们之间的相互距离分别见下表；其货运量不超过配送中心的最大载货车吨位，试安排配送线路。

中心 0	中心 0							
客户 1	40	客户 1						
客户 2	60	65	客户 2					
客户 3	75	40	75	客户 3				
客户 4	90	100	50	100	客户 4			
客户 5	200	50	100	50	100	客户 5		
客户 6	100	75	75	90	75	70	客户 6	
客户 7	160	110	75	90	75	90	70	客户 7
客户 8	80	100	75	150	100	75	100	100	客户 8

解:

第一步,选择初始方案为由 8 台车分别向 8 个用户送货;

第二步,假设循环送货,计算所有的节约里程。思路为一台车配送完一个用户后不回配送中心而直接到下一个客户,则节约值见下表:

中心 0	中心 0							
客户 1	40	客户 1						
客户 2	60	35	客户 2					
客户 3	75	75	60	客户 3				
客户 4	90	30	100	65	客户 4			
客户 5	200	190	160	225	190	客户 5		
客户 6	100	65	85	85	115	230	客户 6	
客户 7	160	90	145	145	175	270	190	客户 7
客户 8	80	20	65	5	70	205	80	140	客户 8

第三步,将节约值由大到小进行排序,并优先将节约值大者连接起来,直到将所有用户全部连入,排序及连接见下表:

连接节点号 $s(i,j)$	s(5,7)	s(5,6)	s(3,5)	s(5,8)	s(6,7)	s(1,5)	s(4,5)	s(4,7)	s(2,5)	s(2,7)	s(3,7)	s(7,8)	s(4,6)	s(2,4)
节约值	270	230	225	205	190	190	190	175	160	145	145	140	115	100
是否连接	是	是										是	是	是

连接节点号 $s(i,j)$	s(1,7)	s(2,6)	s(3,6)	s(6,8)	s(1,3)	s(4,8)	s(1,6)	s(3,4)	s(2,8)	s(2,3)	s(1,2)	s(1,4)	s(1,8)	s(3,8)
节约值	90	85	85	80	75	70	65	65	65	60	35	30	20	5
是否连接					是					是				

这样可以将所有的节点连接到整条配送线路中,形成 0—1—3—2—4—6—5—7—8—0 的循环配送路线。如果有载重量限制时,按照线路累计载重量,每达到一辆车的载重就安排一辆车。

需要注意的是,由于在以上的选择中可能形成由于追求前几个节点的里程最大节约,而导致后几个节点的里程节约减少,并且导致全部里程节约值不是最小。

(2)多中心的配送安排 多配送中心时,首先要确定配送中心,将用户按照一定的原则分配给配送中心,在每一个配送中心使用以上的方法安排线路。

6.2　车辆的配装技术

车辆配装是配送活动中重要的一环，配装是否合理将直接影响货物的安全、配送的成本及效率，必须采用合理的方法。一方面通过循环配送减少空驶，另一方面通过使用有效的配载技术提高车辆的吨位利用率。

6.2.1　车辆配装的原则及注意事项

在明确了客户的配送顺序后，接下来就是如何将货物装车，以什么次序装车的问题，这就是车辆的积载问题。原则上，客户的配送顺序安排好后，只要按货物"后送先装"的顺序装车即可。但有时为了有效地利用空间，还应考虑货物的性质（怕震、怕压、怕湿）、形状、体积及质量等做出某些调整。如能根据这些选择恰当的装卸方法。并能合理地进行车辆积载工作，则可使货物在配送运输中货损、货差减少，既能保证货物完好和安全运输，并能使车辆的载重能力和容积得到充分的利用。当然，这就要求在车辆积载时应遵循以下原则：

① 轻重搭配的原则。车辆装货时，必须将重货置于底部，轻货置于上部，避免重货压坏轻货，并使货物重心下移，从而保证运输安全。

② 大小搭配的原则。如到达同一地点的同一批配送货物，其包装的外部尺寸有大小，为了充分利用车厢的内容积，可采取不同尺寸大小货物，在同一层或上下层的合理搭配，以减少厢内留有的空隙。

③ 货物性质搭配的原则。拼装在一个车厢内的货物，其化学属性、物理属性不能互相抵触。由于在交运时托运人已经包装好的而承运人又不得任意开封，因此，厢内货物因性质抵触而发生损坏，由托运人负责，由此造成承运人损失者，托运人应负赔偿责任。

④ 到达同一地点的适合配装的货物应尽可能一次积载。

⑤ 确定合理的堆码层次及方法。可根据车厢的尺寸、容积、货物外包装的尺寸来确定。

⑥ 积载时不允许超过车辆所允许的最大载重量。

⑦ 积载时车厢内货物重量应分布均匀。

⑧ 应防止车厢内货物之间碰撞、沾污。

配送车辆的载重能力和容积能否得到充分的利用，当然与货物本身的包装规格有很大关系。小包装的货物容易降低亏箱率，同类货物用纸箱比用木箱包装亏箱率要低一些。但是，亏箱率的高低还与采用的积载方法有关，所以说，恰当的积载方法能使车厢内部的高度、长度、宽度都得到充分的利用。

装载与卸载作业是指在同一地域范围进行的，以改变货物的储存状态及空间位置为主要内容和目的的活动。作为为运输服务的装卸作业，是联结各种货物运输方式、进行多式联运的作业环节，也是各种运输方式运作中各类货物发生在运输的起点、中转和终点的作业活动。

6.2.2　车辆配装的方法

车辆的配装要根据车辆的运载特性和货物的性质、包装等决定。

1. 车辆运载特性

一般来说，车辆如果能够按照核定吨位满载运行，则说明车辆的吨位利用率较高，但是在实际工作中往往不能够做到每辆车都是满载运行的，会因配送货物的流量、流向、配送时间和配送距离等因素影响而不能满载，此时应该核算满载率，使得配送过程中尽可能有较高的满载率，充分考虑车辆空间和核载量进行安排。

其中吨位利用率的指标为：

$$吨位利用率 = \frac{实际完成周转率}{运行承载质量} \times 100\%$$

配送运输车辆的吨位利用率尽量保持在 $80\% \sim 100\%$，但是不能超过 100%，以免造成车辆损坏。

一般来讲，车辆的配装按照运载特性，遵从以上原则，尽可能提高满载率，具体方法如下：

① 研究各类车厢的装载标准，不同货物和不同包装提及的合理装载顺序，努力提高装载技术和操作水平，力求装足车辆核定吨位；

② 根据客户所需的货物品种和数量，调配适宜的车型承运，要求配送中心保持合理的车型结构；

③ 凡是可以拼装的尽可能拼装，注意做好不同客户货物的标记工作，以防差错。

2. 车辆配装的方法

对于重质货物来讲，不管如何拼装基本上都能够达到 100% 的满载率，在配装过程中比较困难的是如何将重质货物和轻质货物混装，以达到容积和载重量都得到充分利用。计算方法如下：设车辆可用容积为 V，核载为 W，现要装载比容分别为 R_A 和 R_B 的两种货物，使得容积和核载均被有效利用。

设两种货物的装载量分别为 W_A 和 W_B，则有：

$$\begin{cases} W_A + W_B = W \\ W_A R_A + W_B R_B = V \end{cases}$$

$$W_A = \frac{V - WR_B}{R_A - R_B}; \quad W_B = \frac{V - WR_A}{R_B - R_A}$$

例： 某建材配送中心需要为用户送达水泥和玻璃两种货物，已知水泥的比容为 $0.9 m^3 \cdot t^{-1}$，玻璃是 $1.6 m^3 \cdot t^{-1}$，计划使用的车辆载重量为 $11t$，车厢容积为 $15 m^3$，应如何装载？

解： 设水泥的装载量为 W_A，玻璃的装载量为 W_B。

已知 $V = 15 m^3$，$W = 11t$，$R_A = 0.9 m^3 \cdot t^{-1}$，$R_B = 1.6 m^3 \cdot t^{-1}$。

代入公式有 $W_A = \dfrac{V - WR_B}{R_A - R_B} = \dfrac{15 - 11 \times 1.6}{0.9 - 1.6} t = 3.71t$

$$W_B = \frac{V - WR_A}{R_B - R_A} = \frac{15 - 11 \times 0.9}{1.6 - 0.9} t = 7.29t$$

需要注意的是，在以下几种情况下不能够一味追求满载率：

一是不能拼装的情况，例如理化性质抵触或者串味等情况下，尽量选派核定吨位与所配送的货物数量接近的车辆进行运输，可以适当降低满载率；

二是按照有关规定必须减载运行的，如有些危险品必须减载运行，此时可以降低满载率；

三是货物包装没有按照推荐的相关标准包装，造成无法满载的，可以降低满载率；

四是在配送过程中，往往按照订单捆好的货物无法达到体积和载重量双方的要求，则无法利用以上的公式计算，此时装载问题演变为整数规划问题，具体描述如下。

配送运输中最典型的装货积载问题用数学语言可以描述为：假设配送车辆的最大装载量为 G，用于运送 n 种不同的物品，此 n 种不同物品的重量分别为 W_1，W_2，…，W_n，每一种货物的价值系数（可表示价值、运费、重量等）分别用 P_1，P_2，…，P_n 表示。另设 X_k 表示第 k 种物品的装入数量，则在：

约束条件
$$\sum_{k=1}^{n} W_k X_k \leqslant G$$

目标函数
$$f(x) = \max \sum_{k=1}^{n} P_k X_k$$

如果把装入一件物品作为一个阶段，则整个车辆装货问题转化为一个动态规划问题。动态规划问题的求解过程是从最后一个阶段开始由后向前推进。由于装入货物的先后次序不影响最优解，所以求解过程可以从第一阶段开始，由前向后逐步进行。由于涉及到比较多运筹学的内容，在此不详细阐述。

当然车辆的配装工作要确实做到合理，应该在订单生成和分拣时就有所安排，配送中心通过建立一定的模型并按照模型编写出软件，利用软件进行配载的计算，可以取得良好的效果。

优化送货线路　提升物流配送水平

浙江省杭州市烟草专卖局以物流标准化管理为重点，以注重效率为导向，通过优化送货线路，提升物流配送水平。

一、制定线路优化标准

2006 年 11 月，杭州烟草制定了《卷烟物流配送标准化管理手册》，其中对线路优化标准作了相关规定。

参照送货半径 30～50km，结合道路状况、零售客户分布情况、配送卷烟数量、车型等指标合理设立接货点。

城区主要集镇每日送货户数基本核定为 70～90 户，送货量为 3000～5000 条左右；地处城郊、城乡结合部区域，每日送货户数基本核定为 50～70 户，送货量为 2000～3500 条左右；山区、偏远农村的零售客户送货户数基本核定为 35 户左右，送货量为 1200 条左右，送货里程 200km 左右。

卷烟全部由配送中心"按订单组织货源"，并直接配送到各单位送货部，各送货部负责将卷烟送货到户，实行二段式送货方式。

二、利用现代信息技术，实现送货线路最优化

配送中心通过智能化车辆调度系统，对配送线路进行了优化调整，主要采用了以下手段进行优化。

① 智能化车辆调度。建立了车辆调度管理系统，来自业务系统的订单信息经过送货线路优化模块自动排单系统处理，在地理信息系统（GIS）的支持下，每日生成动态的送货指导线路和分拣配货策略，分拣配货策略由计算机网络发送到配货流水线，送货计划则打印成送货清单交给送货员，以确保卷烟安全、及时送达。

② 车辆运行监控。采用 GPS 卫星定位系统，对送货车辆进行实时监控。在送货途中，

送货员可以结合当日路况，修正 GIS 指导线路，GPS 卫星定位系统则对送货车辆进行全程监控，加强送货管理，提高应对突发事件的能力。同时，在合理优化线路的基础上，对配送线路进行动态管理，保证了每条送货线路的合理性和科学性。

③ 货站到货管理。在车辆对接进行卷烟过车时，通过全球眼系统对整个卷烟交接过程进行全程监控，从而使整个送货流程更加安全、透明。

思考与练习

1. 配送线路选择中最常用的原则是什么？
2. 如下图所示的网络图，计算起点到终点的简单配送线路。

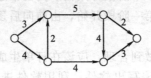

3. 节约里程法的建设前提有哪些？
4. 节约里程法的原理是什么？请作图说明。
5. 对于计件货物，要考虑车辆的容积和核载，应该如何装载？
6. 车辆积载应该遵循哪些原则？

综合实训

下表是一个配送中心与客户之间的距离以及各用户的货运量，假如配送中心有若干辆 8t 货车，请制定派车方案和行驶路线。

用户和运量表

用户	1	2	3	4	5	6	7	8
运量/t	2	1.5	4.5	3	1.5	4	2.5	3

配送中心到用户以及用户相互间的距离

中心 0	中心 0							
用户 1	40	用户 1						
用户 2	60	65	用户 2					
用户 3	75	40	75	用户 3				
用户 4	90	100	50	100	用户 4			
用户 5	200	50	100	50	100	用户 5		
用户 6	100	75	75	90	75	70	用户 6	
用户 7	160	110	75	90	75	90	70	用户 7
用户 8	80	100	75	150	100	75	100	100	用户 8

第7章 流通加工作业实务

【学习目标】

通过本章的学习，应重点掌握流通加工的概念及类型、包装的概念及分类；掌握流通加工的性质、特点与作用，掌握几种典型的流通加工作业和一些常见的包装技术；理解流通加工及包装的合理化。

【导入案例】

阿迪达斯设立流通加工的超级市场，顾客络绎不绝

阿迪达斯公司在美国有一家超级市场，设立了组合式鞋店，摆放着不是做好了的鞋，而是做鞋用的半成品，款式花色多样，有6种鞋跟，8种鞋底，均为塑料制造，鞋面的颜色以黑、白为主，搭配的颜色有80种，款式有百余种，顾客可以任意挑选自己所喜欢的各个部位，交给职员当场进行组合。只要10分钟，一双崭新的鞋便可随手可得，这家鞋店昼夜营业，职员技术熟练，鞋子的售价与成批制造的价格差不多，有的还稍便宜些。所以顾客络绎不绝，销售金额比邻近的鞋店多十倍。

分析：流通加工与生产制造的区别在哪里？

7.1 流通加工概述

7.1.1 流通加工的概念和性质

所谓流通加工，就是物品在从生产地到使用地的过程中，根据客户需要所施加的组装、包装、分割、计量、分拣、刷标志、贴标签、分装、打孔等简单作业的总称。

流通加工是物流配送过程中一个比较特殊的环节，它具有一定的生产性质，同时它还将生产及消费（再生产）联系起来，起到桥梁作用，完成商品所有权与事物形态的转移。通过流通加工，能够提高原材料利用率、进行初级加工满足用户的个性化要求，这弥补了专业生产方面的不足，解决了产品的标准化生产与消费个性化之间的矛盾。

在配送活动中，有时需要根据用户的要求或配送对象，为便于流通和消费，改进商品质量，促进商品销售，需对商品进行套裁、简单组装、分装、贴标、包装等加工活动。流通加工这一功能要素在配送中不具有普遍性，但往往具有重要的意义。通过流通加工可以大大提高客户的满意程度。流通加工一般取决于客户的要求，加工目的单一。常见的流通加工如下：

① 冷冻加工（采取低温冻结加工，解决诸如鲜肉、鲜鱼等产品的保鲜及装卸搬运问题）。

② 分选加工（按不同的类别、规格、数量、质量进行加工）。

③ 精制加工（进行切分、洗净、分装等加工，以方便购买者）。

④ 分装加工（大包装改小包装、精装改小包装、运输包装改销售包装）。

⑤ 组装加工（将一些机电设备进行组装、拆装）等。

一般来说，生产的职能是使一件物品产生某种形态而具有某种使用价值，流通的主要职能是在保持商品的已有形态下完成商品所有权的转移，不是靠改变商品的形态而创造价值，物流的主要作用是实现商品的空间移动，在物流体系中的流通加工不是通过"保护"流通对象的原有形态而实现这一作用的，而是和生产一样，是通过改变或完善流通对象的原有形态来实现流通作用的。

7.1.2 流通加工发展的原因

1. 流通加工是社会分工的产物

流通与加工本来不属于同一范畴，流通改变产品的空间、时间状态和所有权性质，是商业行为，加工是改变物质的形态和性质，使原料成为产品，是工业行为，流通加工则是为了弥补生产加工的不足，更有效地满足用户的需求，将一部分加工放在物流过程中完成，而成为物流的一个组成部分，现代企业为增加经济效益、提高其核心竞争力往往只保留其最具有优势的核心业务，使其专业化、规模化，为降低成本生产的过程越简练越好，而将其他的辅助性生产加工活动转移到流通领域，以实现生产的规模效益。这种流通加工实际上是生产的延续，是生产加工的深化，所以，流通加工是社会分工的产物。

2. 满足消费多样化的需求，提高产品附加值，促进销售

流通加工的出现还与现代社会消费的多样化有关，随着经济增长、国民收入增多，消费者的需求出现个性化、多样化需求，消费的个性使本来就存在的供需矛盾变得更严重，生产过程中的加工制造则常常满足不了消费的要求，如果采取增加生产工序的方式，将会使生产的复杂性增加，并且按个性化生产的产品难以组织高效率、大批量流通，于是，加工活动开始部分由生产过程向流通过程转移，促使在流通领域开展流通加工，在流通过程中形成了某些加工活动，同时，通过流通加工完善和增加商品附加值，专业化的流通加工场所还可以把分散的客户需求集中起来，使零星的作业集约化，为生产和消费起到承上启下的作用。目前，在世界许多国家和地区的物流中心或仓库经营中都大量存在流通加工业务，美国等物流发达国家则更为普遍。

3. 集中的流通加工可降低成本，节约材料

配送中心通过集中多个用户的需求，采取集中下料合理套裁，充分利用余料和边角料，减少碎块及余料的浪费，最大限度地实现"物尽其用"节约原材料；同时流通加工一般都设置在干线运输和支线运输的物流节点上，能够使大量的运输合理分散，有效地缓解长距离、大批量、少品种的物流与短距离、小批量、多品种的配送之间的矛盾，实现物流合理流向和物流网络的最佳配置，从而避免不合理的重复、交叉、迂回运输，大幅度地节约运输、装卸搬运和保管等费用，降低物流成本。

7.1.3 流通加工的特点和作用

1. 流通加工的特点

流通加工和一般的生产型加工在加工方法、加工组织、生产管理方面并无显著区别，但

在加工对象、加工程度方面差别较大，其差别如下：

① 流通加工的组织者是从事流通工作的人，能密切结合流通的需要进行这种加工活动，从生产单位来看，流通加工由商业或物资流通企业完成；而生产加工则由生产企业完成。

② 流通加工程度大多是简单加工，如果必须进行复杂加工才能形成人们所需要的商品，就应专门设计生产加工的工序，流通加工绝不是对生产加工的代替，是对生产加工的辅助及补充。

③ 从价值观点看，生产加工的目的在于创造价值和使用价值，而流通加工的重点则是为了实现价值和完善其使用价值，提高产品附加值。

④ 流通加工有时候是以自身流通为目的，为物流创造条件，这也是流通加工不同于一般生产的特殊之处。

⑤ 流通加工的对象是已经进入流通过程的商品，和消费者的需求更接近，而生产加工的对象是原材料，零配件，半成品。

2. 流通加工的作用

（1）提高原材料利用率，利用流通加工，将生产厂直接运来的简单的规格的产品按照使用部门的要求进行集中下料，例如，将钢板进行剪板，切裁；钢筋圆钢裁制成毛坯；木材加工成各种长度及大小的板，方等。集中下料可以优材优用，小材大用，合理套裁，有很好的技术经济效果。例如：北京、济南、丹东等城市曾经对平板玻璃流通加工（集中裁制、开片供应）进行调查，玻璃的利用率从 60％ 左右提高到 85％～90％。

（2）优化资源的配置。用量小或临时生产需要的单位，因缺乏进行高效率初级加工的能力，依靠流通加工据点便可使这些使用单位省去进行加工的投资、设备及人力，从而搞活供应，方便了用户。

目前发展较快的初级加工有：净菜加工、将水泥加工成生混凝土、将原木或板材加工成门窗等。

（3）提高物流效率，降低物流成本。由于建立集中加工点，可以采用效率高，技术先进，加工量大的专门机具和设备，这样做的好处如下：一是提高了加工质量；二是提高了设备利用率；三是提高了加工效率，使加工费用及原材料成本降低。通过流通加工，可以使物流过程减少损失、加快速度，因而可能降低整个物流系统的成本。

例如，一般的使用部门在对钢板下料时。采用气割的方法，需要留出较大的加工余量，不但出材率低，而且由于热加工容易改变钢材的组织，加工质量也不好。集中加工后可设置高效率的剪切设备，在一定程度上克服了上述缺点。

（4）充分发挥各种输送手段的优势，实现物流系统的最高效益。流通加工环节将实物的流通分成两个阶段，一般来说，由于流通加工环节设置在消费地，因此，从生产厂到流通加工这一阶段输送距离长，而从流通加工到消费环节的第二阶段距离短，第一阶段是在数量有限的生产厂与流通加工之间进行定点、直达、大批量的远距离输送，可以采用船舶、火车等大量输送的手段；第二阶段则是利用汽车和其他小型车辆来输送经过流通加工后的多规格、小批量的产品，这样可以充分发挥各种输送手段的最高效率，加快输送速度，节省运力运费，实现物流系统的最高效益。

（5）提高物流对象的附加价值，增加产品利润。例如，许多制成品（如洋娃娃玩具、时装、轻纺织品、工艺美术品等）在深圳进行简单的装潢加工，改变了产品外观功能后出口，仅此一项就可以使产品售价提高 20％ 以上。增加产品利润。

7.1.4 流通加工的主要类型

流通加工主要有以下一些类型。

1. 为满足需求多样化进行的服务性加工

由于需求存在着多样和变化两个特点，为满足这种要求，流通部门常常对某些原料进行初级加工，如将大的板材、线材按用户需求进行切割等，对生产者来讲，现代生产的要求，是尽量减少流程，集中力量从事较复杂的技术性较强的劳动，而不愿意将大量初级加工包揽下来，这种初级加工由流通加工来完成，生产者便可以缩短自己的生产流程，使生产效率提高。

2. 为弥补生产领域加工不足的深加工

有许多产品在生产领域的加工只能到一定程度，这是由于存在许多限制因素限制了生产领域不能完全实现终极的加工，例如：钢铁厂的大规模的生产只能按标准规定的规格生产，以使产品有较强的通用性，使生产能有较高的效率和效益；木材如果在产地完成成材加工或制成木制品的话，就会造成运输的极大困难，所以原生产领域只能加工到圆木、板、方材这个程度，进一步的下料、切裁、处理等加工则由流通加工完成，这种流通加工实际上是生产的延续，是生产加工的深化，对弥补生产领域加工不足有重要意义。

3. 为保护产品所进行的加工

在物流过程中，直到用户投入使用前都存在对产品的保护问题，防止产品在运输、储存、搬运、包装等过程中遭到损失，使使用价值能顺利实现，和前两种加工不同，这种加工并不改变进入流通领域的"物"的外形及性质。这种加工主要采取稳固、改装、冷冻、保鲜、涂覆等方式。

4. 为提高物流效率，方便的加工

有一些产品本身的形态使之难以进行物流操作。如鲜活商品储存困难；过大设备搬运困难；气体物运输困难等。进行流通加工，可以使物流环节易于操作，这种加工往往改变"物"的状态，但并不改变其化学特性，并最终仍能恢复原物理状态。

5. 为促进销售的流通加工

流通加工可以从若干方面起到促进销售的作用。如将大包装或散装物制成适合一次销售的小包装的分装加工；将原以保护产品为主的运输包装改换成以促进销售为主的装潢性包装，以起到吸引消费者、指导消费的作用；将零配件组成用具、车辆以便直接销售；将蔬菜、肉类洗净切块以满足消费者的需求等。这种流通加工可能是不改变物的本体，只进行简单改装的加工，也有许多是组装、分块等深加工。

6. 为提高加工效率的流通加工

许多生产企业的初级加工由于数量有限、加工效率不高，也难以投入先进的科学技术。流通加工以集中加工形式，解决了单个企业加工效率不高的弊病。或者以一家流通加工企业代替了若干生产企业的加工工序，使加工效率提高。

7. 为提高原材料利用率的流通加工

流通加工利用其综合性强、用户多的特点，可以实行合理规划、合理套裁、集中下料的办法，这就能有效提高原材料利用率，减少损失浪费。

8. 衔接不同运输方式，使物流合理化的流通加工

在干线运输及支线运输的节点，设置流通加工环节，可以有效解决大批量、长距离干线运输和多品种、小批量、多次末端运输以及集货运输之间的衔接问题。一般是在流通加工点与大生产企业间形成大批量、定点运输的渠道，又以流通加工中心为核心，组织对多用户的配送，也可在流通加工点将运输包装转换为销售包装，从而有效衔接不同目的的运输方式。

9. 生产流通一体化的流通加工形式

依靠生产企业与流通企业的联合，或者生产企业涉足流通，或者流通企业涉足生产，形成对生产与流通加工进行合理分工、合理规划、合理组织，统筹进行生产与流通加工的安排，这就是生产流通一体化的流通形式。这种形式可以促成产品结构及产业结构的调整，充分发挥企业集团的经济技术优势，是目前流通加工领域的新形式。

流通加工的内容从简单的分装、配货、挑选、粘贴标签，直到需要高科技才能完成的加工，加工形态是多种多样的，今后将更趋向多样化，以适应消费的多样化和物流的发展。

7.1.5　各种流通加工方法与技术

1. 木材的流通加工

（1）磨制木屑压缩输送　这是为了实现流通的加工。木材是容积大重量轻的货物，在运输时占有相当大的容积，往往使车船满装但不能满载，同时，装车、捆扎也比较困难。从林区外送的原木中，有相当一部分是造纸材，一些国家采取在林木生产地就地将原木磨成木屑，然后采取压缩方法，使之成为容量较大、容易装运的形状，然后运至靠近消费地的造纸厂，取得了较好的效果。根据美国的经验，采取这种办法比直接运送原木节约一半的运费。

（2）集中开木下料　在消费地通过流通加工点将原木加工成板材或加工成各种规格木材，直接供给木器厂、家具厂，同时将碎木、碎屑集中加工成各种规格板，甚至还可进行打眼、凿孔等初级加工。过去用户直接使用原木，不但加工复杂、加工场地加大、加工设备多，更严重的是资源浪费大，木材平均利用率不到 50%，平均出材率不到 40%。实行集中下料，按用户要求供应规格料，可以使原木利用率提高到 95%，出材率提高到 72% 左右，有相当大的经济效果。

2. 生鲜食品的流通加工

（1）冷冻加工　冷冻加工是指为解决鲜肉、鲜鱼在流通中保鲜及搬运装卸的问题采取低温冻结方式的加工。这种方式也用于某些流体商品、药品等。

（2）分选加工　农副产品规格、质量离散情况较大，为获得一定规格的产品，采取人工或机械分选的方式加工，称分选加工。广泛用于果类、瓜类、谷物、棉毛原料等，大大提高了物流效率。

（3）精制加工　精制加工是对农、牧、副、渔等产品，在产地或销售地设置加工点，去除无用部分，甚至可以进行切分、洗净、分装等加工。这种加工不但大大方便了购买者，而且，还可对加工的淘汰物进行综合利用。比如，鱼类的精制加工所剔除的内脏可以制某些药物或制饲料，鱼鳞可以制高级黏合剂，头尾可以制鱼粉等；蔬菜的加工剩余可以制饲料、肥料等。

（4）分装加工　许多生鲜食品零售起点较小，而为保证高效输送，出厂包装较大；也有一些是采用集装运输方式运达销售地区。这样，为便于销售，在销售地区按所要求的零售起点进行新的包装，即大包装改小、散装改小包装、运输包装改销售包装，这种方式称分装加工。

3. 服装、书籍流通加工

服装流通加工，主要指的不是材料的套裁和批量缝制，而是在批发商的仓库或配送中心进行缝商标、拴价签、改换包装等简单的加工作业。近年来，因消费者要求的苛刻化，退货大量增加，从商场退回来的衣服，一般在仓库或配送中心重新分类、整理、改换价签和包装。国外书籍的流通加工作业主要有：简单的装帧、套书壳、拴书签以及退书的重新整理、复原等。

4. 平板玻璃的流通加工

平板玻璃的"集中套裁，开片供应"是重要的流通加工方式。这种方式是在城镇中设立若干个玻璃套裁中心，负责按用户提供的图纸，统一套裁开片，为用户供应成品，用户可以将其直接安装在采光面上。在此基础上，可以逐步形成从厂到套裁中心的稳定的、高效率的、大规模的平板玻璃"干线输送"，以及从套裁中心到用户的小批量、多户头的"二次输送"。

5. 自行车、助力车流通加工

自行车和助力车整车运输、保管和包装，费用多、难度大、装载率低，但这类产品装配简单，不必进行精密调试和检测，所以可以将同类部件装箱，批量运输和存放，在商店出售前再组装。这样做可大大提高运载率，有效地衔接批量生产和分散消费。这是一种只改变商品状态，不改变商品功能和性质的流通加工形式。

6. 煤炭等燃料的流通加工

（1）除矸加工 除矸加工是以提高煤炭纯度为目的的加工形式。一般煤炭中混入的矸石有一定发热量，混入一些矸石是允许的，也是较经济的。但是，有时则不允许煤炭中混入矸石。在运力十分紧张地区，要求充分利用动力，多运"纯物质"，少运矸石。在这种情况下，可以采用除矸的物流加工排除矸石。

（2）为管道输送煤炭进行分析的煤炭加工 煤炭的运输方法主要采用容器载运方法，运输中损失浪费较大，又容易发生火灾。采用管道运输，是近代兴起的一种先进技术，目前，某些发达国家已开始投入运行。有些企业内部也采用这一方法进行燃料输送。

（3）配煤加工 在使用地区设置集中加工点，将各种煤及一些其他发热物质，按不同配方进行掺配加工以生产出各种不同发热量的燃料，称为配煤加工。这种加工方式可以按需要发热量生产和供应燃料，防止燃能浪费、"大材小用"的情况，也防止发热量过小、不能满足使用要求的情况出现。工业用煤经过配煤加工，还可以起到便于计量控制、稳定生产过程的作用，在经济及技术上都有价值。

（4）天然气、石油气的液化加工 由于气体输送、保存都比较困难，天然气及石油气往往只好就地使用，如果当地资源充足，使用不完，往往就地燃烧掉，造成浪费和污染。两气的输送可以采用管道，但因投资大、输送距离有限，也受到制约。在生出地将天然气或石油气压缩至临界压之上使之由气体变成液体，就可以用容器装运，使用时机动性也较强。这是目前采用较多的方式。

7. 水泥的流通加工

在需要长途调入水泥的地区，变调入成品水泥为调进熟料这种半成品，在该地区的流通加工据点（粉碎工厂）粉碎，并根据当地资源和需要的情况掺入混合材料及外加剂，制成不同品种及标号的水泥，供应当地用户，这是水泥流通加工的重要形式之一。在国外，采用这种物流形式已有一定的比重。

在需要经过长距离输送供应的情况下，以熟料形态代替传统的粉状水泥，有很多优点：

（1）可以大大降低运费、节省运力。调运普通水泥和矿渣水泥约有 30％以上的运力消耗在运输矿渣及其他各种加入物上。在我国，水泥需用量大的地区，工业基础大都较好，当地又有大量的工业废渣，如果在使用地区对熟料进行粉碎，可以根据当地的资源条件选择混合材料的种类，这样就节约了消耗在混合材料上的运力和运费。同时水泥输送的吨位也大大减少，有利于缓和铁路运输紧张的状态。

（2）可按照当地的实际需要，大量掺加混合材料，生产廉价的低标号水泥，发展低标号水泥品种，在现有生产能力的基础上，更大限度地满足需要。我国大、中型水泥厂生产的水泥，平均标号逐年提高，但是目前我国使用水泥的部门，大量需要较低标号的水泥，然而，大部分施工部门没有在现场加入混合材料来降低水泥标号的技术力量和设备，因此，不得已而使用标号较高的水泥，这是很大的浪费。如果以熟料为长距离输送的形态，在使用地区加工粉碎，就可以按实际需要生产各种标号的水泥，尤其可以大量生产低标号的水泥，减少水泥长距离输送的数量。

（3）容易以较低的成本实现大批量、高效率的输送。从国家的整体利益来看，在铁路输送中，利用率较低的输送方式显然不是发展方向。如果采用输送熟料的流通加工形式，可以充分利用站、场。仓库现有的装卸设备，可以利用普通车皮装运，比之散装水泥的方式，具有更好的技术经济效果，更适合于我国的国情。

（4）可以大大降低水泥的输送损失。水泥的水硬性是充分磨细之后才表现出来的，而未磨细的熟料，抗潮湿的稳定性很强。所以输送熟料，也可以基本防止由于受潮而形成的损失。此外，颗粒状的熟料不像粉状水泥那样易于散失。

（5）能更好地衔接产需，方便用户。从货物管理的角度看，如果长距离输送是定点直达的渠道，这对于加强计划性、简化手续、保证供应等方面都有利。采用长途输送熟料的方式，水泥厂就可以和有限的熟料粉碎厂之间形成固定的直达渠道，能实现经济效果较好的物流。水泥的用户也可以不出本地区，直接向当地的熟料粉碎厂订货，因而更容易沟通产需关系，具有明显的优势性。

8. 机电产品及零配件的流通加工

多年以来，自行车及机电设备储运困难较大，主要原因是不易进行包装，如进行防护包装，包装成本更大，并且运输装载困难，装载效率低，流通损失严重。但是，这些货物有一个共同点，即装配较简单，装配技术要求不高，主要功能已在生产中形成，装配后不需进行复杂检测及调试，所以，为解决储运问题，降低储运费用，采用半成品（部件）高容量的包装出厂，在消费地拆箱组装的方式，组装一般由流通部门进行，组装之后随即进行销售。这种流通加工方式近几年来已在我国广泛采用。

9. 钢材剪板及下料加工

热轧钢板和钢带、热轧厚钢板等钢材最大交货长度可达 $7\sim12\mathrm{m}$，有的是成卷交货，对于用量不大的企业和多数中、小型企业来讲，单独设置剪板、下料的设备有设备闲置时间长、人员浪费大、不容易采用先进方法的缺点。钢板的剪板及下料加工可以有效地解决上述弊病。

剪板加工是在固定的地点设置剪板机，下料加工是设置各种切割设备，将大规格钢板裁小，或切裁进行剪板加工，然后将小规格钢板进行销售的流通加工形式。和钢板的流通加工类似，还有圆钢、型钢、线材的集中下料，线材冷拉加工等。

10. 冷链系统和商品混凝土

冷链系统和商品混凝土是两种特殊的流通加工形式。一般的流通加工，都是在物流节点上进行加工，而冷链系统和商品混凝土中的一种加工方式（不是全部商品混凝土），是流通线路上，在流通设施运行的过程中进行加工，所以，这和一般的流通加工概念又有区别。

（1）冷链系统　物流领域面对的物流对象，遍及整个国民经济的所有工业产品，这些产品的物流要求，有很大的差异。如果对这个领域做出细分，会有几百种不同的物流方式，例如粮食物流、煤炭物流、水泥物流、钢材物流、蔬菜物流、鸡蛋物流、饮用水物流等，尽管物流系统的物流对象和要求不同，但是都可以通过各种包装进行组合，这就解决了千百种物流对象的特殊物流问题。但是，有一些物流对象有其他的要求，例如生鲜食品在物流过程中必须保持一定的温度。要创造这个环境条件，是不能采用通常方法的，冷链系统就是在物流过程中创造物流环境的温度条件以进行控温或冷藏、冷冻的一种特殊的物流系统。

冷链的"链"的含义，指的是"全过程"，和一般冷藏物流系统相比较，特别强调一开始就进入所要求的温度环境之中，直到交给消费者为止。例如，水果从采摘之后开始，到达最终消费者为止；肉类从屠宰冷却之后开始，直到交给消费者，其全过程都在有效的温度环境控制之中。

（2）集中搅拌供应商品混凝土 改变以粉状水泥供给用户，由用户在建筑工地现制现拌混凝土的习惯使用方法，而将粉状水泥输送到使用地区的流通加工据点（集中搅拌混凝土工厂或称生混凝土工厂），在那里搅拌成生混凝土，然后供给各个工地或小型构件厂使用，这是水泥流通加工的另一种重要方式。它优于直接供应或购买水泥在工地现制混凝土的技术经济效果，因此，受到许多工业发达国家的重视。

7.2　流通加工的合理化

流通加工是在流通领域对生产的辅助性加工，从某种意义来讲它不仅是生产过程的延续，实际是生产本身或生产工艺在流通领域的延续，这个延续可能有正反两面的作用，即一方面可能有效地起到补充完善的作用，另一方面也必须估计到对整个过程的负效应。各种不合理的流通加工都会产生抵消效益的负效应。

7.2.1　常见的不合理流通加工

合理的流通加工可以有效地起到对生产补充完善和促进流通的作用，但是各种不合理的流通加工也会产生抵消效益的负效应，几种不合理流通加工形式如下：

1. 流通加工地点设置不合理

流通加工地点设置即布局状况是使整个流通加工是否能有效的重要因素。为衔接单品种大批量生产与多样化需求的流通加工，加工地设置在需求地区，才能实现大批量的干线运输与多品种末端配送的物流优势。如果将流通加工地设在生产地区，等于在生产地增加了一个加工环节，同时增加了近距离运输、装卸、储存等一系列物流活动。在这种情况下不如由原生产单位完成这种加工而无需设置专门的流通加工环节。另外，为方便物的流通加工则应设在产出地，设置在进入社会物流之前，如果将其设置在物流之后，即设置在消费地，则不但不能解决物流问题，又在流通中增加了一个中转环节，因而也是不合理的。即使是产出地或需求地设置流通加工的选择是正确的，还有流通加工在小地域范围的正确选址问题，如果处理不善，仍然会出现不合理。这种不合理主要表现在交通不便、流通加工域生产企业或用户之间距离较远、流通加工点的投资过高（如受选址的地价影响）、加工点周围社会环境不良等。

2. 流通加工方式选择不当

流通加工方式包括流通加工对象、流通加工工艺、流通加工技术、流通加工程度等。

　　流通加工方式的确定实际上是与生产加工的合理分工，本来应由生产加工完成的，却错误地由流通加工完成，本来应由流通加工完成的，却错误地由生产过程去完成，都会造成不合理性。流通加工不是对生产加工的替代，而是一种补充和完善。所以，如果工艺复杂，技术装备要求高，或加工可以由生产过程延续或轻易解决的都不宜再设置流通加工，尤其不宜与生产过程争夺技术要求高、效益高的最终生产环节，更不宜利用一个时期市场的压迫力使生产者变成初级加工或前期加工，而流通企业完成装配和最终产品的加工，如果流通加工方式选择不当，就会出现与生产夺利的恶果。

　　3. 流通加工内容简单、作用不大，形成多余环节

　　有的流通加工过于简单，或对生产及消费作用不大，甚至有时流通加工的盲目性，同样未能解决品种、规格、质量、包装等问题，相反却实际增加了环节，这也是流通加工不合理的重要形式。

　　4. 流通加工成本过高，效益不好

　　流通加工之所以有生命力，重要优势之一是有较大的投入产出比，因而有效地起着完善的作用。如果流通加工成本过高，则不能实现以较低投入实现更高使用价值的目的。

7.2.2　如何促进流通加工合理化

　　流通加工合理化的含义是实现流通加工的最优资源配置，不仅要做到避免各种不合理、使流通加工有存在的价值，而且做到争取最优的选择。

　　为避免各种不合理现象，对是否设置流通加工环节、在什么地点设置、选择什么类型的加工、采用什么样的技术设备等，需要做出正确抉择。

　　实现流通加工合理化主要考虑以下几方面：

　　1. 加工和配送结合

　　这要求将流通设置在配送点中，一方面按配送的需要进行加工，另一方面加工又是配送业务流程中分货、拣货、配货之一环，加工后的产品直接投入配货作业。这就无需单独设置一个加工的中间环节，使流通加工有别于独立的生产，而使流通加工与中转流通巧妙结合在一起。同时，由于配送之前有加工，可使配送服务水平大大提高。这是当前对流通加工做合理选择的重要形式，在煤炭、水泥等产品的流通加工中已显现出较大的优势。

　　2. 加工的配套结合

　　在对配套要求较高的流通中，配套的主体来自各个生产单位，但是完全配套优势无法依靠现有生产单位，进行适当的流通加工，可以有效促成配套，大大提高流通的桥梁与纽带作用。

　　3. 加工和合理运输结合

　　这种流通加工有衔接干线运输与支线运输，促进两种运输形式的合理化，利用流通加工，在支线运输转干线运输或干线运输转支线运输这本来就需要停顿的环节，不进行一般的支转干或干转支，而是按干线或支线运输合理的要求进行适当的加工，从而大大提高了运输及运输转载水平。

　　4. 加工和合理商流结合

　　通过加工有效促进销售，使商流合理化，也是流通加工合理化的考虑方向之一，加工和配送的结合，通过加工，提高了配送水平，强化了销售，是加工和合理商流相结合的一个成功的例证。此外，通过简单的改变包装加工形成方便的购买量，通过组装加工解除用户使用前进行组装、调试的难处，都是有效促进商流的例子。

5. 加工和节约相结合

节约能源、节约设备、节约人力、节约耗费是流通合理化重要的考虑因素，也是目前我国设置流通加工，考虑其合理化的较普遍形式。

对于流通加工合理化的最终判断，是看它是否取得了最优效益。对流通加工企业而言，与一般生产企业的一个重要不同之处是，流通加工企业更应该树立社会效益为第一的观念，只有在以"补充完善"为己任的前提条件下才有生存的价值。如果只是追求企业的微观效益，不适当地进行加工甚至与生产企业争利，这就有违流通加工的初衷，或者其本身已不属于流通加工的范畴了。

7.2.3 绿色流通加工

绿色流通加工是流通部门对环境保护可以有大作为的领域。绿色流通加工的途径主要分两个方面：一方面变消费者分散加工为专业集中加工，以规模作业加工提高资源利用效率，以减少环境污染，如餐饮服务业对食品的集中加工可以减少家庭分散烹调所造成的能源浪费和环境污染；另一方面是集中处理消费品加工产生的边角废料，以减少消费者分散加工所造成的废弃物污染，如流通部门对蔬菜的集中加工减少了居民的分散垃圾丢放及相应的环境治理问题。随着社会的发展，节约资源、保护环境已不仅是企业处于对公共利益的关切而进行的一种公益事业，而且已成为必须履行的社会义务。绿色事业为企业开辟了新的经营与发展领域，给企业带来了新的拥有巨大潜力的商机。企业必须树立自己的绿色经营战略与策略。在发达国家很多企业都将绿色事业作为企业发展与日常经营活动中的重要部分。流通企业可采用的绿色流通战略包括：绿色食品的经营和营销战略、绿色企业文化和形象战略、绿色流通作业战略等。相应的，企业可以通过采购、价格、营销及公关等经营策略实现经营的战略目标。

蔬菜深加工发展方向。近年来，由于一些发达国家蔬菜生产成本加大，不少国家和地区都愿意从我国进口廉价的蔬菜。为推动我国蔬菜加工业由资源优势转变为产品优势与经济优势，有关专家认为，今后蔬菜加工发展方向有以下几方面：

(1) 脱水蔬菜 这种蔬菜通过干燥技术处理使蔬菜体积大大缩小。以鲜葱为例，每13t鲜葱经加工后仅得到1t脱水葱，并且不必冷藏运输，保存十分方便。加工时通常采用冷冻干燥法，先将其冷冻，使植株体内水分冷冻成冰状，然后移放于较高温度的真空干燥条件下，使冰迅速化为水汽而蒸发掉。经过脱水加工的蔬菜，复水性好，维生素和其他营养成分不受破坏，深受国际市场欢迎。

(2) 速冻蔬菜 将洗净的蔬菜，经漂洗处理后，放入温度−5～−18℃环境中，经较短时间和极快的速度使之冰化，在低温条件下较好地保持原菜的色、香、味和各种有效营养成分。速冻蔬菜的特点是冻后复原性能好，近似于新鲜蔬菜。

(3) 净洁蔬菜 这种蔬菜适合在城市近郊加工，它的方法是将收获的新鲜蔬菜经初加工，剔除残根、老叶、虫伤株，再洗净包装成干净的蔬菜上市销售。此菜的特点是新鲜净洁，消费者购买后可以直接食用，十分方便与快捷。

(4) 菜汁饮料 这是一种新型纯天然保健饮料。加工方法是先将蔬菜洗净，通过研磨粉碎获取70%～80%悬胶状蔬菜原汁，菜汁饮料能保持蔬菜原有的风味和营养，其特点是口感好、风味独特，可与茶、酒、奶等配制成混合型饮料。

(5) 辣味蔬菜 辣味蔬菜可使人增进食欲，同时又能溶解脂肪，具有减肥效果。另外，辣味菜具有纯化"DMN"的活性，因而具有抗癌性能。

（6）粉末蔬菜 以新鲜蔬菜为原料，通过干冷脱水后研磨成粉末，然后加入其他食品中，以提高食品风味与营养。

（7）美容蔬菜 黄瓜、西瓜等一些瓜类汁液，对人具有保护皮肤、防止衰老的功效。提取纯的瓜汁与高级脂肪、化工原料科学调配，可制成高级护肤美容霜、洗面美容剂等。这类高级美容化妆品在国外化妆品市场上十分畅销与流行。

7.3 物流包装

7.3.1 包装基本概念及主要功能

现代商品包装是现代商品的重要组成部分，绝大多数的商品都有一定的包装，现代包装也已成为世界许多国家国民经济中一个独立的工业体系，如美国的包装工业在整个国民经济中占第五位，仅次于钢铁、汽车、石油、建筑工业。我国在改革开放以后，包装业发展很快，包装工业产值年平均递增近 10%，包装业总产值占国民生产总产值的比重也在不断上升，我国包装工业已形成比较完整的工业体系。

包装是指在流通过程中保护产品、方便储运、促进销售，按一定技术方法而采用的容器、材料及辅助物等的总体名称。亦是指为了达到上述目的而采用容器、材料和辅助物的过程中施加一定技术方法等的操作活动。

包装和物流的关系：包装为物流系统的构成要素之一，它既是生产的终点，又是物流的始点，与运输、报关、搬运、流通加工均有十分密切的关系，合理的包装能提高服务水平、降低费用、改善材料搬运和储运的效率，物流系统的所有构成因素均与包装有关，同时也受包装的制约。

7.3.2 包装的主要功能

包装应使用适当的材料、容器和技术，使物品安全到达目的地——在物品运送过程的每一阶段，不论遇到何种外在影响，都能保证产品完好——而且不影响物品价值。

在物流中包装主要有以下几种功能：

1. 保护商品功能

包装最基本的功能便是对于物品的保护作用。如避免搬运过程中的脱落、运输过程中的振动或冲击，防止物品的破损变形；防止因为化学或细菌的污染而出现的腐烂变质，防霉变、防虫害等，防止物品发生化学变化；避免异物的混入和污染，防湿、防水、防锈、防光；防止鼠虫及其他有害生物对物品的影响。

2. 定量功能

按单位定量，形成基本单件或与此目的相适应的单件。即为了材料搬运或运输的需要而将物品整理成适合搬运、运输单元，如适合使用托盘、集装箱、货架或载重汽车、货运列车等运载的单元，这样能缩短作业时间，减轻劳动强度，提高机械化作业的效率。

3. 标识功能

通过包装物上注明的产品型号、数量、品牌以及制造厂家或零售商的名称，以起到标识功能，使产品容易识别和计量。

4. 便利功能

良好的货物包装能使物流系统在收货、储存、取货、出运的各个过程中跟踪商品，加强了对货物的控制，减少了物品流通过程中的货损货差，提高了跟踪管理的能力和效率；良好的包装有利于物流各个环节的处理方便，如对运输环节来说，包装尺寸、重量和形状，最好能配合运输、搬运设备的尺寸、重量，以便于搬运和保管；对仓储环节来说，包装则对应方便保管、移动便利、标志鲜明、容易识别、具备充分的强度。

5. 促销功能

这是包装设计最主要的功能之一。在超市中，标准化生产的产品云集在货架上，不同厂家的商品只有依靠产品的包装展现自己的特色，这些包装都以精巧的造型、醒目的商标、得体的文字和明快的色彩等艺术语言宣传自己。促销功能以美感为基础，现代包装要求将"美化"的内涵具体化。包装的形象不仅体现出生产企业的性质与经营特点，而且体现出商品的内在品质，能够反映不同消费者的审美情趣，满足他们的心理与生理需求。

7.3.3 包装的分类

包装可按照不同的方法分类。

1. 按其在物流过程中的作用不同分类

(1) 商业包装　商业包装又称销售包装或小包装，是以促进销售为主要目的的包装。这种包装的特点是外形美观，有必要的装潢，包装单位适于顾客的购买量以及商店陈设的要求。在物流过程中，商品越接近顾客，越要求包装能起促进销售的作用。

(2) 物流包装　物流包装主要包括运输包装、托盘包装、集合包装。

① 运输包装又称大包装或外包装，是以保护产品为目的；强化运送、方便储运装卸，加速交接、点验等作用。运输包装的特点是以在满足物流要求的基础上使包装费用越低越好，并应在包装费用和物流损失两者之间寻找最佳的结合点。

② 托盘包装　是指以托盘为承载物，将包装件或产品堆码在托盘上，通过捆扎、包裹或胶黏等方法加以固定，形成一个搬运单元，以便用机械设备搬运的包装。

③ 集合运输包装又称为组化运输包装，指将一定数量的包装件或商品，装入一定规格、强度，适宜长期周转使用的重大包装器内，形成一个合适装卸搬运单位的包装。常见的有：集装袋或集装包、集装托盘、集装箱等。

集合包装的出现一方面进一步提高了物流效率和顾客的服务水平；另一方面在机械化、自动化，节约包装材料，确保物流过程的安全以及包装规格的标准化方面都发生了较大变化，是对传统物流储运的改革。

2. 按包装的使用范围及要求不同分类

(1) 通用包装　也就是普通包装，货主对包装无任何特殊的要求，用于无特殊要求的或符合标准尺寸的物品的包装。

(2) 专用包装　指针对特殊包装物专门设计、专门制造的只适用于某一专门物品的包装。

3. 按对包装的保护技术方法的不同分类

(1) 防虫包装。

(2) 防锈包装。

(3) 防潮包装。

(4) 防腐包装。

（5）防震包装。

（6）危险品包装。

4．按包装使用的次数分类

（1）一次性包装　包装随商品的销售而消耗、损坏。

（2）重复使用包装　包装材料比较牢固，可以回收，并可反复使用。

5．按包装的耐压程度分类

（1）硬质包装　包装材料的质地坚硬，能承受较大的挤压，如木箱、铁箱。

（2）半硬质包装　包装材料能够承受一定的挤压，如纸箱等。

（3）软质包装　包装材料是软质的，受压后会变形，如麻袋、布袋等。

6．按包装的材料分类

（1）纸制品包装　经过处理，具有韧性、抗压性、弹性和防潮性等特点。

（2）纺织品包装　常用于存放小颗粒、粉状的货物。

（3）木制品包装　具有较强的抗挤压和冲击的能力，使用较广。

（4）金属制品包装　包装强度大，密闭性好，适合盛装液体货物或较贵重的货物。

7.3.4　包装材料的选用

常用的包装材料有金属、玻璃、木材、纸、塑料等。

1．金属材料的选用

用于包装材料的金属材料有以下几种：

（1）镀锡薄板。俗称马口铁，是表面镀有锡层的薄钢板。由于锡层的作用，它除有一般薄钢板的优点以外，还有很强的耐腐蚀性。不同钢基成分和钢板工艺，有不同调质加工性能，可加工成各种形状的容器。主要是制造高档罐容器，如各种饮料罐、食品罐等。表面装潢之后为工业和商业包装合一的包装。

（2）涂料铁。它是经在镀锡薄板一面涂以涂料加工制成的，适于盛装各种食品，主要用于制造食品罐。

（3）铝合金。它是以铝为主要合金元素的各种铝合金。按照其他合金元素种类及含量不同，它有许多型号，分别可制铝箔、饮料罐、薄板、铝板及型材，可制成各种包装物，如牙膏皮、饮料罐、食品罐、航空集装箱等。也可与塑料等材料复合制成复合薄膜，作为商业小包装材料。铝合金包装材料的主要特点是隔绝水、汽及一般腐蚀性物质的能力较强，强度质量比较大，因而包装材料轻，无效包装较少，无毒，外观性能好，易装饰美化。

2．玻璃、陶瓷

玻璃、陶瓷的主要特点是有很强的腐蚀性能，强度较高，装潢、装饰性能好，因此广泛用于商业包装，较多用于个装，有宣传、美化的推销作用。玻璃用于运输包装，主要是指库装化工产品加强酸类的大型容器，其次是指用玻璃纤维复合袋存装化工产品和矿物粉料。玻璃用于销售包装，主要是玻璃瓶和平底杯式的玻璃罐，用来存装酒、饮料、其他食品、药品、化学试剂、化妆品和文化用品等。

3．木材

木材是一种优良的结构材料，长期以来，一直用于制作运输包装，近年来，虽然有逐步被其他材料所替代的趋势，但仍在一定范围内使用，在包装材料中占有一定的比重。木材主要是用板材制作各种包装箱，常用的一般包装木材有杉木、松木等。以木材为原材料制成的胶合板、纤维板、刨花板等板材也用于制作包装箱、桶。

4. 纸及纸制品

纸及纸制品既广泛应用于运输包装，又广泛应用于销售包装。常用的包装纸类制品有以下几种：

(1) 牛皮纸。可用作铺衬、内装和外装，可制成纸袋，还有作瓦楞纸面层，有较高强度和耐磨性，柔韧性也好，有一定的抗水性。

(2) 玻璃纸。是透明或半透明的防油纸，用于内装、小包装和盒装、瓶外封闭包装，有装饰、绝潮隔尘等作用，其主要特点是美观、透明，有很强的装饰性能，缺点是强度较低。

(3) 植物羊皮纸。是经硫酸处理的半透明纸，也称硫酸纸。主要用于带一定装饰性的小包装，如用于包装食品、茶叶、药品等，可在长时间存放中防止受潮、干硬、走味。

(4) 沥青纸、油纸及蜡纸。包装原纸经浸渍沥青或油、蜡而制成，有较强的隔水、隔气、耐磨的保护性能。主要用于个装、内装和箱、盒包装内衬，工业品包装中较多采用。

(5) 板纸。有以稻草及其他植物纤维为原料的档次比较低的草板纸，又称黄板纸，以多层结构而面层用漂白纸浆制的高档白板纸和密度较高的箱板纸三种类型。草板纸用作包装衬垫物及不讲究外观效果的包装匣、盒；白板纸用于价值较高商品的内包装及中、小包装的外包装；箱板纸用于强度要求较高的纸箱、纸盒、纸桶。

(6) 瓦楞纸板。是纸质包装材料中最重要的一种，由两层纸板和芯层瓦楞芯纸黏合而构成。面层纸板主要是箱板纸。瓦楞芯可制成不同形状，按芯的瓦楞高度和密度分为 A、B、C、D 四种，工业品包装采用较厚的、强度较高的 A、B、C 三种。瓦楞纸单层强度有限，为扩张其包装使用范围，瓦楞纸板可制成多种层形的，有仅一张面层和一层瓦楞的单面瓦楞纸板；还有四张面层和三层芯层的七层瓦楞纸板。瓦楞纸板的主要特点是和相同厚度其他纸制品相比，质量轻、强度性能好，有很好的抗震性及缓冲性，其生产成本也较低，面层有一定装饰和促销作用。

7.3.5 包装容器

常用的包装容器如下：

1. 包装袋

包装袋是柔性包装中的重要技术。包装袋材料是挠性材料，有较高的韧性、抗拉强度和耐磨性。一般包装袋结构是筒管状结构，一端预先封死，在包装结束后再封装另一端，包装操作一般采用充填操作。包装袋广泛使用于运输包装、商业包装、内装、外装，因而使用较为广泛。包装袋一般分为下述三种类型：

(1) 集装袋 这是一种大容积的运输包装袋，盛装重量在 1t 以上。集装袋的顶部一般装有金属吊架或吊环等，便于铲车或起重机的吊装、搬运。卸货时可打开袋底的卸货孔，即行卸货，非常方便。适于装运颗粒状、粉状的货物。集装袋一般多用聚丙烯、聚乙烯等聚酯纤维纺织而成。由于集装袋装卸货物、搬运都很方便，装卸效果明显提高，近年来发展很快。

(2) 一般运输包装袋 这类包装袋的盛装重量是 0.5～100kg，大部分是由植物纤维或合成树脂纤维纺织而成的织物袋，或者由几层挠性材料构成的多层材料包装袋。例如麻袋、草袋、水泥袋等。主要包装粉状、粒状和个体小的货物。

(3) 小型包装袋（普通包装袋） 这类包装袋盛装重量较小，通常用单层材料或双层材料制成。对某些具有特殊要求的包装袋也有用多层不同材料复合而成。包装范围较广，液状、粉状、块状和异形物等可采用这种包装。

　　上述几种包装袋中，集装袋适于运输包装，一般运输包装袋适于外包装及运输包装，小型包装袋适于内装、个装及商业包装。

　　2. 包装盒

　　包装盒是介于刚性和柔性包装两者之间的包装技术。包装材料有一定挠性，不易变形，有较高的抗压强度，刚性高于袋装材料。包装结构是规则几何形状的立方体，也可裁制成其他形状，如圆盒状、尖角状，一般容量较小，有开闭装置。包装操作一般采用码入或装填，然后将开闭装置闭合。包装盒整体强度不大，包装量也不大，不适合运输包装，适合商业包装、内包装，适合包装块状及各种异形物品。

　　3. 包装箱

　　包装箱是刚性包装技术中的重要一类。包装材料为刚性或半刚性材料，有较高强度且不易变形。包装结构和包装盒相同，只有容积、外形都大于包装盒，两者通常以 10L 为分界。包装操作主要为码放，然后将开闭装置闭合或将一端固定封死。包装箱整体强度较高，抗变形能力强，包装量也较大，适合运输包装、外包装，包装范围较广，主要用于固体杂货包装。包装箱主要有以下几种：

　　(1) 瓦楞纸箱　瓦楞纸箱是用瓦楞纸板制成的箱形容器。瓦楞纸箱的外形结构分类有折叠式瓦楞纸箱、固定式瓦楞纸箱和异形瓦楞纸箱三种。按构成瓦楞纸箱体的材料来分类，有瓦楞纸箱和钙塑瓦楞纸箱。

　　(2) 木箱　木箱是流通领域中常用的一种包装容器，其用量仅次于瓦楞纸箱。木箱主要有木板箱、框板箱、框架箱三种。

　　① 木板箱。木板箱一般用作小型运输包装容器，能装载多种性质不同的物品。木板箱作为运输包装容器具有很多优点，例如有抗拒碰裂、溃散、戳穿的性能，有较大的耐压强度，能承受较大负荷，制作方便等。但木板箱的箱体较重，体积也较大，其本身没有防水性。

　　② 框板箱。框板箱是先由条木与人造板材制成，再经钉合装配而成。

　　③ 框架箱。框架箱是由一定截面的条木构成箱体的骨架，根据需要也可以在骨架外面加木板覆盖。这类框架箱有两种形式，无木板覆盖的称为敞开式框架箱，有木板覆盖的称为覆盖式框架箱。框架箱由于有坚固的骨架结构，因此具有较好的抗震和抗扭力，有较大的耐压能力，而且其装载量大。

　　(3) 塑料箱　一般用作小型运输包装容器，其优点是：自重轻，耐蚀性好，可装载多种商品，整体性强，强度和耐用性能满足反复使用的要求，可制成多种色彩以对装载物分类，手握搬运方便，没有木刺，不易伤手。

　　(4) 集装箱　由钢材或铝材制成的大容积物流装运设备，从包装角度看，也属于一种大型包装箱，可归属于运输包装的类别之中，也是大型反复使用的周转型包装。

　　4. 包装瓶

　　包装瓶是瓶颈尺寸有较大差别的小型容器，是刚性包装中的一种，包装材料有较高的抗变形能力，刚性、韧性要求一般也较高，个别包装瓶介于刚性与柔性材料之间，瓶的形状在受外力时虽可发生一定程度变形，外力一旦撤除，仍可恢复原来瓶形。包装瓶结构是瓶颈口径远小于瓶身，且在瓶颈顶部开口；包装操作是填灌操作，然后将瓶口用瓶盖封闭。包装瓶包装数量一般不大，适合美化装潢，主要作为商业包装、内包装使用。主要包装液体、粉状货。包装瓶按外形可分为圆瓶、方瓶、高瓶、矮瓶、异形瓶等若干种。瓶口与瓶盖的封盖方式有螺纹式、凸耳式、齿冠式、包封式等。

5. 包装罐（筒）

包装罐是罐身各处横截面形状大致相同，罐颈短，罐颈内径比罐身内径稍小或无罐颈的一种包装容器，是刚性包装的一种。包装材料强度较高，罐体抗变形能力强。包装操作是装填操作，然后将罐口封闭，可用于运输包装、外包装，也可用于商业包装、内包装。包装罐（筒）主要有三种：

（1）小型包装罐　这是典型的罐体，可用金属材料或非金属材料制造，容量不大，一般是用于销售包装、内包装，罐体可采用各种方式装饰美化。

（2）中型包装罐　外形也是典型罐体，容量较大，一般用于化工原材料、土特产的外包装，起运输包装作用。

（3）集装罐　这是一种大型罐体，外形有圆柱形、圆球形、椭球形等，卧式、立式都有。几种罐往往是罐体大而罐颈小，采取灌填式作业，灌进作业和排出作业往往不在同一罐口进行。另设卸货出口。集装罐是典型的运输包装，适合包装液状、粉状及颗粒状货物。

7.3.6 常见的包装技术

1. 防震保护技术

防震包装又称缓冲包装，在各种包装方法中占有重要的地位。产品从生产出来到开始使用要经过一系列的运输、保管、堆码和装卸过程，置于一定的环境之中。在任何环境中都会有力作用在产品之上，并使产品发生机械性损坏。为了防止产品遭受损坏，就要设法减小外力的影响。所谓防震包装就是指为减缓内装物受到冲击和震动，保护其免受损坏所采取的一定防护措施的包装。防震包装主要是以下三种：

（1）全面防震包装方法　全面防震包装方法是指内装物和外包装之间全部用防震材料填满进行防震的包装方法。

（2）部分防震包装方法　对于整体性好的产品和有内装容器的产品，仅在产品或内包装的拐角或局部地方使用防震材料进行衬垫即可。所用包装材料主要有泡沫塑料防震垫、充气型塑料薄膜防震垫和橡胶、弹簧等。

（3）悬浮式防震包装方法　对于某些贵重易损的物品，为了有效地保证在流通过程中不被损坏，外包装容器比较坚固，然后用绳、带、弹簧等将被装物悬吊在包装容器内。在物流中，无论是何种操作环节，内装物都被稳定悬吊而不与包装容器发生碰撞，从而减少损失。

2. 破损保护技术

缓冲包装有较强的防破损能力，因而是防破损包装技术中有效的一类。此外还可以采取以下几种防破损技术：

（1）捆扎机裹紧技术　捆扎及裹紧技术的作用，是使杂货、散货形成一个牢固整体，以增加整体性，便于处理及防止散堆来减少破损。

（2）采集技术　利用集装，减少与货体的接触，从而防止破损。

（3）选择高强度保护材料　通过外包装材料的高强度来防止内装物受外力作用破损。

3. 防锈包装技术

（1）防锈油防锈蚀包装技术　大气防蚀是空气中总的氧、水蒸气及其他有害气体等作用于金属表面引起电化学作用的结果。如果使金属表面与引起大气锈蚀的各种因素隔绝（即将金属表面保护起来），就可以达到防止金属大气锈蚀的目的。防锈油包装技术就是根据这一原理将金属涂封防止锈蚀的。

用防锈油封装金属制品，要求油层有一定厚度，油层的连续性好，涂层完整。不同类型的防锈油要采用不同的方法进行涂覆。

（2）气相防锈包装技术　气相防锈包装技术就是用气相缓蚀剂，是一种能减慢或完全停止金属在侵蚀性介质中的破损过程的物质，它在常温下即具有挥发性，它在密封包装容器中，在很短时间内挥发或升华出的缓蚀气体就能充满整个包装容器内的每个角落和缝隙，同时吸附在金属制品的表面上，从而起到抑制大气对金属锈蚀的作用。

4. 防霉腐包装技术

在运输包装内装运食品和其他有机碳水化合物货物时，货物表面可能生长霉菌，在流通过程中如遇潮湿，霉菌生长繁殖极快，甚至延伸至货物内部，使其腐烂、发霉、变质，因此要采取特别保护措施。

包装防霉烂变质的措施，通常是采用冷冻包装、真空包装或高温灭菌方法。冷冻包装的原理是减慢细菌活动和化学变化的过程，以延长储存期，但不能完全消除食品的变质；高温杀菌法可消灭引起食品腐烂的微生物，可在包装过程中用高温处理防霉。有些经干燥处理的食品包装，应防止水汽侵入以防霉腐，可选择防水汽和气密性好的包装材料，采取真空和充气包装。

真空包装法也称减压包装法或排气包装法。这种包装可阻挡外界的水汽进入包装容器内，也可防止在密闭着的防潮包装内部存有潮湿空气，在气温下降时结露。采用真空包装法，要注意避免过高的真空度，以防损伤包装材料。

防止运输包装内货物发霉，还可使用防霉剂。防霉剂的种类很多，用于食品的必须选用无毒防霉剂。机电产品的大型封闭箱，可酌情开设通风孔或通风窗等相应的防霉措施。

5. 防虫包装技术

防虫包装技术，重用的是驱虫剂，即在包装中放入有一定毒性和嗅味的药物，利用药物在包装中挥发气体杀灭和驱除各种害虫。常用驱虫剂有对二氯化苯、樟脑精等。也可采用真空包装、重启包装、脱氧包装等技术，使害虫无生存环境，从而防止虫害。

6. 危险品包装技术

危险品有上千种，按其危害性质，交通运输及公安消防部门规定分为 10 大类，即爆炸性物品、氧化剂、压缩气体和液化气体、自燃物品、遇水燃烧物品、易燃液体、易燃固体、毒害品、腐蚀性物品、放射性物品，有些物品同时具有两种以上危险性能。

对有毒商品的包装要明显地表明有毒的标志。防毒的主要措施是包装严密不漏、不透气。如用塑料袋或沥青纸袋包装的，外面应再用麻袋或布袋包装，使其与外界隔绝。

对有腐蚀性的商品，要注意商品和包装容器的材质是否发生化学变化。金属类的包装容器，要在容器壁上涂上涂料，防止腐蚀性商品对容器的腐蚀。

对易自燃商品的包装，宜将其装入壁厚不少于 1mm 的铁桶中，桶内壁须有耐酸保护层，桶内盛水，并使水面浸没商品，桶口严密封闭。如遇水容易引起燃烧的物品应用坚固的铁桶包装，桶内冲入氮气。如果桶内不充氮气，则应装置放气活塞。

对于易燃、易爆商品，例如有强烈氧化性的，遇有微量不纯物或受热急剧分解引起爆炸的物品。防爆炸包装的有效方法是采用塑料桶包装，然后将塑料桶装入铁桶或木桶中，并应有自动放气的安全阀，当桶内达到一定气体压力时，能自动放气。

7. 特种包装技术

（1）充气包装　充气包装是采用二氧化碳气体或氮气等不活泼气体置换包装容器中空气的一种包装技术方法，因此也称为气体置换包装。这种包装方法是根据好氧性微生物需氧代谢的特性，在密封的包装容器中改变气体的组成成分，降低氧气的浓度，抑制微生物的生理活动、酶的活性和现货商品的呼吸强度，达到防霉、防腐和保鲜的目的。

（2）真空包装　真空包装是将物品装入密封容器后，在密封容器封口之前抽真空，使密封后的容器内基本没有空气的一种包装方法。

一般的肉类商品、谷物加工商品以及某些容易氧化变质的商品都可以采用真空包装，真空包装不但可以避免或减少脂肪氧化，而且抑制了某些霉菌和细菌的生长。同时在对其进行加热杀菌时，由于容器内部气体排除，因此加速了热量的传导，提高高温杀菌效率，也避免了加热杀菌时由于气体的膨胀而使包装容器破裂。

（3）收缩包装　收缩包装就是用收缩薄膜裹包物品（或内包装件），然后对薄膜进行适当加热处理，使薄膜收缩而紧贴于物品（或内包装件）的包装技术方法。

收缩薄膜是一种经过特殊拉伸和冷却处理的聚乙烯薄膜，由于薄膜在定向拉伸时产生参与收缩应力，这种应力受到一定热量后便会消失，从而使其横向和纵向均发生急剧收缩，同时使薄膜的厚度增加，收缩率通常为 30%～70%，收缩力在冷却阶段达到最大值，并能长期保持。

（4）拉伸包装　拉伸包装是 20 世纪 70 年代开始采用的一种新包装技术，它是由收缩包装发展而来的。拉伸包装是依靠机械装置在常温下将弹性薄膜围绕被包装件拉伸、紧裹，并在其末端进行封合的一种包装方法。由于拉伸包装不需要进行加热，所以消耗的能源只有收缩包装的 1/20。拉伸包装可以捆包单件物品，也可以用于托盘包装之类的集合包装。

（5）脱氧包装　脱氧包装是继真空包装和充气包装之后出现一种新型除氧包装方法。脱氧包装是在密封的包装容器中，使用能与氧气起化学作用的脱氧剂与之反应，从而除去包装容器中的氧气，以达到保护内装物的目的。脱氧包装方法适用于某些对氧气特别敏感的物品，适用于那些即使有微量氧气也会促使品质变坏的食品包装中。

7.3.7　合理的物流包装

包装有效地保护了商品，方便了输运，在一定程度上增加了产品的价值，但也不可避免地要增加产品的体积和重量，使产品的成本上升。合理的包装总是尽量利用优点，减少包装的缺点，以更加有利于物流。

包装的合理化一方面包括包装总体的合理化，这种合理化往往用整体物流效益与微观包装效益统一来衡量；另一方面也包括包装材料、包装技术、包装方式的合理组合及运用。

从多个角度来考察，包装的合理化应满足多方面的要求。

1. 合理化包装的要点

（1）包装应妥善保护内装商品，使其质量不受损伤　这就要制定相应的适宜标准，使包装物的强度恰到好处地保护商品质量免受损伤。除了要在运输装卸时经得住冲击、震动之外，还要具有防潮、防水、防霉、防锈等功能。

（2）包装材料和包装容器应当安全无害　包装材料要避免有聚氯联苯之类的有害物质。包装容器的造型要避免对人引起伤害。

（3）包装容量要适当，便于装卸　不同的装卸方式决定着包装的容量。例如，在采用人工操作的装卸方式的情况下，包装的重量必须限制在手工装卸的允许能力下，包装的外形及尺寸也应适合于人工操作。在工人权利和健康受保护的现代化社会，为减轻人体消耗，包装的重量一般应控制在工人体重的 40% 较为科学，即男劳动力 20～25kg，女劳动力 15～20kg 比较适合。当然这并不是等于说包装的质量越轻越好。包装质量太轻，工人的装卸频率要增加，也容易引起疲劳和降低效率，同时，对于过轻包装，工人往往将两个合并操作，也容易造成损失。如果采用机械装卸，包装的尺寸和重量都可大大增加。如采用集装箱作外包装，重量可高达 10t 以上。

（4）对包装容器的内装物要有明确的标志或说明　商品包装物上关于商品质量、规格的标志或说明，要能贴切地表示内装物的性状，尽可能采用条形码，以便于出入库管理、保管期间盘点及销售统计。

（5）包装内商品外围空闲容积不应过大　为了保护内装商品，难免会使内装商品的外围产生某种程度的空闲容积，但合理包装要求空闲减少到最低限度，防止过大包装。由于商品的性能、形状及包装功能的不同，关于包装物内部的空闲容积率，也很难定出统一的要求，但可以考虑一个适宜的限度，对于不同类的商品要分别规定相应的空闲容积率。一般情况下，空闲面积最好降低到 20% 以下。对于混装的、形状特殊的和易损坏商品，超过这一标准，只要是合理的，也是允许的。另外，有些商品空闲容积率低于 20%，但不符合合理包装的要求，也是不允许的。

（6）包装费用要与内装商品相适应　包装费用应包括包装本身的费用和包装作业的费用。包装费用必须与内装商品相适应，但不同商品对包装要求也不同，所以包装费用占商品价格的比率是不相同的。一般来说，对于普通商品，包装费用应低于商品售价的 15%，这只是一个平均比率。例如，有些包装如金属罐，已成为商品的一部分，包装费用的比率超过 15% 也是合理的；卫生纸的包装，包装费用比率不超过 15%，仍有不合理的可能。

（7）包装要便于回收利用或废弃物的治理　包装应设法减少其废弃物数量，在制造和销售商品时，就应注意包装容器的回收利用或成为废弃物后的治理工作。近年来广泛采用一次性使用的包装和轻型塑料包装材料，消费者用过之后随手扔掉，从方便生活和节约人力角度来看，这是现代包装的发展方向，但同时又产生了大量难以处理的垃圾，带来了环境污染及资源浪费等社会问题。运用可循环使用包装，有利于减少污染及浪费。

2. 合理化包装的发展趋势

（1）包装的轻薄化　由于包装只是起保护作用，对产品使用价值没有任何意义，因此在强度、寿命、成本相同的条件下，更轻、更薄、更短、更小的包装，可以提高装卸搬运的效率。而且轻薄短小的包装一般价格比较便宜，如果是一次性包装也可以减少废弃包装材料的数量。

（2）包装的单纯性　为了提高包装作业的效率，包装材料及规格应力求单纯化，包装规格还应标准化，包装形状和种类也应单纯化。

（3）包装标准化　包装的规格和托盘、集装箱关系密切，也应考虑到和运输车辆、搬运机械的匹配，从系统的观点制定包装的标准。

（4）包装的机械化　为了提高作业效率和包装现代化水平，各种包装机械的开发和应用是很重要的。

（5）包装的绿色化　绿色包装是指无害少污染的符合环保要求的各类包装物品。主要包括纸包装、可降解塑料包装、生物包装和可食性包装，它们是包装经营发展的主流。

7.3.8　我国当前商品包装中存在的主要问题

1. 主要问题

（1）包装废弃物对环境的危害严重　随着我国包装工业规模日益扩大，大量包装废弃物对环境危害也随之加大，我国每年包装产量约 3000 万吨。而整个包装产品的回收率还达不到包装产品总产量的 20%。我国每年产生的包装废弃物就是 2500 多万吨。包装废弃物在重量上占城市固体废弃物的 15%。并且正在以每年 10% 的速度增长。如果不对此进行治理，预测未来 10 年的城市垃圾产量将达到 1.5 亿吨，占地将达 6 万公顷。我们生活的空间将被垃圾所包围。尤其是近年来广泛使用的一次性轻型塑料包装材料大都是难以降解的塑料，回收利用又很难，因此带来了严重的环境影响。目前国外，特别是发达国家十分注重产品包装对环境的影响，它们在进出口包装技术检验中，制定出非常苛刻的环境技术标准，致使我国许多商品，因为包装不符合标准而拒之于外。

（2）过度包装　一些厂家不在提高商品质量上下功夫，而是把精力放在商品包装上，使商品过度包装，致使其价格远远高于内容物本身的价格，造成浪费；或者在包装上故弄玄虚，使包装与产品本性相去甚远，造成不良影响。

以上种种问题说明，我国商品包装不成熟、不规范的现象还比较突出，直接影响到市场经济的发展，因此，必须下力气研究解决。

（3）包装造假危害大　一些不法分子利用商品包装造假，他们往往采有相似的包装设计，或者干脆直接盗用某些知名品牌商品的包装，制造销售假冒伪劣商品，损害消费者利益，更侵害了广大合法商家的利益，极大地扰乱了市场。

（4）包装材料和方法粗糙　由于我国包装行业整体水平仍不够高，在根据商品的特性、运输和储存条件不同来选择包装材料、包装容器和包装方法上，存在着许多问题。如包装材料的性能与内容物性质一致；包装方法比较粗糙，没有合理地保护好特性商品的质量。因此，在我国商品包装中，普遍存在着包装粗糙，商品被损现象随处可见，因而对商品本身的销售也带来很多不利的影响。

2. 解决包装问题的对策

（1）发展绿色包装　发展绿色包装不仅可以改善人类生活质量，保护人类身体健康，而且可以促进生产发展，扩大产品销量，有利于经济可持续发展。要开发新型绿色包装材料，取代原有会造成环境污染的包装材料。

（2）在食品包装方向，开发可食性包装　食品工业产品包装占包装产业的 70% 左右，食品包装废弃物对环境污染也最严重。当前，食品包装工业兴起可食性包装，这是解决废弃物问题的好办法。但这方面的研究在我国还刚刚起步，有必要下大力气在可食性包装品种开发、性能改良和降低成本下大功夫。

（3）搞好包装废弃物的回收和利用，建立健全回收体制　注重回收品的再生利用，将回收品分门别类，重新还原为材料，制造新包装。这样，既减少了环境污染，也增加了商品包装的经济效益。

（4）提高我国包装行业的整体水平　提高包装材料的功能，在包装生产中改进包装设计，节约包装用料，降低包装成本，使包装材料用量轻量化，减少包装废弃物的数量。利用现代化的包装生产线，使商品包装更加先进和完善。提倡适度包装，尽量简化包装，在包装容器的设计上力求够用、实用。

（5）用法律来规范商品包装　加强在包装方面的立法工作，用法律手段来约束和打击利用商品包装进行制假贩假的行为。同时提高商品包装的防伪技术。

3. 包装材料的综合利用

包装产业现今已是世界各国的重要产业之一，在有的国家已占到国民经济的 5%。这么大的产业，资源消耗巨大，因而资源回收利用、梯级利用、资源再循环是包装领域现代化的重要课题。

在这方面，有许多有效的管理措施：

（1）通用包装　按标准模数尺寸制造瓦楞纸、纸板及木制、塑料制通用外包装箱，这种包装箱不用专门安排回返使用，由于其通用性强，无论在何处落地，都可转用于其他包装。

（2）周转包装　有一定数量规模并有较固定供应流转渠道的产品，如牛奶、啤酒、饮料等，可采用周转包装瓶、盒、箱，多次反复周转使用。

（3）梯级利用　一次使用后的包装物，用毕转作它用或用毕后进行简单处理转作它用。如瓦楞纸箱部分损坏后，切成较小的纸板再制小箱，或将纸板用于垫衬。有的包装物在设计时，设计成多用途的，在一次使用完毕之后，可再使用其他功能。如设计成水杯的包装物，使用完毕后转用作水杯，这就使资源利用更充分、更合理。

（4）再生利用　对非废弃的包装经再生处理，转化为其他用途或制成新材料。例如，废弃包装塑料制再生塑料等。

思考与练习

一、选择题

1. 钢材卷板每卷是 30t，许多企业不仅一次消耗不完，而且也没有开卷的能力，只有通过剪切加工，然后才能进行配送。这种配送属于（　　）模式。

A. 直接配送　　　　　　B. 直通配送　　　　　C. 流通加工配送　　　　D. 储存配送

2. 按包装功能分类，可以把包装划分为（　　）两类。

A. 工业包装和商业包装　　　　　　　　　　B. 内包装和外包装

C. 单个包装和整体包装　　　　　　　　　　D. 轻薄包装和模块包装

3. 生产商品的目的是创造价值，流通加工是在生产的基础上增加商品的（　　）。

A. 质量价值　　　　B. 销售价值　　　　C. 附加价值　　　　D. 使用价值

二、简答题

1. 什么是流通加工？与生产加工相比，流通加工有何特点？

2. 流通加工的目的是什么？

3. 流通加工的类型有哪些？

4. 不合理的流通加工形式有哪些？如何实现流通加工的合理化？

5. 列举几种典型的流通加工作业。

6. 什么是包装？包装的功能是什么？

7. 包装的种类有哪些？

8. 什么是绿色包装，绿色包装有哪些方面的要求。

迪安食品公司鲜牛奶流通加工：

迪安食品公司的首席执行官霍华德．M. 迪安（Howard M Dean）正在开发一项计划，打算在墨西哥市场投放牛奶制品和冷冻蔬菜。对于这家有 23 亿美元资产，总部设在芝加哥，仅在美国从事销售活动的公司来说，这是一项重大的举措。由于北美自由贸易协议允许开放墨西哥市场，迪安食品公司正在利用机会将其产品推荐给 9000 万新的消费者。

牛奶是一种特别吸引人的产品，因为墨西哥新鲜牛奶短缺，而人口中有一半年龄在 18 岁以下（主要的喝牛奶者）。并且，因为政府的限价，还没有什么动力驱使批发商和零售商推销该产品，在投入这项冒险事业之前，迪安指派了两名经理去研究墨西哥市场行销和物流需求，迪安还寻求专业厂商 TETRA PAK 公司的合作，这是他的包装供货商之一，是一家大型的墨西哥公司。

迪安首先通过建立一家合资企业把目标对准墨西哥奶制品市场。该合资企业期望配送商有经验处理迪安的牛奶和奶制品，将其装运到边界城镇，墨西哥现在消费迪安的 EI Paso 奶制品公司的 1/3 的产品。迪安食品的合资企业需要解决几个问题。第一个问题是冷藏问题，因为绝大部分的产品是在小型的"夫妻"

店里出售的，这类店里几乎没有什么冷藏设备。因为产品的堆放空间缩小了，在货架上的保存期也缩短了，迪安就把加仑壶包装改成小纸箱包装。第二个问题与超市有关。这些超市常常通宵停电，造成冰激凌产品反复地融化和冻结，以至于损害了产品的品质。迪安正在考虑的一个解决办法就是自己购买冰箱并对店里 24 小时维持供电进行补贴。第三个问题是墨西哥缺少牛奶场，这一短缺正在使迪安考虑发展与原牛奶生产商的关系，而不是实际经营这些牛奶。第四个是低品质牛奶的问题。因为墨西哥几乎没有关于产品品质控制的法律规定，所以售出的全部牛奶中有 40％未经巴氏法灭菌就直接输送到消费者手中。

虽然存在着许多潜在的困难，迪安的管理部门还是把这种形势看作是在一个大市场中获得大份额的机会。迪安先生说："我们得快点行动，现在正是机会"。

案例思考：

迪安食品公司鲜牛奶是如何流通加工的？

第8章　配送中心实务

【学习目标】

本章重点是配送中心的概念和功能、配送中心的选址和规模确定、配送中心的基本业务等，通过本章的学习要知道配送中心选址的影响因素、配送中心类型的确定、配送中心的基本作业、配送中心的规模选择，会选择配送中心的位置、规模，可以熟练完成配送中的业务活动。

【导入案例】

上海联华生鲜食品加工配送中心运作案例

联华生鲜食品加工配送中心是我国国内目前设备最先进、规模最大的生鲜食品加工配送中心，在生产加工的同时配送中心还从事水果、冷冻品等的配送任务。连锁经营的利润源重点是物流服务水平和物流成本。生鲜配送中心需要做的归结起来就是"快"和"准确"。下面分别从几个方面来说明一下联华生鲜配送中心是如何做到的。

做好订单管理，门店的要货订单通过联华数据通信平台，实时地传输到生鲜配送中心，在订单上制定各商品的数量和相应的到货日期。生鲜配送中心接受到门店的要货数据后，立即生成到系统中生成门店要货订单，按不同的商品物流类型进行不同的处理：各种不同的订单在生成完成/或手工创建后，通过系统中的供应商服务系统自动发送给各供应商，时间间隔在 10 分钟内。

制订完善的物流计划，在得到门店的订单并汇总后，物流计划部根据第二天的收货、配送和生产任务制订物流计划。

① 线路计划：根据各线路上门店的订货数量和品种，作线路的调整，保证运输效率。

② 批次计划：根据总量和车辆人员情况设定加工和配送的批次，实现循环使用资源，提高效率；在批次计划中，将各线路分别分配到各批次中。

③ 生产计划：根据批次计划，制订生产计划，将量大的商品分批投料加工，设定各线路的加工顺序，保证配送运输协调。

④ 配货计划：根据批次计划，结合场地及物流设备的情况，作配货的安排。

储存型物流运作商品进货时先要接受订单的品种和数量的预检，预检通过方可验货，验货时需进行不同要求的品质检验，终端系统检验商品条码和记录数量。

采用先进的方式进行业务组织，拣货采用播种方式，根据汇总取货，汇总单标识从各个仓位取货的数量，取货数量为本批配货的总量，取货完成后系统预扣库存，被取商品从仓库仓间拉到待发区。

在待发区配货分配人员根据各路线各门店配货数量对各门店进行播种配货，并检查总量是否正确，如不正确向上校核，通过手持终端调整实发数量，配货检验无误后使用手持终端确认配货数据。配完的商品采用播种的方式放到指定的路线门店位置上，配货完成统计单个商品的总数量/总重量，根据配货的总数量生成进货单。

商品分拣配货完成后，都堆放在待发库区，按正常的配送计划，这些商品在晚上送到各门店，门店第二天早上将新鲜的商品上架。在装车时按计划依路线门店顺序进行，同时抽样检查准确性。

在货物装车的同时，系统能够自动算出包装物（笼车、周转箱）的各门店使用清单，装货人员也据此来核对差异。

在发车之前，系统根据各车的配载情况出各运输车辆随车商品清单，各门店的交接签收单和发货单。

商品到门店后，由于数量的高度准确性，在门店验货时只要清点总的包装数量，退回上次配送带来的包装物，完成交接手续即可，一般一个门店的配送商品交接只需要5分钟。

通过以上的工作，使得配送中心的运行具有高效益和高效率。

8.1　配送中心的概念与分类

8.1.1　配送中心的概念

1. 配送中心的含义

配送中心就是从事货物配备（集货、加工、分货、拣选、配货）和组织对用户的送货，以高水平实现销售和供应服务的现代流通设施。配送中心是物流系统化和大规模化的产物，对它的定义比较多。

根据我国《物流术语》的解释，配送中心是从事配送业务的物流场所或组织，应符合下列要求：

① 主要为特定的用户服务；
② 配送功能健全；
③ 完善的信息网络；
④ 辐射范围小；
⑤ 多品种、少批量；
⑥ 以配送为主，储存为辅。

王之泰在《现代物流学》中定义如下：配送中心是从事货物配备（集货、加工、分货选货、配货）和组织对用户的送货，以高水平实现销售和供应的现代流通设施。它包含以下要点：

① 强调了配送活动和销售与供应等经营活动的结合。
② 配送中心的"货物配备"工作是其主要的、独特的工作，是全部由配送中心完成的。配送中心有的是完全承担送货，有的是利用社会运输企业完成送货，从我国国情来看，在开

展配送的初期，用户自提的可能性是不小的，所以，对于送货而言，配送中心主要是组织者而不是承担者。配送中心必须有送货功能，否则就谈不上配送。至于车队是什么地方的是次要问题，而进货计划与组织却是配送中心需要认真对待的关键所在。

③ 强调了配送中心的现代流通设施和以前的诸如商场、贸易中心、仓库等流通设施的区别。在这个流通设施中以现代装备和工艺为基础，不但处理商流而且处理物流，是兼有商流、物流全功能的流通设施。

为了更全面地认识配送中心，这里再引述一些文章和书籍中有助于我们全面认识配送中心的描述：

"专门从事配送工作的物流据点称配送中心"。

"配送中心是直接与顾客相联系的末端据点"。

"根据不同经营者和不同的业务内容，配送中心还被称为流通中心、运输中心和货物储存场所等多种名称"。

"在典型的物流系统中，离开生产线的产成品首先暂时存放于某一后被运送到离市场较近的某处，这里就是配送中心"。

"配送中心是典型的流通型仓库"。

"通常情况下，现代仓库实际上就是配送中心"；当然配送中心与仓库还是有一定的区别，下面通过多项对比加以理解。见表 8-1。

表 8-1 保管型仓库与配送中心的区别

项 目	包管型仓库	配送中心
功能	以物资保管作为主要功能	以入库、保管、流通加工、分拣、出库等为功能，并突出分拣配货功能
空间	保管空间为主	保管空间占一半，其他功能占一半
设计	以保管为主体，平面摆放，通路少，未进行严格的场所管理	按照物品流转顺序设计，利用货架进行立体存放，进行严格的场所管理
信息特征	货物状况和信息有出入	货物状况和信息基本一致
事务处理和信息传递	人工完成实物处理和信息传递	利用系统工具和物流管理信息系统完成实物处理和信息传递
自动化水平	人工作业为主	系统工具和信息系统的支持下实现作业的自动化
适应能力	对多样化物流需求难以适应	对多样化物流需求可以适应

"配送中心作为开展商品配送及相关业务的场所，通过先进的管理与技术和现代化信息交流网络，对商品的采购、进货、储存、分拣、加工和配送等业务过程进行科学统一、规范的管理，使整个商品运动过程高效、协调、有序，从而减少损失，节省费用，实现最佳的经济效益和社会效益"。

"配送中心是末端物流的基地"。

通过以上对于配送中心表述的理解，希望能够有一个比较明确的认识。

一般来说，配送中心就是专门从事配送业务的物流基地。是通过转运、分类、保管、流通加工和信息处理等作业，然后根据用户的订货要求备齐商品，并能迅速、准确和廉价地进行配送的基本设施。

配送中心为了做好送货的准备，需要采取零星集中、批量进货等资源汇集方法，具有集货中心、分货中心的职能，此外，配送中心还有比较强的流通加工能力。

配送中心的形成和发展是物流系统化和规模化的必然结果，为了更好地满足用户在商品处理内容上、时间上和服务水平上的更高要求，必须引进先进的分拣设施和配送设备，建立正确、迅速、安全、廉价的作业体制；因此，产生了正式的配送中心。

总体来讲，配送中心是基于物流合理化和发展市场两个需要而发展的，是以组织配送式销售和供应，执行实物配送为主要功能的流通型物流结点。它很好地解决用户多样化需求和厂商大批量专业化生产的矛盾，因此，逐渐成为现代化物流的标志。

2. 配送中心的建设目的

(1) 扩大市场占有率　竞争的需要。企业除了提供品质优良的物品外，还必须提供适时适量的配送服务，作为企业增加营业额的秘密武器，进而扩大市场占有率。

(2) 降低成本　降低物流成本是最根本的目的。一般的情况：连锁企业与生产企业的营业部门整合成立大型的配送中心，提高作业效率，从而降低库存和输配送费用。主要体现在两个方面：一是资源、人员的统筹利用；二是配送线路的缩短。见图 8-1。

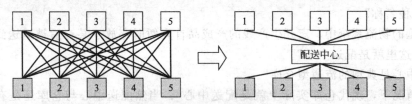

图 8-1　配送中心的作用

(3) 提高服务质量　消费者对物品品牌的迷信度越来越低，物品之间的品质差异也越来越小，因此当要购买的品牌缺货时，会马上以其他品牌代之。所以，商店里都尽可能销售畅销物品，库存数量最好是不太多，又不会缺货。因此，就会要求多品种少批量的订货及多频度的配送，这就要求快速反应处理订货及出货。通过设立配送中心，可以从以下几个方面提高服务品质：

① 降低交货时间；

② 提高交货频度；

③ 降低缺货率、误配率；

④ 紧急配送、假日配送；

⑤ 流通加工。

3. 现代配送中心的功能

(1) 现代配送中心的基本功能　配送中心是专业从事货物配送活动的物流场所或经济组织，它是集加工、理货、送货等多种职能于一体的物流结点，配送中心是集货中心、分货中心、加工中心功能的综合。因此，配送中心具有以下一些功能。

① 存储功能。配送中心的服务对象是生产企业和商业网点，如连锁店和超市，其主要职能就是按照用户的要求及时将各种配装好的货物送交到用户手中，满足生产需要和消费需要，为了顺利有序地完成向用户配送商品（或货物）的任务，更好地发挥保障生产和消费需要的作用，通常，配送中心都建有现代化的仓储设施，如仓库、堆场等，存储一定量的商品，形成对配送的资源保证。某些区域性大型配送中心和开展代理交货、配送业务的配送中心，不但要在配进货物的过程中存储货物，而且它所存储的货物数量更大，品种更多。如中海北方物流有限公司在大连拥有 10 万平方米、配备了国内一流仓储设备的现代化物流配送仓库。

② 分拣功能。作为物流结点的配送中心，其客户是为数众多的企业或零售商。这些众多的客户之间存在着很大的差别，它们不仅经营性质、产业性质不同，而且经营规模和经营

管理水平也不一样。面对这样一个复杂的用户群，为满足不同用户的不同需求，有效组织配送活动，配送中心必须采取适当的方式对组织来的货物进行分拣，然后按照配送计划组织配货和分装。强大的分拣能力是配送中心实现按客户要求组织送货的基础，也是配送中心发挥其分拣中心作用的保证，分拣功能是配送中心重要功能之一。

③ 集散功能。在一个大的物流系统中，配送中心凭借其特殊的地位和拥有的各种先进设备、完善的物流管理系统，能够将分散在各个生产企业的产品集中在一起，通过分拣、配货、配装等环节向多家用户进行发送。同时，配送中心也可以把各个用户所需要的多种货物有效地组合或配装在一起，形成经济、合理的批量，来实现高效率、低成本的商品流通。另外，配送中心在建设选址时也充分考虑了其集散功能，一般选择商品流通发达、交通较为便利的中心城市或地区，以便充分发挥配送中心作为货物或商品集散地的功能，如中海北方物流有限公司按照统一标准在东北各主要城市设立了六个二级配送中心，形成了以大连为基地，辐射东北三省的梯次仓储配送格局。

④ 衔接功能。通过开展货物配送活动，配送中心能把各种生产资料和生活资料直接送到用户手中，可以起到连接生产和消费的作用。另外，通过发货和储存，配送中心又起到了调节市场需求、平衡供求关系的作用。现代化的配送中心如同一个"蓄水池"，不断地进货、送货，快速地周转，有效解决了产销不平衡，缓解供需矛盾，在产、销之间建立起一个缓冲平台，这是配送中心衔接供需两个市场的另一个表现。可以说，现代化的配送中心通过发挥储存和发散货物功能，体现出了其衔接生产与消费、供应与需求的功能，使供需双方实现了无缝连接。

⑤ 流通加工功能。配送加工虽不是普遍的，但往往是有着重要作用的功能要素，它可以大大提高客户的满意程度。国内外许多配送中心都很重视提升自己的配送加工能力，通过按照客户的要求开展配送加工可以使配送的效率和满意程度提高，配送加工有别于一般的流通加工，它一般取决于客户的要求，销售型配送中心有时也根据市场需求来进行简单的配送加工。

⑥ 信息处理。配送中心连接着物流干线和配送，直接面对产品的供需双方，因而不仅是实物的连接，更重要的是信息的传递和处理，包括配送中心的信息生成和交换。

（2）增值功能　从一些发达国家的配送中心具体实际来看，配送中心还具有以下增值性功能。

① 结算功能。配送中心的结算功能是配送中心对物流功能的一种延伸。配送中心的结算不仅仅只是物流费用的结算，在从事代理、配送的情况下，配送中心还要替货主向收货人结算货款等。

② 需求预测功能。自用型配送中心经常负责根据物流中心商品进货、出货信息来预测未来一段时间内的商品进出库量，进而预测市场对商品的需求。

③ 物流系统设计咨询功能。配送中心要充当货主的物流专家，因而必须为货主设计物流系统，代替货主选择和评价运输商、仓储商及其他物流服务供应商。国内有些专业配送公司正在进行这项尝试，这是一项增加价值、增加公共物流中心竞争力的服务。

④ 物流教育与培训功能。配送中心的运作需要货主的支持与理解，通过向货主提供物流培训服务，可以培养货主与配送中心经营管理者的认同感，可以提高货主的物流管理水平，可以将配送中心经营管理者的要求传达给货主，也便于确立物流作业标准。

以上功能中，前几项基本功能需要经验和实力，后几项需要智慧和远见。功能是靠设计而来的，每个配送中心集合都不会完全一样，有的配送中心可能只提供基本功能中的部分功能，但这些功能特别强大，这是完全可以的。要确定配送中心的核心功能和辅助功能，辅助功能可能会使配送中心不一定只做物流，还可能做商流、资金流、信息流。

4. 配送中心的作用

配送中心的作用比较多，从不同的角度分析，会得出不同的结果。

（1）从供应商和厂商的角度分析

① 使物流成本得到控制。通过在供应商与客户之间设置配送中心，将干线部分的大批量、高效率运输与支线部分的小批量、快速配送结合起来，从而在保证物流服务水平的前提下有效地控制物流成本。

② 实现库存集约化。将分散在自家多处的仓库或多处营业仓库的商品集中存放在配送中心，有利于防止过剩库存和缺货的发生，提高了库存管理水平，有利于维持适当的库存。

③ 通过提高顾客服务水平，促进产品销售。配送中心设置在接近顾客的地方，在接到顾客的订货后提供及时的供货，而且可以一次满足多品种的订货。

④ 有利于把握销售信息。配送中心作为商品的分销中心、库存中心通过库存的变化，出库状况直接掌握着各个零售商的销售信息，可以及时反馈到有关部门。

⑤ 有利于实现商物分离。利用配送中心的各项功能完成商品从厂商到零售商甚至最终消费者的实体直接转移，按照物流合理化的原则，尽可能减少中间环节，节约物流费用。

（2）从需求方的角度分析

① 降低进货成本。集中进货既可以降低进货成本，又可以在价格上享受优惠。

② 改善店铺的库存水平。由配送中心实行及时配送有利于店铺实现无库存经营。集中库存可以达到降低库存总水平的目的。

③ 减少店铺的采购、验收、入库等费用。配送中心可以利用软硬件系统，大批量高效率地检验、登记入库，从而大大简化了各个店铺的相应工作程序。

④ 减少交易费用。降低物流整体成本。例如，M 个厂商同 N 个店铺分别交易的情况下，交易次数为 $M \times N$ 次，如果通过配送中心的中介则交易次数仅为 $M + N$ 次。显然，厂商和店铺数目越多，节约的效果越明显。

⑤ 促进信息沟通。配送中心一面连接着供方，一面连接着需方，扮演着中介者的角色，有利于促进供需双方的信息沟通。

8.1.2 配送中心的分类

配送中心是一种新兴的经营管理型态，具有满足多量少样的市场需求及降低流通成本的作用，但是，由于建造企业的背景不同，其配送中心的功能、构成和运营方式就有很大区别，因此，在配送中心规划时应充分注意配送中心的类别及其特点。配送中心的具体分类方式如下：

1. 按照配送中心的设立者分类

（1）制造商型配送中心 M. D. C（distribution center built by maker）。制造商配送中心是以制造商为主体的配送中心。这种配送中心里的物品100%是由自己生产制造，用以降低流通费用、提高售后服务质量和及时地将预先配齐的成组元器件运送到规定的加工和装配工位。从物品制造到生产出来后条码和包装的配合等多方面都较易控制，所以按照现代化、自动化的配送中心设计比较容易，但不具备社会化的要求。

（2）批发商型配送中心 W. D. C（distribution center built by wholesaler）。批发商型配送中心是由批发商或代理商所成立的配送中心，以批发商为主体的配送中心。批发是物品从制造者到消费者手中之间的传统流通环节之一，一般是按部门或物品类别的不同，把每个制造厂的物品集中起来，然后以单一品种或搭配向消费地的零售商进行配送。这种配送中心的物品来自各个制造商，它所进行的一项重要的活动是对物品进行汇总和再销售，而它的全部进货和出货都是社会配送的，社会化程度高。

（3）零售商型配送中心 Re. D. C（distribution center built by retailer）。零售商型配送中心是由零售商向上整合所成立的配送中心，以零售业为主体的配送中心。零售商发展到一定规模后，就可以考虑建立自己的配送中心，为专业物品零售店、超级市场、百货商店、建材商场、粮油食品商店、宾馆饭店等服务，其社会化程度介于前两者之间。

（4）专业物流配送中心 T. D. C（distribution center built by TPL）。专业物流配送中心是以第三方物流企业（包括传统的仓储企业和运输企业）为主体的配送中心。这种配送中心有很强的运输配送能力，地理位置优越，可迅速将到达的货物配送给用户。它为制造商或供应商提供物流服务，而配送中心的货物仍属于制造商或供应商所有，配送中心只是提供仓储管理和运输配送服务。这种配送中心的现代化程度往往较高。

2. 按服务范围分类

（1）城市配送中心。城市配送中心是以城市范围为配送范围的配送中心，由于城市范围一般处于汽车运输的经济里程，这种配送中心可直接配送到最终用户，且采用汽车进行配送。所以，这种配送中心往往和零售经营相结合，由于运距短，反应能力强，因而从事多品种、少批量、多用户的配送较有优势。

（2）区域配送中心 R. D. C（regional distribution center）。区域配送中心是以较强的辐射能力和库存准备，向省（州）际、全国乃至国际范围的用户配送的配送中心。这种配送中心配送规模较大，一般而言，用户也较大，配送批量也较大，而且，往往是配送给下一级的城市配送中心，也配送给营业所、商店、批发商和企业用户，虽然也从事零星的配送，但不是主体形式。

3. 按配送中心的功能分类

（1）储存型配送中心。有很强的储存功能，我国目前建设的配送中心，多为储存型配送中心，库存量较大。

（2）流通型配送中心。包括通过型或转运型配送中心，基本上没有长期储存的功能，仅以暂存或随进随出的方式进行配货和送货的配送中心。典型方式为：大量货物整批进入，按一定批量零出。一般采用大型分货机，其进货直接进入分货机传送带，分送到各用户货位或直接分送到配送汽车上。

（3）加工型配送中心。以流通加工为主要业务的配送中心。

4. 按配送货物的属性分类

根据配送货物的属性，可以分为食品配送中心、日用品配送中心、医药品配送中心、化妆品配送中心、家电品配送中心、电子（3C）产品配送中心、书籍产品配送中心、服饰产品配送中心、汽车零件配送中心以及生鲜品配送中心等。

由于所配送的产品不同，配送中心的规划方向就完全不同。例如生鲜品配送中心主要处理的物品为蔬菜、水果与鱼肉等生鲜产品，属于低温型的配送中心。是由冷冻库、冷藏库、鱼虾包装处理场、肉品包装处理场、蔬菜包装处理场及进出货暂存区等组成的，冷冻库为−25℃，而冷藏库为 0～5℃左右。又称为湿货配送中心。而书籍产品的配送中心，由于书籍有新出版、再版及补书等特性，尤其是新出版的书籍或杂志，其中的80%不上架，直接理货配送到各书店去，剩下的20%左右库存在配送中心等待客户的再订货。另外，书籍或杂志的退货率非常高，约有3～4成左右。因此，在书籍产品的配送中心规划时，就不能与食品与日用品的配送中心一样。服饰产品的配送中心，也有淡旺季及流行性等特性，而且，较高级的服饰必须使用衣架悬挂，其配送中心的规划也有其特殊性。

对于不同种类与行业形态的配送中心，其作业内容、设备类型、营运范围可能完全不同，但是就系统规划分析的方法与步骤有其共通之处。配送中心的发展已逐渐由以仓库为主体的配送中心向信息化、自动化的整合型配送中心发展。

5. 按照配送中心的归属及服务范围分类

（1）自用（自有）型配送中心。自用型配送中心是指隶属于某一个企业或企业集团，通常只为本企业服务，不对本企业或企业集团外开展配送业务的配送中心。例如，美国沃尔玛商品公司的配送中心，即为其公司独资建立，专门为本公司所属的零售门店配送商品。这类配送中心可以在逐步对外开展配送业务的基础上向公用型配送中心转化。

（2）公用型配送中心。公用型配送中心以盈利为目的，面向社会开展后勤服务的配送组织。其主要特点是服务范围不局限于某一企业或企业集团内部。随着物流业的发展，物流服务逐步从其他行业中分化独立出来，向社会化方向发展，公用型配送中心作为社会化物流的一种组织形式在国内外迅速普及起来。

配送中心分类见表8-2。

表8-2 配送中心分类表

分类方法	配送中心类别
按配送中心的设立者分类	制造商型配送中心
	批发商型配送中心
	零售商型配送中心
	专业物流配送中心
按归属及服务范围	自有型配送中心
	公用型配送中心
按配送范围分类	城市配送中心
	区域配送中心
按配送中心的功能分类	储存型配送中心
	流通型配送中心
	加工配送中心
按配送货物的属性分类	食品配送中心
	日用品配送中心
	医药品配送中心
	化妆品配送中心
	家电品配送中心
	电子(3C)产品配送中心
	书籍产品配送中心
	服饰产品配送中心
	汽车零件配送中心
	生鲜品配送中心

8.2　配送中心的作业实务

8.2.1　进货作业

进货是指准备货物的系列活动。它是配送的基础环节，又是决定配送成败与否、规模大小的最基础环节。同时，它也是决定配送效益高低的关键环节。如果进货不及时或不合理，成本较高，会大大降低配送的整体效益。

进货作业的内容包括：从送货车上将货物卸下，并核对该货物的数量及状态（数量检查、质量检查、开箱等），然后将必要信息给予书面化等。其具体步骤见图 8-2。

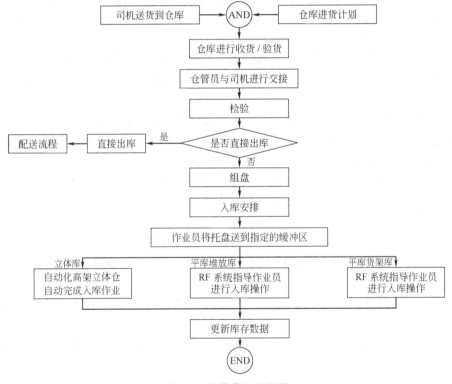

图 8-2　进货作业流程图

进货作业各步骤的具体作业如下：

1. 进货作业计划

进货作业计划是根据采购计划与实际的进货单据，以及供应商的送货规律与送货方式来制订的。制订进货作业计划的目的是依据订单所反映的信息，掌握商品到达的时间、品类、数量及到货方式，尽可能准确预测出到货时间，以尽早做出卸货、储位、人力、物力等方面的计划和安排，保证整个进货流程的顺利进行，同时提高作业效率，降低作业成本。

（1）储位准备　储位准备是根据预计到货的商品特性、体积、质量、数量和到货时间等信息，结合商品分区、分类和储位管理的要求，预计储位，预先确定商品的理货场所和储存位置。

（2）设备器材的准备　设备器材的准备是根据到货商品的理化性能及包装、单位重量、单位体积、到货数量等信息，确定检验、计量、卸货与搬运方法，准备好相应的检验设施、度量衡、卸货及堆货工具与设备。并安排好卸货站台空间。

2. 商品送达

商品运达后，需配送中心从相应站港接运商品，对直接送达配送中心的商品，必须及时组织卸货入库。

3. 卸货

配送中心卸货一般在收货站台上进行。送货方到指定地点卸货，并将抽样商品、《送货凭证》、《增值税发票》交验；卸货方式通常有人工卸货、输送机卸货和托盘叉车卸货。

4. 收货

此项作业的目的在于确保所进货数量、质量、时间等与本公司订单相吻合。公司收货部门的收货作业包括准确地清点商品数量、验货、记账、将商品转入集存区域储存。如果公司执行准时制配送（JIT）、快速反应（QR）等计划，则收货作业的质量尤其重要。

收货后如果采用越库配送则直接进入分拣配送流程，按照配送的程序组织即可。

5. 货品编号和分类

（1）货品编号 为了让后续作业能够快速、准确地进行，并使得货物品质及作业水准得到妥善的维持，在进货阶段按照前述的编号方法对货物做好清楚有效的编号，是必须做好的工作。

（2）货品分类和组盘 按照前面的方法对货物进行分类、码盘，对于品项较多的分类储存，可通过条码阅读器读取箱子上的物流条形码，依照品项进行分类并将箱子按照不同的品项，分门别类到各个储存线上；每条储存线的切离端，箱子堆满一只托盘的分量后，一长串货物即被分离出来；箱子在托盘上一层层堆叠，直到完成预先设定的层数后完成分类；操作员用叉式堆高机将分好类的货物一次运送到储存场所。

6. 储位指派

储位指派是入库管理的重要组成部分，合理的安排库位可以提高仓容利用率，创造效益，按照前述方法进行储位的指派并存储，则完成了配送中心进货过程实物流的全部程序。

7. 进货信息处理

（1）登录货物信息 填写好验收单，将有关入库信息及时准确地登入库存信息管理系统，以便及时更新库存商品的有关数据。货物信息主要包括以下内容：

① 商品的一般特征，主要有商品名称、规格、型号、包装单位、包装尺寸、包装容器及单位重量等；

② 商品的原始条码、内部编号、入库单据号码、商品储位等；

③ 商品的入库数量、入库时间、进货批次、生产日期、商品单价等；

④ 供应商信息，包括供应商名称、编号、合同号等。

（2）搜集和处理辅助信息 进货作业中，有许多因素会对进货产生直接影响。以下信息是影响进货系统设计的主要因素：

① 进货商品的一般特征和数量分布；

② 进货商品的包装尺寸、容器、单重的分布状况；

③ 每一时段内进货批次的分类；

④ 卸货方法及所需时间；

⑤ 进货入库的场所。

因此需要搜集这些因素来满足作业需求。

8.2.2　储存作业

1. 储存的概念与形态

存储货物是购货、进货活动的延续。在配送活动中，货物存储有两种表现形态：一种是暂存形态；另一种是储备形态，包括保险储备和周转储备。

暂存形态的存储是指按照分拣、配货工序的要求存少量货物。这种形态的货物存储是为了适应"日配"、"即时配送"需要而设置的。其数量多少对下一个环节的工作方便与否会产生很大影响。但一般来说，不会影响储存活动的总体效益。

储备形态的存储是按照一定时期配送活动要求和根据资源的到货情况，比如到货周期，有计划地确定的。它是使配送持续运作的资源保证。用于支持配送的货物储备有两种具体形态：周转储备和保险储备。

2. 储存作业的策略与方法

储存作业要充分考虑最大限度地利用空间，最有效地利用劳力和设备，最安全和经济地搬运货物，最良好地保护和管理货物。

在选择储区位置时应考虑的问题是：根据货物的特性选储区，大批量选大储区，小批量选小储区，笨重体大的货物储于坚固的货架及接近发货区，轻量货物储于上层货架，相同和相似货物尽可能靠近储存，小而轻并且易于处理货物储于远储区，周转率低的货物储于远离进货、发货区及仓库较高储位。周转率高的货物储于接近发货区及低储位。

良好的储存策略可以减少出入库移动距离，利用储存空间。一般常见的储存方法如下：

（1）定位储存　定位储存是指每一项货物都有固定的储位。定位储存的适用条件如下：

① 不同物理、化学性质的货物须控制和防止不同性质的货物相互影响；

② 重要物品须重点保管；

③ 根据物品尺寸及重量安排储位；

④ 库房空间较大；

⑤ 多品种少批量货物的存储。

定位储存的优点是，储位能被记录、固定和记忆，便于提高作业效率；储位按周转率高低来安排，通常周转率高的货物储位安排在出入口附近，可以缩短出入库搬运距离；针对不同货物特性安排储位，可以将货位之间的不良影响降到最低。

定位储存的缺点是需要较大的储存空间，影响库房及设施使用定位储存的是：每项货品的储位容量必须大于其可能的最大量。

（2）随机储存　随机储存是指根据库存货物及库位使用情况，每种商品的储位可随机改变。

① 随机储存的适用条件　通常随机储存适用于下列两种情况：库房空间有限，需尽量利用储存空间；商品品种类别少，批量大或体积较大的货物。

随机储存的优点是由于储位可共用，储区空间的利用率高。随机储存的缺点是增加货物出入库管理及盘点工作的难度；周转率高的货物可能被储放在离出入口较远的位置，可能增加出入库搬运的工作量；有些可能发生物理、化学影响的货物相邻存放，可能造成货物的损坏或发生危险。

② 随机储存的注意点　储位不易于记忆和管理，因此，需设立储存记录卡，将储存信息详细记录，以随时准确掌握库存货物的储位和数量，以提高出入库作业效率。

（3）分类储存　分类储存是指所有货物按一定特性加以分类，每一类货物固定其储存位置。同类货物不同品种又按一定的法则来安排储位。

① 分类的因素 分类储存通常按以下几个因素分类：商品相关性大小；商品周转率高低；商品体积、重量；商品的物理或化学、力学性能。

② 分类储存的适用条件 分类储放主要适用于以下情况：商品相关性大，进出货比较集中；货物周转率差别大；商品体积相差大。

分类储存的优点是便于按周转率高低来安排存取，具有定位储放的各项优点；分类后各储存区域再根据货物的特性选择储存方式，有助于货物的储存管理。

分类储存的缺点在于储位必须按各类货物的最大在库量设计，此储区空间平均使用效率仍然低于随机存储。

（4）分类随机储存 分类随机储存是指每一类货物均有固定储位，但在各储位区，每个储位的安排是随机的。分类随机储存的优点是可接收分类储放和随机储放的部分优点。分类随机储存的缺点是货物出入库管理特别是盘点工作较困难。

（5）共同储存 共同储存是指在确定知道各货物进出仓库确定时间的前提下，不同货物共用相同的储位。共同储存在储存空间及搬运时间上较为经济，但在管理上相对复杂。

8.2.3 拣货与配货作业

在接收到的所有订单中，每张客户的订单都至少包含一项以上的商品，如何将这些不同种类数量的商品由配送中心取出并集中在一起，此即所谓的拣货作业。拣货作业的七不原则：不要等待——零闲置时间；不要拿取——零搬运（多利用输送带、无人搬运车）；不要走动——动线的缩短；不要思考——零判断业务（不依赖熟练工）；不要寻找——储位管理科学化；不要书写——免纸张；不要检查——利用条码由计算机检查。

1. 拣货作业目的和功能

拣货作业的目的在于正确而迅速地把用户所需商品集中起来。在物流配送中心内部所涵盖的作业范围中，拣货作业是其中极为重要的一环。其重要性相当于人体的心脏部分。首先，从配送中心的成本组成来看，分拣活动是配送活动中成本最高的部分，占到了总成本的40%，各种活动的成本构成见图8-3。

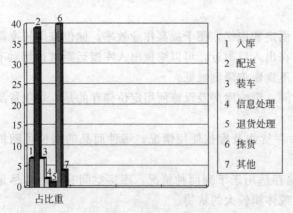

图8-3 配送中心成本结构

其次，从配送中心的人力需求来看，目前绝大多数配送中心都属于劳动力密集型的产业，其中间或作业相关的劳动力需求占到50%以上，且拣货的时间占整个配送作业的时间比为30%～40%，拣货公认的人工占配送中心总成本的15%～20%。拣货方法是否合理直接影响到了配送中心作业的效率和成本。

经过实践证明，物流成本约占商品最终售价的30%，其中包括配送、搬运和储存等成本。一般来说，拣货成本约是其他堆叠、装卸和运输等成本的总和的9倍，占物流搬运成本的绝大部分。为此，若要降低物流搬运成本，首先应以拣货作业着手改进，这样才能达到事半功倍的效果。

2. 拣货单位

一般来说，拣货单位可分为托盘、箱及单品三种。一般而言，以托盘为拣货单位的体积及重量最大，其次为箱，最小单位为单品，为了能够做出明确的判别，进一步划分如下：①单品，拣货的最小单位，单品可由箱中取出，可以用人手单手拣取者；②箱，由单品所组成，可由栈板上取出，人手必须用双手拣取；③栈板，由箱叠栈而成，无法用人手直接搬运，必须利用堆高机或拖盘车等机械设备；④特殊品，体积大形状特殊，无法按托盘、箱归类，或必须在特殊条件下作业者，如大型家具、桶装油料、长杆形货物、冷冻货品等，都属于具有特殊的商品特性，拣货系统的设计将严格受限于此。

拣货单位是根据订单分析出来的结果而做决定的，如果订货的小单位是箱，则不要以单品为拣货单位。库存的每一品项皆须做以上的分析，以判断出拣货的单位，但一些品项可能因为需要，而有两种以上的拣货单位，则在设计上要针对每一种情况分区考虑。

3. 拣货信息

拣货信息是拣货作业的原动力，主要目的在于指示拣货的进行，而其资料的源头产生自客户的订单，为了使拣货人员在既定的拣货方式下正确而迅速地完成拣货，拣货资讯成为拣货作业规划设计中的重要一环。拣货系统的方式有传票、计算机条形码以及一些自动化传输的无纸化系统。下面作简单介绍：

（1）传票　直接利用订单或公司的交货单来作为拣货指示根据。

（2）拣货单　把原始的用户订单输入计算机进行拣货信息处理后打印出拣货单的方式。这种方式的优点是避免传票在拣货过程中受污损和产品储位编号可显示在拣货单上。

（3）拣货标签　这种方法取代了拣货单，由印表机印出所拣货之物品名称、位置、价格等资讯的拣货标签，数量相当于拣取量，在拣取的同时贴标签于物品上，以作为确认数量的方式。在标签贴于货品的同时，"物品"与"资讯"立即同步一致，故拣货的数量不会产生错误。在此标签上，不仅是印出货品名称及料架位置，若连条码也一起印出时，利用扫描仪来读取货品上之条码，纵使同一产品而交货厂商不同时亦能有所区分，且该货品之追踪调查亦能进行。

（4）条码　条码（条形码）是利用黑白两色条纹的粗细而构成不同的平行线条符号，代替商品货箱的号码数字，贴在商品或货箱的表面，以便让扫描器来阅读，经过电脑解码，将"线条符号"转成"数字号码"，便于电脑运算。

条码主要是作为商品从制造、批发到销售作业过程中自动化管理的符号。通过条形码阅读器自动读取的方式，不但能正确快速掌握商品情报，而且能提升库存管理精度，削减剩余库存，是一种实现商品管理效率化的有效方法。例如，利用扫描器来读取表示料架位置号码的条码后，即能轻易取得什么货品放在何处保管的资讯。如此对降低寻找货品时间有很大的帮助。

（5）资料传递器　资料传递器又称无线电识别器，将资料传递器安装在移动设备上，将能接收并发射电波之 ID 卡或标签等资讯反应器安装在货品或储位上，当移动设备接近反应器时，传递器即读取反应器上之资讯，透过天线由控制器辨识读出，再传至电脑作控制管理。必要时也可利用此法将反应器上之资讯给予改写。

（6）无线通信　这是在堆高机上承载着无线通信设备，透过该套无线通信设备，把应从哪个料架位置的哪个栈板拣货之资讯指示给堆高机上的司机了解的一种方法。另外，亦有一种能够答复从堆高机上传来之询问方式的装置。

（7）电脑随行指示　在堆高机或台车上设置辅助拣货的电脑终端，在拣取前先将拣货资料输入此电脑，拣货人员即可根据电脑屏幕的指示至正确位置拣取正确货品。

（8）自动拣货系统　拣取的动作由自动的机械负责，电子信息输入后自动完成拣货作业，无需人工完成。

4. 拣货作业的基本步骤

（1）形成拣货资料　拣货作业开始前，首先要处理拣货指示信息。虽然有时拣货作业可以根据顾客的订单或公司的交货单直接进行拣货，但这些原始拣货资料在拣货过程中容易受到污染，从而造成拣货错误率上升。所以随着配送中心信息化水平的提高，目前大多数配送中心的拣货作业都是根据订单处理系统输出的拣货单进行拣货。

（2）选取拣货方法　在选取拣货方法时，需要从多方面对其进行明确。例如，在确定每次分拣的订单数量时，可以对订单进行单一分拣，也可以进行批量分拣；在人员分配上，可以采用一人分拣法，也可以采用数人分拣或分区分拣；在货物分拣单位确定上，可以按要求进行以托盘、整箱或单品为单位的分拣；在人货互动方面，可以采取人员固定、货物移动的分拣方法，也可以采用货物固定、人员行走的分拣方法等。

（3）选择拣货路径　不同层次的单品（小件商品、箱装商品、托盘装商品）要采用不同的拣货路径，通常有两种类型的路径可供选择：

① 无顺序的拣货路径。无顺序的拣货路径就是由拣货人员自行决定在配送中心内各通道拣货顺序的方式。由于拣货员完成一批订单可能要在同一条路径上行走两次；增加行走里程和手的拣货动作使拣货员产生疲劳；拣货员要花大量时间来寻找商品所在的位置。因此，这种拣货路径效率较低。

② 顺序的拣货路径。顺序的拣货路径是指按产品所在货位号的大小从储存区域的入口到出口顺序来确定拣货路径，是一种最为常用的拣货路径。按这种拣货路径，拣货人员首先拣取储存区域内某一通道上所需要的产品，拣货人员从通道的一端向另一端行进时，下一个要拣出的产品的货位离上一个最近，这样走完全程就一次性地把所有商品拣出。按这种拣货路径拣货的优点是缩短拣货员的拣货时间和拣货里程，减少疲劳和拣货误差，提高拣货效率。

无论采用何种拣货路径，均要考虑如何准确、快速、低成本地将货物拣出，同时还要考虑到操作方便、缩短行走路径等问题。

（4）搬运或行走

① 人至物的方式　拣货人员利用步行或拣货车辆至货品储存区，即货品处于静态的储存方式（如轻型料架），而主要移动者为拣取者（可能为人，亦可能为机器）。

② 物至人的方式　主要移动者为货品，即拣货者处于静态的储存方式，如旋转自动仓储。

（5）拣取　拣取包括吸取及确认动作两部分，吸取是抓取物品的动作；确认动作的目的是确定吸取的物品、数量是否与指示拣货的资讯相同，它可能由拣取人员直接比对，亦可能透过电脑进行比对。

5. 配货

配货作业是指把拣取分类完成的货品经过配货检查过程后，装入容器和做好标示，再运到配货准备区，待装车后发运。

（1）分货　分货就是把拣货完毕的商品按用户或配送路线进行分类的工作。

分类方式一般有以下几种：

① 人工分货　人工分货是指所有分货作业过程全部由人工根据订单或其他传递过来的

信息进行，而不借助任何电脑或自动化的辅助设备。

②　自动分类机分货　自动分类机分货是指利用电脑和自动分辨系统完成分货工作。这种方式不仅快速省力，而且准确，尤其适应于多品种业务繁忙的配送中心。

利用自动分类机分货的主要过程如下：

将有关货物及分类信息通过自动分类机的信息输入装置，输入动控制系统，当货物通过移载装置移至输送机上时，由输送系统运送至分类系统，分类系统是自动分类机的主体，这部分的工作过程为先由自动识别装置识别货物，再由分类道口排出装置，按预先设置的分类要求将货物推出分类机。

分类排出方式有推出式、浮起送出式、倾斜滑下式、皮带送出式等，同时为尽早使各货物脱离自动分类机，避免发生碰撞而设置有缓冲装置。

③　旋转架分类　旋转架分类是将旋转架的每一格位当成客户的出货框，分类时只要在电脑中输入各客户的代号，旋转架即会自动将货架转至作业员面前。

（2）配货检查　配货检查作业是根据用户信息和车次对拣送物品进行商品号码和数量的核实，以及对产品状态、品质的检查。分类后需要进行配货检查，以保证发运前的货物品种、数量、质量无误。

配货检查比较原始的做法是人工检查，即将货品一个个点数并逐一核对出货单，进而查验配货的品质及状态情况。目前，配货检查常用的方法有：

①　商品条形码检查法　这种方法要导入条形码，条形码是随货物移动的，检查时用条形码扫描器阅读条形码内容，计算机再自动把扫描信息与发货单对比，从而检查商品数量和号码是否有误。

②　声音输入检查法　声音输入检查法是当作业员发声读出商品名称、代码和数量后，计算机接受声音并自动判识，转换成资料信息与发货单进行对比，从而判断是否有误。此方法的优点在于作业员只需用嘴读取资料，手脚可做其他工作，自由度较高。缺点是声音要准确，且每次发声字数有限，否则电脑辨识困难，可能产生错误。

③　重量计算检查法　重量计算检查法是把货单上的货品重量自动相加起来，再与货品的总重量相对比，以此来检查发货是否正确的方法。

（3）包装打捆　配货作业的最后一环，便是要对配送货物进行重新包装、打捆，以保护货物，提高运输效率，便于配送到户时客户识别各自的货物等。

配货作业中的包装主要是指物流包装，其主要作用是为了保护货物并将多个零散包装物品放入大小合适的箱子中，以实现整箱集中装卸、成组化搬运等，同时减少搬运次数，降低货损，提高配送效率。另外，包装也是产品信息的载体，通过在外包装上书写产品名称、原料成分、重量、生产日期、生产厂家、产品条形码、储运说明等，可以便于客户和配送人员识别产品，进行货物的装运。通过扫描包装上的条形码还可以进行货物跟踪，配货人员可以根据包装上的装卸搬运说明对货物进行正确操作。

包装是物流的必要环节。包装的设计不仅要考虑生产终结的要求，而且要考虑流通的要求，尽量做到包装合理化。

①　包装简洁化　由于包装本身只起保护作用，对产品使用价值没有任何意义，因此，在强度、寿命、成本相同的条件下，应采用更轻、更薄、更短、更小的包装，这样可以提高运输、装卸搬运的效率，而且可以减少成本。

②　包装标准化　包装的规格和托盘、集装箱关系十分密切。因此，包装应考虑到和运输车辆、搬运机械的匹配，从系统的角度制定包装的尺寸标准。只有标准化的包装规格、单

纯化的包装形状和种类才有助于整体物流效率的优化。

③ 包装机械化 为提高作业效率和包装现代化水平，各种包装机械的开发和应用十分重要。在包装过程中，应尽量运用机械操作，减少人力耗费。

④ 包装单位大型化 随着交易单位的大量化和物流过程中的装卸机械化，包装的大型化有利于减少包装时间，提高包装效率。

⑤ 资源节约化 在包装过程中，应加大包装物的再利用程度，减少过度包装，开发和推广新型包装方式，以减少对包装材料的使用。

8.2.4 送货与退货

1. 送货

送货作业是利用配送车辆把用户订购的物品从制造厂、生产基地、批发商、经销商或配送中心，送到用户手中的过程。送货通常是一种短距离、小批量、高频率的运输形式。它以服务为目标，以尽可能满足客户需求为宗旨。

送货作业是配送中心最终直接面对用户的服务，具有以下几个特点：

① 时效性。送货是从客户订货至交货过程中的最后一个阶段，也是最容易引起时间延误的一个环节，而客户又非常重视送货的时效性。因此，必须在认真分析各种因素的前提下，用系统化的思想和原则，有效协调，综合管理，选择合理的配送线路、配送车辆和送货人员，使每位客户在预定的时间里收到所订购的货物。

② 可靠性。可靠性要求将货物完好无损地送到目的地。在配送过程中，货物的装卸作业、运送过程中的机械振动和冲击及其他意外事故、客户地点及作业环境、送货人员的素质等都可能损坏货物。因此，在配送管理过程中必须注意可靠性的原则。

③ 便利性。提高客户的满意度是配送作业的宗旨。因此，应尽可能通过采用高弹性的送货系统，如采用急进货、顺道送货与退货、辅助资源回收等方式。

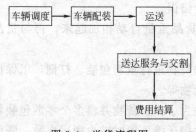

图 8-4 送货流程图

④ 经济性。企业运作的基本目标是实现一定的经济效益。所以，送货不仅要满足客户的要求，提供高质量、及时方便的配送服务，还必须提高配送效率，加强成本管理与控制。

送货的基本流程如下，见图 8-4。

① 车辆调度。货物装配好后，就要分配任务进行运输调度与装卸作业，即根据配送计划所确定的配送货物数量、特性、服务客户地址、送货路线、行驶趟数等计划内容，指派车辆与装卸运送人员，下达运送作业指示及车辆配载方案，安排具体的装货与送货任务，并将发货明细单交给送货人员。送货人员按照明细单组织人员将配好的货品配载上车。

② 车辆配装。根据不同配送要求，在选择合适的车辆的基础上对车辆进行配装以达到提高利用率，是送货的一项主要工作。

由于配送货物品种、特性各异，为提高配送效率，确保货物质量，首先必须对特性差异大的货物进行分类，并分别确定不同的运送方式和运输工具。特别要注意散发臭味的货物不能与具有吸臭性的食品混装，散发粉尘的货物不能与清洁货物混装，渗水货物不能与易受潮货物一同存放，另外为了减少或避免差错，也应尽量把外观相近、容易混淆的货物分开装载。由于配送货物有轻重缓急之分，所以必须初步确定哪些货物可配于同一辆车，哪些货物不能配于同一辆车，以做好车辆的初步配装工作。因此，配送部门既要按订单要求在配送计划中明确运送顺序，又要安排理货人员将各种所需的不能混装的商品进行分类，同时还应按订单标明到达地点、用户名称、运送时间、商品明细等，最后按流向、流量、距离将各类商品进行车辆配载。

在具体装车时，装车顺序或运送批次先后一般按用户的要求时间先后进行，但对同一车辆共送的货物装车则要将货物依"后送先装"的顺序。但有时在考虑有效利用车辆的空间的同时，可能还要根据货物的性质（怕震、怕压、怕撞、怕湿）、形状、体积及重量等，做出弹性调整，如轻货应放在重货上面，包装强度差的应放在包装强度好的上面，易滚动的卷状、桶状货物要垂直摆放等。另外，应按照货物的性质、形状、重量体积等来具体决定货物的装卸方法。

③ 运送。根据配送计划所确定的最优路线，在规定的时间及时准确地将货物运送到客户手中，在运送过程中要注意加强运输车辆的考核与管理。

④ 送达服务与交割。当货物送达要货地点后，送货人员应协助收货单位将货品卸下车，放到指定位置，并与收货人员一起清点货物，做好送货完成确认工作（送货签收回单）。如果有退货、调货的要求，则应随车带回退调商品并完成有关单证手续。

⑤ 费用结算。配送部门的车辆按指定的计划到达客户完成配送工作后至财务部门进行费用结算。

2. 退货

经营物流业，退货或换货应尽可能地避免，因为退货和换货的处理，只会大幅增加成本，减少利润。

（1）退货的原因

① 瑕疵品回收　由于生产厂商在设计、制造过程中所造成的有质量问题的商品，往往会在已开始销售后，才由消费者或厂商自行发现的重大缺失，必须立即部分或全部回收，这种情形不常发生，但却是不可避免的。从物流企业的角度来说，必须立即将消息传达到所有客户。而且要采取最快速的方法将商品收回，集中处理，在此类事件中，物流中心虽不会有直接的成本损失，但快速的配合，可使损害减低，增进与厂商及客户间的关系，也是物流中心处理意外事件的能力展现。

② 搬运中损坏　由于包装不良或搬运中剧烈振动，造成商品破损或包装污损时，必须重新研究包装材料的材质、包装方式和搬运过程中各项上货动作，找出真正原因加以改善。

③ 商品送错退回　由于物流中心本身处理不当所产生的问题，如拣货不确切或条码、出货单等处理错误，使客户收到的商品种类或数量与订单不符，必须要换货或退回，这时必须立即处理，减少客户抱怨。但更重要的是，查核资讯传达的过程中所出现的问题，可能的原因有：订单接受时就产生错误，或是拣货错误、出货单贴错、上错车等，找出原因后，配送中心应立即采取有效的措施，如在常出错的地方增加控制点，以提高正确率。

④ 商品过期退回　一般的商品都有有效期限，为了保证消费者的利益，要从货架上卸下过期的货品，不可再卖，更不可更改到期日。但过期商品的处理，在环保的法令限制下，必须找合格的丢弃物处理商处理，由回收到销毁，均需投入许多成本，所以要事前准确分析商品的需求，或以多次少量配送，以减少过期商品的产生。而认真分析过期商品产生的原因，提前提醒进货商或零售商，或要求客户分担部分处理费用，是根本的解决之道。

（2）退货处理的方法

① 无条件重新发货　对于因为发货人按订单发货发生错误，则应由发货人重新调整发

货方案，将错发货物调回，重新按原正确订单发货，中间发生的所有费用应由发货人承担。

② 运输单位赔偿 对于因为运输途中产品受到损坏而发生退货的，根据退货情况，由发货人确定所需的修理费用或赔偿金额，然后由运输单位负责赔偿。

③ 收取费用，重新发货 对于因为客户订货有误而发生退货的，退货所有费用由客户承担，退货后，再根据客户新的订货单重新发货。

④ 重新发货或替代 对于因为产品有缺陷，客户要求退货，配送中心接到退货指示后，营业人员应安排车辆收回退货商品，将商品集中到仓库退货处理区进行处理，一旦产品回收运动结束，生产厂家及其销售部门就应立即采取步骤，用没有缺陷的同一种产品或替代品重新填补零售商店的货架。

（3）退货处理的注意事项 退货处理对生产厂家和流通网络中的各方来说都是一件极其严重的事情。高层管理部门应参加回收产品的一切活动。其他有关人员包括企业的法律人员、会计人员、公关人员、质量管理人员、制造工程人员以及销售人员也都应参加。并且，企业应选派专人负责处理产品回收事件，制定一些预防措施。这样不仅能更好地应对紧急情况，而且在产品回收事件处理不成功，结果诉诸法律时，企业可以将已采取的预防措施作为申辩的一部分内容。

（4）退货相关配合处理 不论错误是什么原因造成的，除了立即回收外，配送中心还需要做以下的相关配合处理：

① 立即补送新货以减少客户抱怨。

② 会计账目上也应立即修正，以免收款或付款的混乱。

③ 若有保险公司理赔，应立即依照保险理赔程序办理，包括保留现场证据或拍照存证，在规定时间内通知保险公司。准备索赔文件和损失计算，并通知本企业法律顾问一起处理。

④ 分析退货原因，作为日后的改进参考。在退货或换货的处理过程中，切记不要立即与客户争吵或追究责任。将有效期限将至的商品，立即以低价方式拍卖，也是降低回收成本的好方法。

8.3 配送中心的总体规划

在配送中心总体规划之前，要掌握许多基础资料并进行合理的分析和整理，在此基础上进行配送中心总体的规划。配送中心规划中考虑的要素主要是七个方面，分别是：

E——entry：指配送的对象或客户；

I——item：指配送货品的种类；

Q——quantity：指配送货品的数量或库存量；

R——route：指配送的通路；

S——service：指物流服务水平；

T——time：指物流的交货时间；

C——cost：指配送货品的价值或建造的预算。

在得到基本要素的数据以后，要对基本资料进行充分的分析。主要工作有：

物品特性分析；

储运单位分析；

EIQ 分析；

订单变动趋势分析。

另外,配送中心的建造费用预算也会直接影响到配送中心的规模和自动化水准,没有足够的建设投资,所有理想的规划都是无法实现的。在充分的资料收集和整理的基础上开始配送中心规划的具体工作。

8.3.1 配送中心的功能及内部工作区域

1. 配送中心的功能

配送中心与传统的仓库、运输是不一样的,一般的仓库只重视商品的储存保管,一般传统的运输只是提供商品运输配送而已,而配送中心是重视商品流通的全方位功能,同时具有商品储存保管、流通行销、分拣配送、流通加工及信息提供的功能(见图 8-5)。

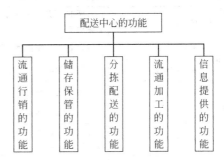

图 8-5 配送中心的功能

(1)流通行销功能 流通行销是配送中心的一个重要功能,尤其是现代化的工业时代,各项信息媒体的发达,再加上商品品质的稳定及信用,因此有许多的直销业者利用配送中心,通过有线电视或互联网等配合进行商品行销。此种商品行销方式可以大大降低购买成本,因此广受消费者喜爱。例如在国外有许多物流公司的名称就是以行销公司命名。而批发商型的配送中心、制造商型的配送中心与进口商型的配送中心也都拥有行销(商流)的功能。

(2)储存保管功能 商品的交易买卖达成之后,除了采用直配直送的批发商之外,均将商品经实际入库、保管、流通加工包装然后出库,因此配送中心具有储存保管的功能。在配送中心一般都有库存保管的储放区,因为任何的商品为了防止缺货,或多或少都有一定的安全库存,视商品的特性及生产前置时间的不同,则安全库存的数量也不同。一般国内制造的商品库存较少,而国外制造的商品因船期的原因库存较多,约为 2~3 个月;另外生鲜产品的保存期限较短,因此保管的库存量较少;冷冻食品因其保存期限较长,因此保管的库存量比较多。

(3)分拣配送功能 在配送中心里另一个重点就是分拣配送的功能,因为配送中心就是为了满足多品种小批量的客户需求而发展起来的,因此配送中心必须根据客户的要求进行分拣配货作业,并以最快的速度送达客户手中,或者是指定时间内配送到客户。配送中心的分拣配送效率是物流质量的集中体现,是配送中心最重要的功能。

(4)流通加工功能 配送中心的流通加工作业包含分类、磅称、大包装拆箱改包装、产品组合包装、商标标签粘贴作业等。这些作业是提升配送中心服务品质的重要手段。

(5)信息提供功能 配送中心除了具有行销、配送、流通加工、储存保管等功能外,更能为配送中心本身及上下游企业提供各式各样的信息情报,以供配送中心营运管理政策制定、商品路线开发、商品销售推广政策制定参考。例如,哪一个客户订多少商品?哪一种商品比较畅销?从电脑的 EIQ 分析资料中非常清楚,甚至可以将这些宝贵资料提供给上游的制造商及下游的零售商当作经营管理的参考。

2. 配送中心的内部工作区域

我国的配送中心目前处于积极建设中,在内部布局上还不尽合理,特别是与发达国家相比我们和他们还有些差距。主要是行政办公区域明显少于国外物流发达地区,发达地区的行政办公区约占整个中心的 15%～30%，而我国只有 5% 左右，这不利于配送中心的进一步开展业务。见表 8-3。

表 8-3　配送中心内部工作区域划分表

配送中心内部工作区域	管理区	是中心内部行政事务管理、信息处理、业务洽谈、订单处理以及指令发布的场所。一般位于配送中心的出入口
	进货区	收货、验货、卸货、搬运及货物暂停的场所
	理货区	对进货进行简单处理的场所。在这里，货物被区分为直接分拣配送、待加工、入库储存和不合格需清退的货物，分别送往不同的功能区。在实行条形码管理的中心里，还要为货物贴条形码
	储存区	对暂时不必配送或作为安全储备的货物进行保管和养护的场所。通常配有多层货架和用于集装单元化的托盘
	加工区	进行必要的生产性和流通性加工(如分割、剪裁、改包装等)的场所
	分拣配货区	进行发货前的分拣、拣选和按订单配货
	发货区	对物品进行检验、发货、待运的场所
	退货处理区	存放进货时残损或不合格或需要重新确认等待处理货物的场所
	废弃物处理区	对废弃包装物(塑料袋、纸袋、纸箱等)、破碎货物、变质货物、加工残屑等废料进行清理或回收复用的场所
	特殊商品存储区	存放一些具有挥发、爆炸等特性危险物品的场所
	设备存放及维护区	存放叉车、托盘等设备及其维护(充电、充气、紧固等)工具的场所

8.3.2　配送中心组织机构和岗位分析

1. 配送中心组织机构

(1) 参谋式组织模式　这是一种把有关物流活动的参谋组织起来，单独履行参谋职能，而基本的物流活动还是在配送中心中进行的组织模式。参谋式组织模式主要是从计划、预测、顾客服务、技术以及成本分析等方面对配送中心的经理提供参谋和建议。结构如图 8-6 所示。

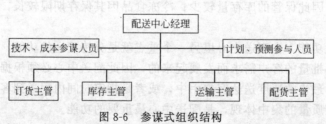

图 8-6　参谋式组织结构

(2) 直线职能制　直线职能制是一种按照配送的基本职能来层层划分，在这种模式下，下级对上级负责，上级的公共内容是监督下级，配送中心的经理负责所有的活动，如订货、库存、保管、运输、配货和客户服务等，结构如图 8-7 所示。

(3) 产品型组织结构　随着配送中心配送产品的多样化，将所有配送产品集中在同一部门，造成管理跨度过大，给企业的运行带来困难，而管理跨度又增加了他们增加下级人员的困难。这种情况下，就需要按照所需配送的产品或者产品系列来进行组织结构的设计，建立产品型组织结构。该组织要求高级管理者的主要职能为规划整个企业的方向，控制财务、人事等方面，而将具体的业务权利广泛授予产品部门经理，并要求产品部门经理承担一部分利润指标责任。类似的还有区域型组织结构，是按照区域来进行组织结构设计。结构如图 8-8

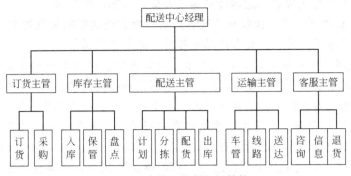

图 8-7　直线职能制组织结构

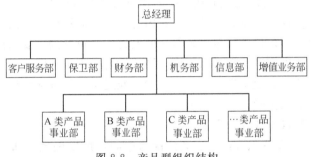

图 8-8　产品型组织结构

所示。

（4）矩阵式组织结构　矩阵式组织模式是在直线职能制的基础上，增加一种横向的领导系统，组成一个为完成一个特定规划任务的机构。组织中的成员接受两个方面的领导，行政上隶属原来的单位领导，业务上受为特定任务成立的项目组的领导。这种组织的优点是：机动、灵活，可随项目的开发与结束进行组织或者解散，避免各部门的重复劳动，使管理方法更具有专业化。具体组织结构如图 8-9 所示。

2. 配送中心岗位分析

（1）配送中心的岗位设置，由配送中心的类型以及流程决定。一般来讲，包括以下部门：

① 采购管理部。负责订货、采购、

图 8-9　矩阵式组织结构

进货等作业环节的安排及相应的事务处理，同时负责对货物的验收工作。主要人员为接单员、进货员。

② 仓储管理部。负责货物的保管、拣取、养护等作业运作与管理。主要人员为仓管员、盘点员等。

③ 加工管理部。负责按照要求对货物进行包装、加工。主要人员为流通加工人员。

④ 配货管理部。负责对配送货物组配和出库货物的拣选（按客户要求或方便运输的要求）作业进行管理。主要人员有包装设计师、包装人员、包装检验员、配送计划编制人员、配送信息管理员、理货员等。

⑤ 运输管理部。负责按客户要求制定合理的运输方案，将货物送交客户，同时对完成

配送进行确认。主要有送货员、运输计划编制人员、车辆调度员等。

⑥ 客户服务管理部。负责接收和传递客户的订货和送达货物信息管理，处理客户投诉，受理客户退换货请求等业务。主要有市场业务员、业务受理员等。

⑦ 财务管理部。负责校对配送完成表单、出货表单、进货表单和库存管理表单，协调控制监督整个配送中心的货物流动，同时负责管理各种收费发票和物流收费统计、配送费用结算及编制会计报表等工作。主要有会计人员、出纳人员、业务结算员等。

⑧ 退货与坏货管理部。当营业管理组或客户服务组接收到退货信息后，将安排车辆回收退货商品，再集中到仓库的退货处理区，重新清点整理。主要有退货处理员等。

⑨ 机务维修部。负责配送中心设施与设备的维护和保养，日常使用中出现机械故障的修理。主要有设备维修员、车辆维修员、电工、安全消防人员等。

⑩ 质量管理部。负责对配送业务运营中的作业质量进行检查、监督、指导和处理。

在岗位设置中，不仅要明确各岗位的工作内容，更要规定该岗位的工作标准，以及与其他岗位的协调关系等内容。以上岗位设置是一般配送中心设置的主要岗位。由于配送中心的规模、设施设备、作业内容和服务对象不同，岗位设置也不尽相同。

(2) 配送中心岗位职责及素质需求　可以看到配送中心的各岗位设置基本上是三层的结构，配送中心经理—部门主管—业务人员。

各自的岗位职责和素质要求分别如下。

① 配送中心经理　岗位职责：负责制定配送中心长期发展规划和年度、月度生产经营计划，并负责组织实施与督促、检查，保证经营目标的实现；组织协调各种生产经营环节和各种业务间关系，负责生产经营的正常运行；负责开发和客户管理协调，了解和掌握市场动态；负责审核、签发、授权业务部门提交业务单证、资料及变更申请。

素质要求：大学本科以上或者接受过系统的配送中心运行的教育和培训，具有配送中心运行的实践经验；熟悉配送管理信息系统，具有良好的身体素质，能够胜任繁重的脑力劳动，可以承受竞争压力；了解人力资源管理知识，有较强的组织管理能力和协调能力，善于管理和激励等。

② 部门主管　岗位职责：制定本部门或者科室的年度工作计划并组织实施；负责本部门的日常运行并做好与其他部门的协调；负责本部门员工的业务和思想学习；负责对本部门员工的工作进行指挥、检查、监督和评比，细化部门职责，明晰岗位责任，制定本部门规章制度并负责落实。

素质要求：大学本科以上或者接受过系统的本部门运行的教育和培训，具有本部门运行的实践经验；具有良好的身体素质，能够胜任繁重的脑力劳动，可以承受竞争压力；有较强的组织协调能力，熟悉本部门的业务等。

③ 业务人员　岗位职责：根据以上部门设置的要求，按照业务流程组织和实施配送计划或者保障配送计划的落实。

素质要求：具有一定工作经验的熟练工或者接受过系统的高、中等物流职业教育的毕业生，能够胜任繁重的体力和脑力劳动，具有本业务所需的基本理论知识和实践技能，具有良好的团队精神和工作协调能力等。

8.3.3　配送中心地址选择及规模设计

一般来说，为了提高物流服务水平，降低物流成本，从工厂等供货场所到配送中心之间实施低成本高效率的大批量运输，在配送中心分拣后，向区域内的需求者进行配送。在配送过程中，根据需要还可以在接近用户的地方设置末端集配点，从这里向小需求量用户配送商品。

配送中心位置的恰当与否，关系到配送效率、物流成本以及顾客服务水平，对企业的销售战略会产生重要影响。配送中心的选址首先要能够保证在一定的物流服务水平下满足顾客的订货要求，必须在充分考虑配送距离、配送时间和配送成本的基础上，确定配送圈，或者说配送中心服务区域，根据经销范围，设置合理数量的配送中心。一般来说，配送圈大的话，配送中心的配置数量少，距离客户的距离长，配送成本相对高；反之，配送中心的数量增加，距离顾客的距离缩短，配送成本降低，而运输成本要相对提高。

从物流成本的角度看，配送圈的大小，配送中心数量的增减会直接影响到运输费、入出库费、保管费和配送费等物流总成本的变化，这些费用彼此之间存在着效益背反关系。因此，需要在充分考虑各种因素对物流总成本影响的基础上，确定一个合理的配送圈、配送中心的最佳数量和每个配送中心的具体位置。下面重点讨论配送中心的选择问题。

1. 选址考虑的因素

配送中心的选址需要考虑的因素比较多，主要有以下几个方面：

(1) 土地　面积与使用限制条件，即大宗土地的获得能力，按照土地规划里面对于土地的利用限制在哪些方面，考虑土地大小与地价，再考虑现有地价及未来增值状况，配合未来可能扩充的需求程度，决定最合适的面积大小。

(2) 储存物品的性质　危险品、环境污染物质管制规定；保温、保湿、气密性的作业成本。

(3) 竞争条件　与供应商和顾客的距离；交通便利性，包括配送中心与交通网的距离、附近交通是否顺畅、周围道路的宽度；土地成本，各地地价不同，影响土地租金或税款金额，因而会影响营运成本。

(4) 基础条件　劳动力是否充足，招聘是否容易，上班条件如何，由于一般物流作业仍然属于劳动力密集的作业形态，在配送中心内部必须要有足够的作业人力；同时一般物流作业属于服务业，工资水平比较低而且辛苦，如果当地工资水平比较高则不容易招募员工。基础建设如水电、道路、电信设施、排水系统是否完备。电脑系统的软硬件支援是否充分。

(5) 自然条件　考虑设置配送中心的气候、温湿度、风向、地震、地质等。例如有的地方靠近山边湿度比较高，有的湿度比较低，有的地方靠近海边盐分比较高，这些都会影响商品的储存质量，尤其是服饰或者电子产品等对温度及盐分都非常敏感。

(6) 政策条件　包括当地政府的行政效率、产业政策和奖励优惠措施等，在目前取得物流用地不是太容易，如果有相应的产业政策支持，则有助于物流经营者。随着物流产业振兴规划的推出，在规划的九大区域会取得更多的政策支持和产业配套。

2. 选址所需的数据

(1) 作业量　包括：

供应商到配送中心的运输量；

发送给客户的数量；

配送中心的库存量；

不同运输路线的作业量。

(2) 成本　包括：

工厂到物流中心之间的运输费；

发送给客户的运输费；

设施及用地所需费用及相关的人事费、业务费等。

3. 地址选择

配送中心的选择是物流经理经常碰到的问题，随着企业规模的扩大和对成本控制的要求，配送中心不仅仅是一个储存、配送商品的建筑物，它在物流系统的成本服务平衡关系中，起着重要的作用。

选址决策的中心问题主要集中在配送中心的数目和位置上。典型的问题有：连锁企业应该使用几个配送中心？位置定在哪里？每个配送中心服务哪些市场？在每个配送中心中主要配送哪些商品？配送中心的规模如何？这些问题都要进行综合分析。

选址分析问题的特征是需要大量的数据，必须使用复杂的模型和分析技术才能应付这种复杂和高密度的数据，从而确认最佳的方案。这里重点介绍单一配送中心的选址方法——重心法。

用重心法对单一配送中心进行选址的方法就是用坐标和费用函数求出的由配送中心至顾客之间配送费用最小地点的方法。

设有 n 个用户，它们各自的坐标是 (x_i, Y_i)（$i=1,2,3,\cdots,n$），配送中心的坐标是 (x_0, y_0)，有：

$$H = \sum_{j=1}^{n} h_j w_j d_j \tag{8-1}$$

式中，H 为总运输费用；h_j 为配送中心到零售店 j 的发送费率；w_j 为配送中心向零售店 j 的发送量；d_j 为配送中心到零售店 j 的距离。

d_j 也可以写成如下形式

$$d_j = [(x_0 - x_j)^2 + (y_0 - y_j)^2]^{1/2} \tag{8-2}$$

在配送中心选址时，应当保证总运输费用最小，即 H 最小。令

$$\frac{\partial H}{\partial x_0} = \sum_{j=1}^{n} h_j w_j (x_0 - x_j)/d_j = 0 \tag{8-3}$$

$$\frac{\partial H}{\partial y_0} = \sum_{j=1}^{n} h_j w_j (y_0 - y_j)/d_j = 0 \tag{8-4}$$

以此分别求得最合适的解 x_0^* 和 y_0^*，即

$$x_0^* = \frac{\sum\limits_{j=1}^{n} h_j w_j x_j / d_j}{\sum\limits_{j=1}^{n} h_j w_j / d_j} \tag{8-5}$$

$$y_0^* = \frac{\sum\limits_{j=1}^{n} h_j w_j y_j / d_j}{\sum\limits_{j=1}^{n} h_j w_j / d_j} \tag{8-6}$$

上式右边仍含有未知数 d_j，故一次求不出 x_0、y_0。通常是假定一个初始 (x_0^*, y_0^*) 值，然后采用迭代法反复计算，直到求得最小的运输成本费用所对应的 (x_0, y_0)。

配送中心选址流程见图 8-10。

4. 配送中心的规模设计及布局

配送中心的规模受业务量、业务性质、内容和作业要求的影响较大，一般要求根据以下几个方面来确定：

（1）物流量预测 物流量预测就是通过物流需求分析，摸索需求规律，来预测客户今后

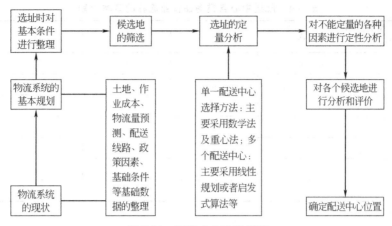

图 8-10　配送中心选址流程

的物流需求内容和需求量，根据历年经营的大量原始数据分析（为了达到预测的有效性，一般选择 10 年以上的统计数据），以该企业发展的规划和目标为依据进行。要考虑商品库存的周转率、最大库存水平，通常以备齐全部配送商品品种为前提，根据商品数量品种的 ABC 分类，A 类商品备齐率为 100%，B 类商品备齐率为 95%，C 类商品备齐率为 90%，由此确定配送中心的平均储存量和最高储存量。

（2）确定单位面积定额　根据经验单位面积的作业量大致为：保管设施 0.7～1t·m^{-2}处理货物的其他设施：0.2～0.3t·m^{-2}。

一般辅助生产建筑面积为配送中心作业面积的 5%～8%，办公室占地面积为每人 5～6m^2，考虑复印机、电脑、保险柜、保管料架等占地面积应该为每人 12m^2。我国原有的仓库规划基本上都是行政办公等附属设施仅占有配送中心作业面积的 5%，参照发达国家的标准，在新建配送中心应该上调到 15% 左右则更加符合以人为本的原则，增加工作的舒适性。

另外需要说明的是，配送中心的作业不像工厂的作业那样明确划分，往往一些区域或者设施是兼用的，只用理论计算无法解决所有的问题。要科学确定方案，还需要听取现场工作者的意见，研究实际情况进行修正，才能确定最终的方案。

（3）配送中心的布局分析　估算完配送中心各个区域的大小后，实际上只是理论计算值，在实践中还需要按照各个作业区域的作业关系来决定各区的大小和设备的摆放位置，需要处理以下几个问题：

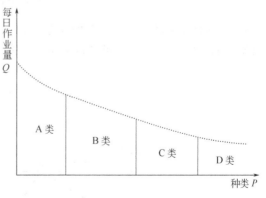

图 8-11　P-Q 曲线图

① 将类似的货物进行分组，对不同的商品种类按照出、入库的顺序进行整理，作出种类 P 和每日作业量 Q 曲线图并确定 A、B、C、D 商品群（图 8-11）。

② 确定不同类别商品的作业量，制订配送中心各类商品作业流程的基本计划。见表 8-4。

③ 按照作业量的大小划分出少品种、大数量、流通快的商品群作为 A 类，然后确认 A 类商品群所有类别商品的作业线路图；同样划分出品种多、数量少的商品群作为 D 类；其余商品作为 B、C 类。同样确定 B、C、D 三类商品群的各类商品的作业线路，将以上商品

表 8-4　配送中心各类商品作业流程的基本计划

商品类别 ＼ 作业类别	A	B	C	D	…
入库	1	1	1	1	
验收	2	2	2	2	
分类	3	4	4		
流通加工			3		
保管		3			
特殊作业				3	
配送	4	5	5	4	

注：1～5 表示流程顺序。

的作业线路加以统计，计入作业线路的货物数量比率。确定配送中心内商品流程的比率，也就是说哪些商品需要流通加工、分拣分类、哪些不需要，商品验收后的工作是什么。

具体做法见图 8-12。

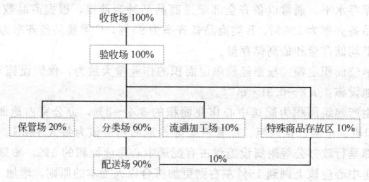

图 8-12　配送中心商品流程比率

④ 进行业务关联性分析，根据业务活动间的制约关系和衔接关系，包括实物流的制约和信息流的制约，确定各个场地的布局，一般来讲，经过优化可以形成如下的线路图（图 8-13）。

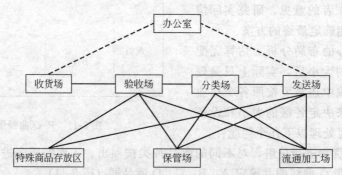

图 8-13　商品流程与设施配置相关的线路图
注：图中粗实线表示关联程度非常重要，细实线表示关联
程度重要，虚线表示关联程度一般。

（4）配送中心的设备配置分析

① 配送中心的主要设备　配送中心的设备种类很多，主要有货架系统，如：普通货架、

悬臂式货架、托盘货架、移动式货架、重力式货架、旋转式货架等；搬运输送设备，如：叉车、起重机、自动导引车、堆垛机、巷道式堆垛起重机、输送机、光电拣选车等；计量检验设备，如：电子售货系统、电子秤等；自动分拣设备；库用集装单元和集装器具，如：托盘、集装袋等；计算机控制系统等。

② 设备配置的原则　合理性原则。机械化系统可以大大地改善劳动条件，减轻劳动强度，增强安全作业，提高作业效益和效率；设备先进程度、数量多少要以适用为主，使设备性能满足系统要求，以保证设备充分利用，防止设备闲置浪费；注意集成化与配套使用，如果设备之间不配套，不仅不能充分发挥设备的效能，而且经济上可能造成很大的浪费。

系统运作的快速性、及时性、准确性和经济性原则。合理利用物流技术及其装备，以最低的物流成本，提供高效、优质的服务，是赢得持久竞争优势的关键。顾客对不同产品的购买在时间要求上也有所不同。这对物流技术及其装备提出了更高的要求，要求其快速、及时、准确、经济地把物料或货物运送到指定场所。为了保证物流速度，就需要合理配置物流设备，广泛应用现代化物流设备。准确性要求在仓储、运输、搬运过程中确保物流技术及其装备可靠、安全，防止由于物流设备的故障造成货物损坏、丢失。经济性是在完成一定任务的条件下，投入的装备最佳，即最能发挥设备的功能，消耗费用最低。

工器具和设备的标准化原则。采用标准化物流技术及其装备、器具，可以降低设备和器具的购置和管理费用，提高作业的机械化水平，提高配送系统效率和经济效益。特别是选用标准化集装单元器具，有利于搬运、装卸、储存作业的统一化和设施设备的充分利用。

较强的灵活性、适应性原则。采用的物流技术及其装备应能适应各种不同物流环境、物流任务和实际应用的需求，应满足使用方便、符合人体工程学原理等要求。

充分利用空间。利用有效的空间，进行物流作业。如架空布置的悬挂输送机、立体库、梁式起重机、高层货架等；使用托盘和集装箱进行堆垛，向空中发展，这样可减少占地面积，提高土地利用率，充分利用空间。

减少人力搬运。从人机工作特点来看，有些地方还需要人搬运，但要尽量减少体力搬运，减少人员步行距离，减少弯腰的搬运作业。

③ 设备配置的确定

a. 货架数量的确定。配送中心使用货架的数量可以用以下公式计算：

$$N = \frac{Q}{(lbh)ki}$$

式中　N——货架数量，个；

　　　Q——上架储放物品的最高储备量，t；

l、b、h——货架的长、宽、高，m；

　　　k——货架的容积充满系数；

　　　i——上架存放物品的容重，t·m^{-3}。

b. 装卸搬运设备数量的确定。装卸搬运设备的配置量主要根据仓库作业量确定，并使仓库有较高的设备配置系数 K。K 一般取值在 0.5～0.8，当取值为 0.5～0.7 表明机械化作业程度中等；当 $K>0.7$ 时，表明机械化作业程度高；$K<0.5$ 时表明机械化作业程度低。

在配送中心进行第 n 类机械设备配置时，可以根据中心的要求预先规定一个配置系数值，然后由总物流量乘以配置系数可以得到设备需完成的物流量。即：

$$Q_n = KQ$$

式中　Q_n——第 n 类机械设备的总计划完成物流量；

Q——配送中心的总物流量。

则第 n 类设备的台数为：

$$Z_n = \frac{Q_n}{Q_c \beta \eta \delta \tau}$$

式中 Z_n——第 n 类机械设备的台数；

     Q_c——设备的额定起重量；

     β——起重系数，平均每次起重量与额定起重量的比值；

     η——单位工作小时平均吊装或者搬运次数，由运行距离、运行速度及所需辅助时间确定；

     τ——年日历工作小时，一班制工作取 7h 乘以工作日数；

     δ——时间利用系数，即设备平均工作小时与 τ 的比值。

c. 集装器具数量的确定。配送中心所需配置的托盘等的数量主要根据配送中心的预测物流量、集装箱器具使用周期、效率等因素决定，计算公式如下：

$$N = \frac{DT(1+X)}{C}$$

式中 N——集装器具数量，个；

     D——单位时间进出货物的数量；

     T——集装器具的使用周期，h；

     X——集装器具的效率；

     C——集装器具的标准容量。

（5）配送中心的占地面积确定   这里所讲的占地面积指的是实用面积，一般来讲有三种面积，即建筑面积、实用面积和有效面积。其中有效面积指的是作业区面积，实用面积指的是包括办公区和附属设施区的面积，建筑面积指的是实用面积加上墙壁等所占面积之和，一般由实用面积除以建筑系数而得到。下面以定额法为例计算配送中心的面积。

某配送中心预测每日处理货物 100t（入库 50t、出库 50t）、仓库经常储备为 7 天（10t·d^{-1}）以规模配送中心为例计算配送中心的使用面积。见表 8-5。

表 8-5   设施面积计算表

序号	设施名称	每日作业量/t	单位面积作业量/t·m^{-2}	设施面积/m^2
1	收货场	50	0.2	250
2	验收场	50	收货场兼	
3	分类场	30	0.2	150
4	保管场	70	1.0	70
5	流通加工场	5	0.2	25
6	特殊商品存放场	5	0.2	25
7	发送场	50	0.2	250
8	办公室			77
9	附属设施区			46
	合　计			893

注：其中办公室按照作业区面积的 10%，附属设施区按照作业区面积的 6% 计算。

如果要计算建筑面积，单层的话直接除以建筑系数即可；如果是多层则需要进一步计算。

（6）配送中心总体布局　目前规划建设的配送中心中，由于考虑到众多因素，配送中心建设基本的区域布置见图 8-14。

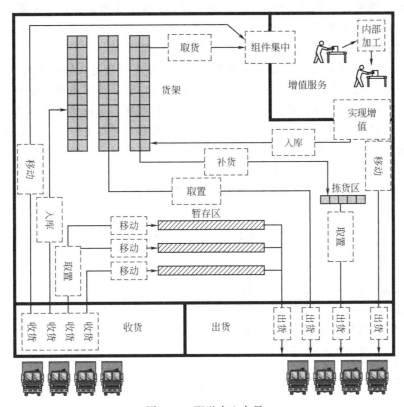

图 8-14　配送中心布局

配送中心选址需要考虑的因素

配送中心选址程序由于受到环境、方法和相关政治问题的影响而变得相当复杂。1993年，美国百货连锁店 Target，在为发展中的芝加哥地区的市场服务而建立一个 9.3 万平方米的分销中心的选址中，就遇到了这样的问题。Target 使用室内模型软件分析了由 55 个团体提供的成本和税收优惠，其中包括了诸多因素，如市场的接近度、运输成本、劳动力成本及其可用性。最初的分析将选址限于三个可能的地点，最后，选择了威斯康星 Oconomoroc 的工业园。

Target 完成了所有必要的法律程序为 Oconomoroc 地址开工，并相信选址程序已经完成了。然而，此时一个称为"银湖环境协会"的非盈利性环境组织在威斯康星州收集了许多庭审案例，要求进一步听证。该组织关心的问题集中于暴风雨的排水及其对地表水的影响和雇员交通而引起的空气污染影响，以及根据现行的法令是否会在任何方面伤害到环境。Target 项目的反对者相信这个项目是政治上权衡的结果，StanRiffle 说，银湖环境协会的律师这样讲，"我们已潜心于研究各层次的许多不同的庭审案例。底线是这将要进行多年。我们理解

Target 想很快转移。所以我认为，他们会意识到，转移到更适合于其工作和设施的地方是明智的。"

从威斯康星州的角度看，向外表明一个提倡商业的态度而非反发展的姿态是重要的。威斯康星的发展部公共信息官员 Tony Honzeny 说，"这个社区的人们在发布建设方案之前就知道这个计划。现在为了保护这个地址，必须符合 58 项独立的条件，这不是一件好像今天你加入进来，明天你就得到允许的事情。在这里，我们试图避免官僚主义，所以在这里如果你能在 90 天内得到一个处理后的许可，那是个好消息。"

从 Target 的角度看，公司已经决定在未来的情况下，必须有足够的时间来准备"许可"程序在这件事上及任何潜在政治上的动乱。不久以前，社区还很愿意接受像"Target"这样的大项目，但是由于环境、社会和基础设施问题受到损害，当地律师团体就将问题直接指向选址程序。在这些条件下，公司最佳的战略似乎是直接面对环境程序，因为这将有可能由此得到合法权。因而这个战略更能意味着一个更长、更慢的过程，但结果可能是提供一个最终所有涉及方更容易接受和满意的解决方案。

[分析] 通过该案例分析，配送中心选址时需要考虑的因素应包括哪些内容？

思考与练习

1. 保管型仓库与配送中心的最大区别在哪儿？
2. 如何做能够保证配送中心的各项业务运行高效？
3. 进行配送中心规划前应该考虑哪些要素？
4. 配送中心的选址应该考虑哪些因素？
5. 配送中心的组织机构设置的原则是什么？
6. 配送中心有哪些岗位？各岗位的素质要求是什么？

综合实训

如果要在你所在城市建立若干消费品配送中心，你认为应该建在哪儿？原因是什么？如果某一配送中心为单一商品配送，年配送量为 2400t，库内经常储备为 10t，货架存储、叉车作业、到货和出货量每日相等。货架的充满系数为 0.8，货物容重为 0.5t·m⁻³，规格为 1200mm×1000mm×500mm×8mm；叉车额定载荷 2t，时间利用率 0.6，起重系数 0.8，小时搬运次数 3 次。配送中心的面积应该如何规划，画出配送中心布局图和库内作业线路。

第9章 配送成本管理

【学习目标】

通过本章的学习，使学生了解物流配送成本的构成要素，配送成本的概念与特征，核算配送成本的意义；掌握配送成本的最优原则，配送成本的核算方法，控制配送成本的手段，配送服务成本合理化的策略，能制定出最低成本策略。

【导入案例】

安利降低物流成本的秘诀

1959年，年仅30多岁的杰·温安格先生和理查·狄维士先生在家中的地下室迈出了安利（Amway）事业的第一步。开业时，公司只有5名员工，办公面积仅223平方米，时至今日，安利已发展成为世界知名的大型日用消费品生产及销售商，总部位于美国密执安州的亚达城，业务遍布80多个国家和地区。安利生产的产品有450余种，包括营养保健食品、美容化妆品、个人护理用品、家居护理用品和家居耐用品等。

1992年，安利（中国）日用品有限公司在广州经济技术开发区成立，成为国家工商行政管理局批准的全国首批直销公司之一。经过十载辛勤耕耘，安利（中国）公司已发展成为安利全球最大的市场，荣登"2003—2004年度中国外资企业500强"的第33位、"2004中国最具影响跨国企业"、"2004年度影响中国的十大品牌"。2004年，安利（中国）销售额达170亿元人民币。

安利在中国的物流是怎样运作的？

同样面临物流信息奇缺、物流基础落后、第三方物流公司资质参差不齐的实际情况，国内同行物流成本居高不下，而安利（中国）的储运成本却仅占全部经营成本的4.6%。安利降低物流成本的秘诀是其全方位物流战略的成功运用，具体表现在：

① 非核心环节通过外包完成。

② 安利的"店铺＋推销员"的销售方式，对物流储运有非常高的要求。安利的物流储运系统，其主要功能是将安利工厂生产的产品及向其他供应商采购的印刷品、辅销产品等先转运到位于广州的储运中心，然后通过不同的运输方式运抵各地的区域仓库（主要包括沈阳、北京及上海）暂时储运，再根据需求转运至设在各省市的店铺，并通过家居送货或店铺等销售渠道推向市场。与其他公司所不同的是，安利储运部同时还兼管全国近百家店铺的营运、送货发货、电话订货等服务。所以，物流系统的完善与效率，在很大程度上影响着整个市场的有效运作。

　　但是，由于当时国内的物流信息极为短缺，他们很难获得物流企业的详细信息，如从业公司的数量、资质和信用等，国内的第三方物流供应商在专业化方面也很欠缺，很难达到企业的要求。在这样的状况下，安利采用了适合中国国情的"安利团队＋第三方物流供应商"的全方位运作模式。对核心业务如库存控制等由安利统筹管理，实施信息资源最大范围的共享，使企业价值链发挥最大的效益。而对非核心环节，则通过外包形式完成，如以广州为中心的珠江三角洲地区主要由安利的车队运输，其他绝大部分货物运输都是由第三方物流公司来承担。另外，全国几乎所有的仓库均为外租第三方物流公司的仓库，而核心业务，如库存业务、调配指令及储运中心的主体设施与运作，则主要由安利本身的团队统筹管理。目前已有多家大型第三方物流公司承担安利公司的大部分配送业务。公司会派人定期监督和进行市场调查，以评估服务供应商是否提供具有竞争力的价格，是否符合公司要求的服务标准。这样，既能整合第三方物流的资源优势，与其建立坚固的合作伙伴关系，同时又通过对企业供应链的核心环节——管理系统、设施和团队的掌控，保持安利的自身优势。

　　③ 仓库半租、半建。在美国，安利仓库的自动化程度相当高，而在中国，很多现代化的物流设备并没有被采用，因为美国土地和人工成本非常高，而在中国这方面的成本比较低。两相权衡，安利弃高就低。创造新的物流中心的方式很好地反映出安利的"适用"哲学。新物流中心占地面积达 $40000m^2$，是原来仓库的 4 倍，而建筑面积达 $16000m^2$。这样大的物流中心如果全部自建的话，土地和库房等基础设施方面的投资就需要数千万元。安利采取和另一物流发展商合作的模式，合作方提供土地和库房，安利租用仓库并负责内部的设施投入。只用了 1 年的时间，投入 1500 万元，安利就拥有了一个空间充足、设备先进的新物流中心。而国内不少企业，在建立自己的物流中心时将主要精力都放在基础上，不仅占用了企业大量的周转资金，而且费时费力，效果并不见得很好。

　　④ 核心环节大手笔投入。安利另一个值得借鉴的方面就是在核心环节的大手笔投入。安利单在信息管理系统上就投资了 9000 多万元，其中主要是用于物流、库存管理的 AS400 系统，它使公司的物流配送运作效率得到了很大的提升，同时大大地降低了各种成本。安利先进的计算机系统将全球各个分公司的存货数据联系在一起，各分公司与美国总部直接联机，详细储存每项产品的生产日期、销售数量、库存状态、有效日期、存放位置、销售价值、成本等数据。有关数据通过数据专线与各批发中心直接联机。通过安利成功的例子，我们看到，对物流公司来讲，配送成本的控制是非常重要的。

9.1　配送成本概述

　　配送成本是指在物流配送过程中发生的一切费用，包括直接成本和间接成本，即不进行物流配送就不会发生的成本。

9.1.1 配送成本含义

配送是物流的功能要素之一，配送最能体现物流系统最终的总体服务功能。配送系统作为企业经营管理大系统中的一个子系统，对其进行经营管理的主要目的是要实现配送系统的合理化，提高配送效率。降低配送成本和提高服务水平是配送管理肩负的两大使命，如何正确处理和协调两者之间的关系是配送管理的主要内容。

配送成本是指在配送活动的备货、储存、分拣、送货、送达服务及配送价格等环节所发生的各项费用的总和，是配送过程中所消耗的各种活劳动和物化劳动的货币表现。

配送费用诸如人工费用、作业消耗、物品消耗、利息支出、管理费用等，将其按一定对象进行汇集就构成了配送成本。配送成本的高低直接关系到配送中心的利润，进而影响连锁企业的高低，因此，如何以最少的配送成本在适当的时间将适当的产品送到适当的地方，是摆在企业面前的一个重要的问题，对配送成本进行控制变得十分重要。

对配送成本进行归集时要做的第一项工作是必须明确归集的范围。配送成本的范围一般是由以下三方面因素决定的：

(1) 成本的计算范围如何确定的问题。配送过程中涉及不同的配送对象，如不同的送货对象、不同的配送产品，此时如按不同对象进行成本归集，计算结果有明显的差别。

(2) 在备货、储存、配货、送货等诸种配送物流活动中，以哪种活动作为计算对象的问题。选择不同活动进行成本归集计算出来的配送成本自然是有差别的。

(3) 把哪几种费用列入配送成本的问题。如支付的运载费用、保管费用、人工折旧费等，取其中哪几部分列入配送成本进行计算将直接影响到配送成本的大小。

企业配送成本计算结果的大小，受以上三个方面因素的直接影响。确定不同的前提条件，会引起截然不同的结果。企业应根据各自不同的情况及管理需要来决定本企业配送成本的计算范围。

9.1.2 配送成本的特征

在配送成本管理的实践中，配送成本常常表现出以下特征：

1. 配送成本具有隐蔽性

如同物流成本冰山理论指出的一样，要想直接从企业的财会业务中完整地提取企业发生的配送成本难以办到。通常的财务会计业务并不是完全不能掌握配送成本，通过"销售费用"、"管理费用"科目可以看出部分配送费用情况。但这些科目反映的费用仅仅只是全部配送成本的一部分，即企业对外支付的配送费用，并且这一部分费用往往是混同在其他有关费用中，而并不是单独设立"配送费用"科目进行独立核算。

具体来讲，像连锁店之间进行配送所发生的费用是计算在销售费用中的；同样，备货时支付的费用最终也会归入销售费用；而配送中发生的人工费用与其他部门的人工费用一起分别列入管理费用和销售费用；与配送有关的利息和企业内的其他利息一起计入营业外费用。这样企业支出的有关配送费用实际上就隐藏在了各种财务会计科目中，难以正确及时地显示配送成本的真实数据，管理人员就难以分析配送成本的构成，难以意识到配送成本管理的重要性所在。

2. 配送成本削减具有乘数效应

假定某企业销售额为 1000 元，配送成本为 100 元。如果配送成本降低 10%，就可能得到 10 元的利润。这种配送成本削减的乘数效应是不言自明的。假如这个企业的销售利润率为 2％，则创造 10 元利润，需要增加 500 元的销售额，即降低 10％ 的配送成本所起的作用相当于销售额增加 50％。可见，配送成本的下降会产生极大的效益。

3. 配送成本的"二律背反"

所谓"二律背反"是指同一资源的两个方面处于相互矛盾的关系之中，要达到一个目的必然要损失一部分另一目的，要追求一方，必将舍弃另一方的一种状态。这种状态在配送诸多活动之间也是存在的。例如包装问题，在产品销售市场和销售价格皆不变的前提下，假定其他成本因素不变，如简化包装，则必然降低包装作业强度，进而降低包装成本，但是一旦商品进入流通以后，简化包装必然导致降低产品的防护效果，易造成储存、装卸、运转过程中出现破损，导致搬运效率降低、破损率增加。我国流通领域每年因包装不善出现的上百亿元的商品损失，就是二律背反的实证。又例，尽量减少库存，必然引起库存补充频繁，从而增加运输次数，造成运输费用增大，同样是一方成本降低，另一方成本增大。

上述二律背反的情况在许多企业是常见的。由于配送活动各环节之间密切相关而且在多数场合处于成本的二律背反状态，所以在对配送活动进行成本管理时必须把相关成本拿到同一场所用"总成本"来评价其损益，从而实现整体配送活动的合理化。

9.1.3 计算配送成本的意义

正确计算配送成本，主要有以下几个方面的意义：

1. 有利于正确把握物流实际成本

配送是企业物流活动的重要组成部分，是企业物流环节之一，配送成本的计算分析是企业整个物流成本计算分析的一部分，配送成本计算的质量直接关系到物流成本的正确与否，因此把握配送成本有助于对企业物流总成本有一个清晰而全面的认识。

2. 有利于改善企业物流管理

以时间为基础进行比较，如与上月的比较，去年同月比较，同一企业相同时间内不同配送业务的比较，可以发现物流配送管理存在的问题，以便发现不合理的物流流动，力求改进，不断完善。

3. 有利于分清成本发生的责任归属，促进物流管理一体化

物流配送成本的核算，可以分析配送成本上升的原因，同时也可以发现企业存在哪些不合理的物流活动，进而可以明确企业各部门物流管理的责任。

在许多企业，都把物流合理化看成是物流部门或配送部门的事，这似乎变成了一种共识。然而，这是错误的。事实上，物流费用过高、活动不合理的大部分责任不仅仅在物流配送部门。由于物流系统是一个综合的概念，实际物流运作部门都有物流活动的发生，因此物流费用涉及企业大多数部门，如生产、销售部门。物流成本责任清晰化，有利于唤起和劝导其他部门重视物流管理工作，重视物流活动合理化，实现企业物流管理一体化。例如，销售物流系统的设计，一般取决于销售政策，由销售部门来决定。具体讲，包括与交货期有关的问题，如"订货后几天内能配送"，与库存量有关的问题"一定商品周转率下的库存是多少"，与订货条件有关的问题"接受订货的最小批量是多少"等。其实这些都关系到"为顾客服务的水平"问题，只是先决定了这种服务水平，才决定了物质系统的应有状态。物流系统状态一旦决定，物流成本也基本上确定了。也就是说，这部分被决定下来的内容，除非以后要改变服务水平和销售政策，否则是不变的。作为物流部门来讲，即便知道这种顾客服务水平从物流的角度来看是不合理的，但种种原因使得物流部门无法干预。通过物流配送成本分析核算就可以反映销售物流设计的不合理，从而促进销售部门改进物流系统结构，实现企业物流管理一体化。

对于物流部门来说，其他部门对物流系统的要求，有时会与物流部门对物流系统的要求相冲突。因为其他部门只是从本部门的利益考虑，而不顾及物流能力是否达到或在物流总成本上是否合理，所以物流部门所能办到的只是从物流合理化的观点出发去劝说，至于做不做是销售部门决定的事情。那么物流部门起什么作用呢？一是提供能满足要求的所有前提条件；二是研究开发最合理的物流系统，并维持该系统的经济效益，即负责以最低的总成本，维持一定程度的顾客服务水平。

4. 为企业管理提供物流管理方面的数据和绩效考核数据

物流成本测算为企业提供物流管理数据和绩效考核数据，表现为两个方面。一是为企业物流活动计划、执行、控制提供数据计算和绩效考核依据，特别是向企业高层管理人员提供正确的分析数据和报告，可以加强全体人员对物流重要性的认识，促进物流活动的改善和提高。二是通过对物流配送成本测算评价物流配送部门对企业经营绩效的贡献。

5. 促进物流合理化

物流合理化不单单是物流配送部门的事，也有生产、销售等发生物流的部门所应该负责的领域。所以在物流合理化实施阶段，有必要明确物流合理化的责任范围有多大，是扩大到生产、销售等部门，还是仅仅局限在物流配送部门本身范围之内。前者，是从企业物流一体化这种观点出发来改变销售结构，即所谓后勤管理思想。通过物流系统化这一目的去寻求合理的物流形式。后者的主导思想是不触及生产、销售结构，把生产和销售部门都看作是客观给出的条件，或通过对作业方法、合同运费标准、运输工具的利用、事务处理方法、信息流通手段等活动的评价研究，力求把物流合理地组织起来。两种做法是明显不同的，实施的程序和方法等也有很大差别。从合理化效果来看，前者的成果远比后者大，这是毫无疑问的。但是，从我国企业存在的销售优先和物流靠后的这种公司内部的传统观念来看，物流实现一体化的难度是很大的。因此，现实的做法是，物流部门先自己推理物流合理化，等到一定阶段，再扩大到销售等其他领域中。实际上，从我国企业物流合理化的进展情况来看，现在正处于停留在物流部门单独合理化上。要想彻底实现物流合理化，不扩大到其他领域是不行的，物流一体化可以说是企业物流管理的重大课题。

9.1.4　配送成本的构成及分类

1. 按支付形态分类

按支付形态不同来进行配送成本的分类，主要是以财务会计中发生的费用为基础，通过乘以一定比率来加以核算。此时配送成本可分为以下几种：

(1) 材料费，是指因物料消耗而发生的费用。由物资材料费、燃料费、消耗性工具、低值易耗品摊销及其他物料消耗费组成。

(2) 人工费，是指因人力劳务的消耗而发生的费用，包括工资、奖金、福利费、医药费、劳保费以及职工教育培训费和其他一切用于职工的费用。

(3) 公益费，是指向电力、煤气、自来水等提供公益服务的部门支付的费用。

(4) 维护费，是指土地、建筑物、机械设备、车辆搬运工具等固定资产的使用、运转和维修保养所产生的费用，包括维修保养费、折旧费、房产税、土地使用税、车船使用税、租赁费、保险费等。

(5) 一般经费，是指差旅费、交通费、资料费、零星购进费、邮电费、城建税、能源建设税及其他税款，还包括商品损耗费、事故处理费及其他杂费等一切一般支出。

（6）特别经费，是指采用不用于财务会计的计算方法计算出来的配送费用，包括按实际使用年限计算的折旧费和企业内利息等。

（7）对外委托费，是指企业对外支付的包装费、运费、保管费、出入库装卸费、手续费等业务费用。

（8）其他企业支付费用，在配送成本中还应包括向其他企业支付的费用。比如商品购进采用送货制时包含在购买价格中的运费和商品销售采用提货制时因顾客自己提货而从销售价格中扣除的运费。在这些情况下，虽然实际上本企业内并未发生配送活动，但却发生了相关费用，故也应把其作为配送成本计算在内。

2. 按功能分类

按功能分类即通过观察配送费用是由配送的哪种功能产生的所进行的分类。按前面所说的支付形态进行配送成本分析，虽然可以得出总额，但还不能充分说明配送的重要性。若想降低配送费用，就应把这个总额按照其实现的功能进行详细区分，以便掌握配送的实际形态，了解在哪个功能环节上有浪费，达到针对性的成本控制。按照配送功能进行分类，配送成本大体可分为物品流通费、信息联通费和配送管理费三大类。

（1）物品流通费，是指为了完成配送过程中商品、物资的物理性流动而发生的费用，可进一步细分为以下几项：

① 备货费：指进行备货工作时需要的费用，包括筹集货源、订货、集货、进货以及进行有关的质量检验、结算、交接等而发生的费用。

② 保管费：指一定时期内因保管商品而需要的费用。除了包租或委托储存的仓储费外，还包括企业在自由仓库储存室的保管费。

③ 分拣及配货费：指在分拣、配货作业中发生的人力、物力的消耗。

④ 装卸费：指伴随商品包装、运输、保管、运到之后的移交，而发生的商品在一定范围内进行水平或垂直移动所需要的费用。在企业内，一般不单独计算装卸费，而是根据其发生的时间将其列入相关的运杂费、保管费、进货费中。如果在实务中进行分离很困难，也可以将装卸费分别计算在相应的费用中。

⑤ 短途运输费：指把商品从配运中心转移到顾客指定的送货地点所需要的运输费用。除了委托运输费外，还包括由本企业的自有运输工具进行送货的费用，伴随运输的装卸费用除外。

⑥ 配送加工费：指根据客户要求进行加工而发生的费用。

（2）信息联通费，因处理、传输有关配送信息而产生的费用，包括与储存管理、订货处理、顾客服务有关的费用。在企业内处理、传输的信息中，要把与配送有关的信息与其他信息的处理、传输区分开来往往极为困难，但是这种区分在核算配送成本时却是十分必要的。

（3）配送管理费，进行配送计划、调整、控制所需要的费用和企业管理部门的管理费。

3. 按适用对象分类

按不同的功能来计算配送成本的控制，但作为管理者还希望能分别掌握对不同的产品、地区、顾客产生的配送成本以便对未来发展做出决策，这就需要按适用对象来计算配送成本。通过按不同对象归集配送成本，可以分析产生不同配送成本的不同对象，进而帮助企业确定不同的销售策略。

（1）按营业单位计算配送成本，就是要算出各营业单位配送成本与销售金额或毛收入的对比，了解各营业单位配送中存在的问题，以便加强管理。

（2）按顾客计算配送成本，可分为按标准单位计算和按实际单位计算两种计算方式。按顾客计算成本可以用于确定目标顾客,确定服务水平等营销战略的参考。

(3) 按商品计算配送成本,把按功能计算出来的成本,以各自不同的基准,分配给各类商品,以此计算配送成本。这种方法可用来分析各类商品的盈亏,进而对确定企业的产品策略提供参考。

还可以按单位(配送一件或拣选几个)计算功能配送成本,再就各个功能配送成本的构成比例或金额与上一年度进行比较,弄清增减原因,研究制定整改方案。

9.1.5　配送成本的影响因素

1. 与产品相关的因素

(1) 货物的数量和重量。货物的数量和重量增加虽然会使配送作业量增加,但大批量的作业往往使配送效率提高,因此配送数量和重量是委托人获得价格折扣的理由。

(2) 货物的种类及作业过程。不同种类的货物配送难度不同,对配送作业的要求不同,承担的责任也不一样,因而对配送成本会产生较大幅度的影响。采用原装配送的成本显然比配装配送成本低,因此,不同配送作业过程,直接影响配送成本的高低。

(3) 外部成本。配送经营时有时要使用到配送企业以外的资源并支付相关费用,如当地的路桥收费、起吊设备的租赁等。

2. 与市场相关的因素

(1) 时间。配送时间越长,占用配送中心的固定成本越高。然而,这种成本往往表现为机会成本,具体表现为配送中心不能提供其他配送服务,收费减少;或者表现为配送中心在其他服务上增加成本。

(2) 距离。距离是影响配送成本的主要因素。距离越远,配送成本就越高,同时造成配送中运输设备的增加,送货员工的增加。

9.2　配送成本的核算

9.2.1　配送成本的核算项目

1977 年,日本运输省流通对策本部为适应各企业物流人员提出的对于物流成本计算要有一个“标准”方法的要求公布了《物流成本统一计算标准》(以下简称《计算标准》)。参照《计算标准》中的物流成本计算方法可以很方便地计算出企业的配送成本。

根据《计算标准》,在计算物流成本时要注意把握一个基本原则,就是从“按支付形态”入手开始进行。

按支付形态不同分类来计算配送成本,必须首先从企业会计核算的全部相关科目抽出所包含的配送成本。诸如运输费、保管费等向企业外部支付的费用,可以全部看成配送成本,而企业内部的配送费用的计算必须从有关项目中提取。

1. 材料费

材料费用可以根据进出库记录计算出某一时期用于配送活动中的材料消耗量,再乘以材料的购进单价而得出。可是,这需要出入库账目以物流为主进行记录。当难以实际通过材料支出单据进行统计时,可采用盘存计算法,即:

$$本期消耗量＝期初结余＋本期购进－期末结余$$

材料的购进单价应包括材料的购进费、进货运费、装卸费、保险费、关税、购进杂费等。

2. 人工费

报酬总额根据发给配送人员的工资、补贴、奖金等开支或按整个企业职工的平均工资额等费用情况进行计算。职工劳保费、按规定提取的福利基金及职工教育培训费等都需要从企业这些费用项目的总额中把用于配送人员的费用部分抽取出来。当实际费用很难抽出来计算时，也可以将这些费用的总额按从事配送活动的职工人数比例分摊到配送成本中。

3. 公益费

公益费包括电费、煤气费、自来水费等开支。严格的讲，应按每一个配送用的设施都安装上技术表来直接计费，但作为一种建议方法，也可以从整个企业的上述项目开支中，按配送设施和配送人员的比例计算得。

4. 维护费

此处的维护费包括了固定资产的使用、运转和维修保养所产生的维修保养费、房产税、土地使用费、车船使用税、租赁费、保险费等。维修费应根据本期实际发生额计算，对于经过多个期间统一支付的费用（租赁费、保险费等），可按期间分摊额计入本期相应的费用中，先提出能直接掌握的部分，不能直接掌握的部分可以根据建筑面积和设备金额等进行分摊。

5. 一般经费

这一费用相对于财务会计中的一般管理费。其中，对于差旅费、书报资料等人员和使用目的明确的费用，直接计入配送成本。不能直接掌握的部分，可按人头或设备比例进行分摊。

6. 特别经费

特别经费包括按实际使用年限计算的折旧费和企业内利息等。

企业内利息即上市配送活动所占用的全部资金成本中可以归结为资本化的那部分费用。因为这部分资金成本不是以银行利息率计算，而是以企业内部利息率计算，所以称为企业内利息。这种企业内利息仅仅是以管理会计中资金成本的形式加到成本中，实质上是对配送活动占用资产的一种以整个企业内部平均利息率来计算的资金成本，它与实际支付的利息不同，实质上它应该看作是一种机会成本。

企业内利息的计算，对配货中使用的固定资产以征收固定资产占用税式的评估价乘以企业内利息率；对存货以账面价值乘以企业内利息率。

7. 对外委托费

根据本期实际发生额进行计算。除此以外的间接委托的费用按一定标准分摊到各功能的费用中。

8. 其他企业支付费用

以本期发生购进时其他企业支付和发生销售时其他企业支付配送费的物品重量或件数为基础，乘以费用估价计算。

其他企业支付的费用虽然不作为本企业费用支付，但对购进商品实际上已经将运费、装卸费包含在进货价格中，如果企业自己到商品产地购进，这部分费用是要由本企业实际支付的。对销售的商品，买方提货所支付的费用相当于折减了销售价格，如果销售的商品采用送货制，这部分费用也要由本企业支付。因此，其他企业支付的配送费用实际上是为了弥补应由本企业负担的配送费而计入配送成本的。该费用的计算必须依靠概算股价的费用单价，但当本企业也承担与此相应的配送费时，可用本企业相当的配送费来代替。

9.2.2　配送成本核算步骤

明确了按支付形态分类的配送成本的计算方法后，就可以根据惯例工作对有关信息的需要按以下步骤进行配送成本的进一步计算：

① 根据计算配送成本的需要，将以上通过计算得出的数据资料记录下来。

② 把费用按功能分类，然后汇总。方法是将每一种功能各制一张表，可根据核算需要考虑是把所有的功能都作为计算对象，还是只计算其中某几项功能。

③ 如果想要了解按功能、支付形态分类的配送成本的支出情况，可以参考第一步记录的数字，可以简单地看出通过配送活动的哪种功能的成本最大，费用都花在哪个配送环节。

④ 如果想要求出按范围、功能分类的配送成本，可以了解哪种功能的配送成本最高，并且还能算出销售额与配送成本的比例以及根据销售算出的单位配送。

计算配送成本时要注意，每进行一次配送成本计算，都要明确计算范围，使结果具有可比性。明确计算范围的方法，就是直接利用上述计算表。因为这些表能够计算出配送成本的总额。当实际计算过程只计算部分成本时，同样可以利用这些计算表，只需将非计算对象的成本栏空出。这样，就能通过把本年度的计算结果与上一年度相比较，看出计算范围上的差别。

9.2.3　配送成本的控制

进行配送成本核算的最终目的是为了实现对配送成本的控制。一般对配送成本的控制应从以下几方面进行：

1. 加强配送的计划性

在配送活动中，临时配送、紧急配送或无计划的琐事配送都会大幅度增加配送成本，因为这些配送成本降低车辆使用效率。为了加强配送的计划性，需要加强同客户的沟通，建立客户的配送信息网络。在实践中，应针对商品的特性，制订不同的配送计划和配送制度。

2. 确定合理的配送路线

采用科学的方法确定合理的配送路线，可以有效地提高配送效率，降低配送费用。确定配送路线的方法很多，既可以采用方案评价法进行定性分析，也可以采用数学模型进行定量分析。无论采用何种方法，都必须考虑以下条件：

（1）满足所有客户对商品品种、规格和数量的要求。

（2）满足所有客户对货物发至时间的要求。

（3）在交通管理部门允许通行的时间内送货。

（4）各配送路线的商品量不得超过车辆容积及载重量。

（5）在配送中心现有运力及可支配力的范围之内配送。

3. 进行合理的车辆配送

各客户的需求情况不同，订货情况也就不一样，一次配送的货物有可能有多种不同的类型。这些商品不仅包装形态、储运性质不一，而且密度差别较大。密度大的商品往往达到车辆的载重量，但体积空余很大；密度小的商品虽然达到车辆的最大体积，但达不到载重量。实行轻重配装，既能使车辆满载，又能充分利用车辆的有效体积，可大大降低运输费用。

4. 提高配送自动化程度

在配送活动中，分拣、配货要占全部劳动的 60%，而且容易发生错误。如果在拣货配送过程中运用计算机管理系统，应用条形码技术，就可以使拣货快速、准确，配货简单、高效。从而提高生产效率，节省劳动力，降低物流费用。

9.3 降低配送成本的策略

配送成本在物流配送中占有较大的比重，要想使整个物流成本下降，我们应该对配送成本采取各种措施使配送成本降低。

对配送的管理就是在满足一定的顾客服务水平与配送成本之间寻求平衡；在一定的配送成本下尽量提高顾客服务水平，或在一定的顾客服务水平下使配送成本最小。一般来说，要想在一定的顾客服务水平下使配送成本最低，我们应该考虑以下策略：

1. 混合策略

混合策略是指配送业务一部分由企业自身完成。这种策略的基本思想是，尽管采用单纯策略（即配送活动要么由企业自身全部完成，要么完全外包给第三方物流企业完成）易形成一定的经济规模，并使管理简化，但由于产品品种多变、规格不一、销量不均等情况，采用单纯策略的配送方式超出一定程度，不仅不能取得规模效益，反而还会造成规模不经济。而采用混合策略，合理安排企业自身完成的配送和外包给第三方物流完成的配送，能使配送成本最低。例如，美国一家干货生产企业为满足遍及全美的 1000 家连锁店的配送需要，建造了 6 座仓库，并拥有自己的车队。随着经营的发展，企业决定扩大配送系统，计划在芝加哥投资 7000 万美元再建一座新仓库，并配以新兴的物料处理系统。该计划提交董事会讨论时，却发现这样不仅成本较高，而且就算仓库建起来也还是满足不了需要。于是企业把目光投向租赁公共仓库，结果发现，如果企业在附近租赁公共仓库，增加一些必要设备，再加上原有的仓储设施，企业所需的仓储空间就足够了，但总投资只需 20 万元的设备购置费，10 万元的外包运费，加上资金也远没有 7000 万元之多。

2. 差异化策略

差异化策略的指导思想是：产品特征不同，顾客服务水平也不同。差异化势必降低配送资源利用效率，提高配送成本。因此，企业拥有多种产品线时，不能对所有产品都按统一的标准的顾客服务水平来配送，而应按产品的特点、销售水平来设置不同的库存、不同的运输方式以及不同的储存地点，采用 ABC 分类法，将产品分为三类：A 类产品的销售量占总销售量的 70% 以上，B 类产品占 20% 左右，C 类产品则为 10% 左右。对 A 类产品，在各销售网点都应备有库存，B 类产品只在地区分销中心备有库存而在各销售网点不备有库存，C 类产品连地区分销中心都不设库存，在工厂的仓库才有存货。这样，通过区分产品的重要性来分别进行配送管理。例如，一家生产化学品添加剂的公司，采用这种策略，经过一段时间的运行，企业的运送成本下降了 20% 之多。

3. 合并策略

合并策略包含两个层次：一是配送方法上的合并；另一则是共同配送。

（1）配送方法上的合并。配送成本增加的一个原因在于配货时由于货物的体积、重量、包装储运性能及目的地各不相同，导致一定的车辆空载率，一辆车上如果只装密度大的货物，往往是达到了载重量，但容积空余很多；只装密度小的货物则相反，看起来车装得很满，实际上并未达到车辆载重量。这两种情况实际上都造成了浪费。实行合理的轻重配装、容积不同的货物搭配装车，就可以不但在载重方面达到满载，而且也充分利用车辆的有效容积，取得最优效果。

（2）共同配送。共同配送是一种产权上的共享，也称集中协作配送。它是几个企业联合，集小量为大量共同利用统一配送设施的配送方式，其标准运作形式是：在中心机构的统一指挥和调度下，各配送主体以经营活动（或以资产为纽带）联合行动，在较大的地域内协调运作，共同对某一个或某几个客户提供系列化的配送服务。这种配送有两种情况：一种是中小型生产、零售企业之间分工合作实行共同配送，即同一行业或在同一地区的中小型生产、零售企业，在单独进行配送时运输量少、效率低的情况下，进行联合配送，不仅可减少企业的配送费用，配送能力得到互补，而且有利于缓解交通拥挤，提高配送车辆的利用；第二种是几个中小型配送中心之间的联合，共同协作指定配送计划，共同组织车辆设备，对某一地区客户进行配送。具体执行由于共同使用配送车辆，提高了车辆实载率，提高了配送效率，有利于降低配送成本。

4. 延迟策略

传统的配送计划安排中，大多数的库存是按照对未来生产需求的与测量设置的，这样就存在着预测风险，当测量与实际需求量不符时，就出现库存过多或过少的情况，从而增加配送成本。延迟策略的基本思想是对产品的外观、形状及其生产、组装、配送应尽可能推迟到接到顾客订单后再确定。一旦接到订单就要快速反应，因此采用延迟策略的一个基本前提是信息传递要非常快。

一般来说，实行延迟策略的企业应具备以下几个基本条件：

（1）产品特征。模块化程度高。产品价值密度大，有特定的外形，产品特征易于表述，定制后可改变产品的容积或重量。

（2）生产技术特征。模块化产品设计，设备智能化程度高，定制工艺与基本工艺差别不大。

（3）市场特征。产品生命周期短，销售波动性大，价格竞争激烈，市场变化大，产品提前期短。

实行延迟策略常采用两种方式：生产延迟（或称形成延迟）或物流延迟（或称时间延迟），而配送中往往存在着加工活动，所以配送延迟策略既可采用形成延迟方式，也可采用时间延迟方式。具体操作时，常常发生诸如贴标签（形成延迟）、包装（形成延迟）、装配（形成延迟）和发送（时间延迟）等领域。美国一家生产金枪鱼罐头的企业就通过采用延迟策略改变配送方式，降低了库存水平。历史上这家企业为提高市场占有率曾针对不同的几种标签，产品生产出来后运到各地的分销仓库储存起来。由于顾客偏好不一，几种品牌的同一产品经常出现某种品牌的畅销缺货，而另一些品牌却滞销压仓。为了解决这个问题，该企业改变以往的做法，在产品出厂时都不贴标签就运到各分销中心储存，当接到各下游网点的具体订货要求后，才按各网点指定的品牌标志贴上相应的标签，这样就有效地解决了彼此的矛盾，从而降低了库存成本。

5. 标准化策略

就是尽量减少因品种多变而导致附加配送成本，尽可能多采用标准零部件、模块化产品。如服装制造商按统一规格生产服装，直到顾客购买时才按照顾客的身材调整尺寸大小。采用标准化策略要求厂家从产品设计开始就站在消费者的立场去考虑怎样节省配送的成本，而不要等到产品定型生产出来才考虑采用什么技巧降低配送成本。

案例

布鲁克林酿酒厂的配送成本管理

1. 基本情况

布鲁克林酿酒厂在美国分销布鲁克林拉格和布朗淡色啤酒，并且已经经营了 3 年。虽然在美国还没有成为国家品牌，但在日本市场却已创建了一个每年 200 万美元的市场。

TAIYO 资源有限公司是 TAIYO 石油公司的一家国际附属企业。在这个公司的 Keijj Miyanmoto 访问布鲁克林酿酒厂之前，该酿酒厂还没有立即将啤酒出口到日本的计划。Miyanmoto 认为，日本消费者会喜欢这种产品，并说服布鲁克林酿酒厂与 HIROYO 贸易公司全面讨论在日本的营销业务。HIROYO 贸易公司建议布鲁克林酿酒厂将啤酒运到日本，并通过广告宣传其进口啤酒具有独一无二的新鲜度。这是一个直销战略，也是一种物流配送作业，因为高成本使得当时还没有其他的酿酒厂通过航空将啤酒出口到日本。

2. 配送成本管理

(1) 布鲁克林酿酒厂运输成本的控制　布鲁克林酿酒厂于 1987 年 11 月装运了它的第一箱布鲁克林拉格到达日本，并在最初的几个月里使用了各种航空承运人。最后，日本金刚砂航空公司被公司选为布鲁克林酿酒厂唯一的航空承运人。金刚砂公司之所以被选中，是因为它向布鲁克林酿酒厂提供了增值业务。金刚砂公司在其 J.F.K. 国际机场的终点站交付啤酒，并在飞往东京的商航上安排运输，金刚砂公司通过其日本报关行办理各种手续。这些服务有助于保证产品完全符合新鲜要求。

(2) 布鲁克林酿酒厂配送时间与价格的控制　布鲁克林拉格啤酒之所以能达到新鲜要求，是因为这样的配送作业可以在啤酒酿造后的 1 周内将啤酒从酿酒厂直接运达顾客手中，而海外装运啤酒的平均订货周期为 40 天。新鲜的啤酒能够超过一般价值定价并高于海运装运的啤酒价格的 5 倍。虽然布鲁克林拉格在美国是一种平均价位的啤酒，但在日本，它是一种溢价产品，获得了极高的利润。

(3) 布鲁克林酿酒厂包装成本控制　布鲁克林酿酒厂将改变包装，通过装运小桶装啤酒而不是装运瓶装啤酒来降低运输成本。虽然小桶重量与瓶装啤酒相等，但减少了玻璃破碎而使啤酒损毁的机会。此外，小桶啤酒对保护性包装的要求也比较低，这将近一步降低装运成本。

3. 配送成本管理的成效

高价并没有阻碍啤酒在日本的销售。1988 年，即其进入日本市场的第一年，布鲁克林酿酒厂取得了 50 万美元的销售额。1989 年销售额增加到 100 万美元，而 1990 年则为 130 万美元，其出口总量占布鲁克林酿酒厂销售额的 10%。

4. 案例分析

配送成本管理目标明确：该企业是为了将啤酒销往日本而进行成本管理的，在配送成本方面就形成了明显的目标，在保证啤酒新鲜度的前提下，实现配送总成本的优化，从而提升企业产品在日本市场的竞争力。

进行配送成本的差异控制：对于企业来说，配送成本可能是由多个方面的成本构成的。要有效地降低配送成本，就需要认真分析配送成本的状况，并针对不同情况采用不同的方法。该企业把配送成本分解为运输成本、时间成本和包装成本等，分别采取控制的方法，实现了预期的目标。

　　把配送成本管理与企业营销和市场拓展战略有机地结合起来，建立和完善一个物流成本管理的标准系统和控制体系。

　　两个启示：在认识上提醒人们，企业可以把配送成本管理问题纳入企业生产经营过程进行战略性思考。企业市场竞争力就是包括了对配送成本的重要确认和明确认识。而在方法上也告诉人们，配送成本管理需要有明确的目标、分类控制的方法，并能从供应链体系进行控制和管理。同时，也应认识到，配送成本的管理必须进行创新和发展。

思考与练习

一、选择题
1. 实行延迟策略的企业应具备的基本条件有_____、_____、_____。
2. 配送成本合理化的策略有_____、_____、_____、_____。
3. 配送成本常常表现出以下特征_____、_____、_____、_____。

二、简答题
1. 简述如何对配送成本进行控制。
2. 简述配送成本核算步骤。
3. 在配送成本管理的实践中，配送成本常常表现出哪些特征。
4. 简述正确计算配送成本的意义。
5. 简述确定合理的配送路线的原则。

第10章 配送业务绩效考核

【学习目标】

通过本章的学习，使学生了解配送业务绩效考核的绩效因子，掌握绩效管理系统，着重掌握配送中心的绩效管理方法与绩效管理系统的具体操作。

> 现代企业之间的竞争归根结底就是企业员工与员工之间的竞争，要想使企业员工发挥出最佳绩效，对员工的绩效考核就非常重要了，对物流类企业当然也不例外。在物流企业，绩效考核起着非同小可的作用，我们可以通过物流绩效考核系统的建立、考核、评估等环节进行物流绩效的管理。针对现代物流中心，对其进行绩效考核就更有必要了。本章主要从物流成本与物流绩效的角度切入，对物流环节中的绩效考核及合同管理进行了全面的阐述，使我们全面掌握物流绩效考核的过程与作用。

10.1　绩效管理系统

经营绩效管理系统是一个从企业各子系统及流通业取得信息，制定各种经营政策，然后将政策内容及执行方针告知各个经营部门，并将配送中心的数据提供给流通业的企业综合分析决策系统。

经营绩效管理系统包括配送资源计划、经营管理系统、绩效管理系统。

10.1.1　配送资源计划

配送资源计划是配送中心由各个运作单位，对各种资源及经营方向、经营内容的规划。

配送中心拥有多座仓库、多个储运站或多个转运站，应该设置多少个仓储据点？仓库的位置如何确定才可以满足市场开发的需求？哪座仓库应存放哪些商品？商品存放量有多少才足以供应区域的商品需求？所需仓库空间多大才足以存放该数量商品？为适应这些配送活动，各据点必须具备什么器具及人力资源？这些资源如何分配？彼此间如何协调？这些都是配送资源计划要解决的问题。

仓库设置点及数量规划系统需从外界收集数据进行规划，所收集数据包括区域人口数、年龄分布状况、区域销售商店分配状况、区域商品销售总金额、每一年龄层的消费品种等数据。根据这些数据来估计该区域的市场潜力、可销售的商品种类、销售金额与数量及设置仓库数、仓库设置的地点等。

决定了仓库的数量及位置后，企业便可根据市场分析所得数据来划分每个仓库所经销的商品种类，即多仓库商品先规划系统；然后再根据市场调查数据分析计算，求出各仓库所需库存数量、机器设备、人力资源，并进行协调、分配和控制，即多库存控制系统、多仓库机器设备规划控制系统、多仓库人力资源计划系统及多仓库商品计划系统。

10.1.2　经营管理系统

经营管理系统是供配送中心高层管理人员使用，用来制订各类管理政策和计划，进行投资分析与预算的决策系统。如编制车辆设备租用采购计划、销售策略计划，设计配送成本分析系统、运输指定系统及外车管理系统等。

配送中心可通过自有车或雇用外车来进行配送。经营管理系统可利用现有系统数据，如配送需求统计、车辆调派现状、人力资源的利用率等作为车辆采购或雇用外车的分析基础，实施车辆、设备的采购计划。决定采用外车后，还可进行多种外车管理方案的选用分析，例如，是采用租车公司转车配送还是雇佣货运公司仅作单程批货的配送？是否雇用个人货车？运费计算、各车行或个人间如何协调管理？若决定自购货车，将选择何种最有效益的资金投资与回收方法进行成本回收？是回收年限预估还是净现值法？如何利用决策树分析法选择最优方案？销售方案计划主要是根据销售额、作业人员销售业绩、商品销售能力、销售区域分配状况等数据来制定配送中心的销售规划政策，它包括进销商品内容、客户区域规划、作业员销售额及区域划分、市场营销对策制定和促销计划等。

配送成本分析系统是以会计数据为基础分析配送中心各项费用，来反映盈利或投资与回收的状况，同时也可作为运费指定系统中运费指定的基准。配送成本分析与运费指定系统是非常重要的系统，因为配送中心需要确定运费能否赢得客户并合理地覆盖成本。

外车管理系统是管理外雇车辆的系统，包括外车雇用数据的维护、管理方法的选用分析、配送车辆的调度及调度计划等。

10.1.3　绩效管理系统

配送中心的盈利除了需要各项经销策略的正确制定与实际计划及时执行外，还需有良好的信息反馈作为政策、管理及实施方法修正的依据，这就需要绩效管理系统，其主要内容包括：

① 作业人员管理系统。包括作业销售区域划分、销售总额金额管理、呆账率分析、票据期限分析等。

② 客户管理系统。包括客户销售金额管理、客户信用管理、客户投诉管理等。

③ 订单处理绩效报表。指订单处理失误率分析、订单处理时效分析。

④ 库存周转率评估。包括资金周转率分析与计算、商品周转率分析、某类商品平均周转率分析与比较。

⑤ 缺货金额损失管理报表。指库存盘点时比较盘盈盘亏并计算报废商品的金额及数量。

⑥ 拣货绩效管理报表，包括绩效管理报表、装车作业绩效管理报表等。均属仓库内部作业的管理考核报表，主要进行作业处理量的统计和作业失误等的分析。

⑦ 车辆使用率评估报表、月台使用率评估报表、人力使用绩效报表、机器设备使用率评估报表、仓库使用率评估报表。这些报表指标均为仓库内部机具设备及人力资源的作业时间统计、效率评估及成本回收状况的显示，可作为指定机器设备使用政策的参与，或评估机具租用、采购的基础。

10.2 配送中心主要活动绩效管理

配送中心虽然是整个物流过程的终结点，但它也是全部物流内容的核心，任何产品最终都要通过配送中心流向客户。可以说，配送中心从事的主要业务是提供商品的服务活动，即通过运输、仓储和物流加工等活动实现商品的价值转移，科学合理地制定各项活动的管理指标，是提高配送中心各项活动经营绩效的基本前提。

1. 顾客服务绩效

对配送中心来说，顾客服务贯穿于从接受订单开始到商品送到客户手中的全部配送过程。做好顾客服务不仅可以留住老客户，保持和发展顾客的忠诚与满意，还可以通过良好企业形象，赢得大量的新客户。

进行顾客服务绩效管理，主要是通过建立顾客服务绩效评价指标，制定顾客服务指标，提高顾客服务绩效。

顾客服务绩效评价指标主要包括价格、质量、作用、形象、关系和信誉，建立绩效评价体系时应以顾客的需要为目标，通过深入访谈、电话访问、邮寄调查等方法进行定性、定量相结合的研究，设计出一套满足配送中心考核服务需要的绩效指标。配送中心通常使用的服务评价指标有：

① 顾客服务的一般评价指标，包括市场份额、顾客的忠诚度、顾客的满意度、从顾客处获取利润等。

② 对顾客价值重视程度的评价指标，包括产品和服务的特征、顾客关系、企业的形象和声誉。

③ 满足顾客需求的评价指标，包括提供商品的时间、商品的质量和价格等。

2. 指定服务标准，提高顾客服务绩效

客户对配送中心的服务满意度主要来自与配送中心的交易环节，包括在交易前、交易中和交易后所发生的各种具体交易行为。配送中心可依据这些具体的交易行为制定各个环节的服务标准，以此作为考核的具体内容。

根据上述服务标准，配送中心的管理层可与客户之间经常进行良好的沟通，挖掘企业服务不尽如人意的方面，提高企业为客户服务的绩效。

目前，我国配送中心的服务水平与世界同类企业相比还有一定的差距，许多企业都缺乏有效稳定的顾客服务策略，管理层也缺乏行之有效的手段。但是，随着配送领域里越来越多的世界知名企业参与竞争，我国企业必须采用以下多种方式提高顾客服务绩效。

① 正确树立"以消费者为中心"的思想，充分研讨客户的需求。

② 在认真分析成本与收益的基础上，确定最优的客户服务水平。

③ 在订货处理系统中采用最先进的技术手段，提高为客户服务的能力。

④ 建立健全各种评价体系，考核和评价配送中心各环节的绩效。

提高服务绩效必须立足于掌握顾客需求，通过对市场的调查研究和企业服务现状的分析，明确客户对服务的需求，制定合适的顾客服务战略，以实现企业长期盈利和回收投资的目标。

10.3　配送服务与配送成本

降低配送成本和提高配送服务水平是配送管理肩负的两大使命，正确处理和协调两者的关系是配送管理的重要内容。

10.3.1　配送服务与成本之间的二律背反

对于配送服务水平，曾有人提出把"在任何时间、任何地点、任何数量上都满足顾客的要求"作为一般服务标准，这样的服务标准确实很高，但只能在不考虑成本的前提才能办到。从管理的观点来看，这是一种"无原则"的服务标准，既不现实又不可取。而另一个偏向则是不管生产和购销的要求，一味追求最低成本，比如为了大批量集中进行送货，以降低运输费用，而不考虑顾客的需要，延长送货时间，结果造成缺货损失，影响企业信誉。这种以牺牲企业长远的利益而换来的低成本同样毫无意义，是管理上的本末倒置。

如前所述，配送的各项活动之间存在二律背反，其实在配送成本与配送服务之间也存在二律背反问题：第一，一般来说，提高配送服务，配送成本即上升，成本与服务之间受收益递减法则的支配；第二，处于高水平的配送服务时，成本增加而配送服务水平不能按比例相应提高。

那么在管理中如何正确处理和协调这两者之间的关系呢？管理者在抉择时应注意权衡利弊，用综合的方法来求得两者之间的平衡。此时，可以通过考察配送系统的投入产出比，来对配送系统的经济效益进行衡量和评价。配送系统中的投入就是所说的配送成本，而配送系统的产出就是配送服务。以最低的配送成本达到所要求的配送服务水平，这样的配送系统就是一个有效率的系统。

10.3.2　配送成本与配送服务的分析

1. 配送系统的产出——物流服务

配送作为物流系统的终端，直接面对服务对象，其服务水平的高低直接决定了整个物流系统的效益。

理想的配送服务水平要求达到 6R，即适当的质量（right quality）；适当的数量（right quantity）；适当的时间（right time）；适当的地点（right place）；适当的印象（right impression）；适当的价格（right price）。衡量服务水平的具体标准由以下若干因素组成：

（1）服务的可靠性，可靠性服务内容包括：①商品品种齐全，数量充足，保证供应；②接到客户订货后，按照要求的内容迅速提供商品；③在规定的时间内把商品送到需要的地点；④商品送到时，保证数量准确，质量完好。

（2）缺货比率。

（3）订货周期的长短。

（4）运输工具及运输方式的选择。

（5）特殊服务项目的提供。

（6）免费服务。

配送活动通过提供高水平、高标准的服务，可以满足企业销售的需要，争取更多的顾客，从而扩大企业的销售，但同时也产生了较高的成本。

2. 配送服务与配送成本的关系

前面已经介绍过，配送服务水平与配送成本之间存在着二律背反的关系。一般来说，顾客的要求是多种多样和不断变化的，比如有的客户要求订货后立即送货；有的客户要求很小的送货批量；有些客户要求送货的批量既小频率又高。如果完全按照这些要求来运作，从成本的角度来考虑是很不经济的。

配送服务与配送成本的关系，具体来说可表述为以下四个方面：

（1）在配送服务不变的情况下，考虑降低成本；不改变配送服务水平，通过改变配送系统来降低配送成本，这是一种追求效益的办法。

（2）在成本不变的情况下提高服务质量，只是一种追求效益的办法，也是一种有效地利用配送成本特性的办法。

（3）为提高配送服务，不惜增加成本，这是企业在特定顾客或其特定商品面临竞争时，所采取的具有战略意义的做法。

（4）用较低的配送成本，实现较高的配送服务，这是增加销售、增加效益、具有战略意义的办法。

企业在决策中究竟应如何做出选择和取舍呢？下面先看一个家用电器行业的例子。日本的家用电器行业在第一次石油危机之前的高速增长时期，每天向销售点配送 2～3 次货物，接近了"不管什么时候，都马上送达"这种相当高的服务水平。可是，石油危机后，由于燃料价格高涨，原来的这种高水平服务无法进行下去。于是征得销售店同意后，改为每天送货一次。结果，配送卡车装载率从过去的 50%左右一举增至 80%以上，从而使配送费用下降近 30%。仅服务水平这一点点改变，就引起了配送效率的巨大变化。从这一点看，企业在决定配送服务水平时必须慎重。

在服务和成本之间，首先应该肯定服务是第一位的，是前提条件。因为就物流配送的职能来讲，就是要提供满足购销活动所需要的服务，使服务达到一定水平。这是配送管理的第一使命。与此同时，以尽可能低的配送成本达到这种服务水平，则是配送管理的第二使命，所以"首先是服务，其次是成本"。

既然服务是第一位，企业该如何确定其适当的服务水平呢？相对于前述"无原则"的服务标准，企业要确定的是有原则的服务标准。具体来说，就是确定了下述条件后的服务水平：订货是任何时间内都接受呢，还是只在规定的时间内接受；订货数是一件也订，还是规定最低订货数量；此外，当天订货，限定什么时候交货；送货服务达到什么程度等。总之，在制定服务标准时必须站在客户的角度，了解客户真正需要的是什么。另外，制定的服务标准要明确可行，并且是由企业经营总目标所决定。

一般来说，企业用来确定配送服务水平的方法，主要有以下三种：

（1）采用销售竞争所需要的服务水平。根据竞争需要确定适宜的服务水平，即可以采用竞争对手所确定的服务水平或略高于竞争对手的服务水平，以牺牲眼前利益的代价去获取长远利益。

（2）在增加成本与销售额之间进行权衡抉择，抉择的原则是保证最大限度的利润。配送服务水平的提高对企业的影响是两方面的：增加销售收入的同时提高了配送成本。这种服务水平的提高对于企业是否适宜，评价的方法是将由此增长的销售额与增加的成本相比，考察企业的盈利状况。

（3）随着配送服务水平的提高，配送成本中有一部分随着上升，也有一部分不受服务水平提高的影响。如果后一部分成本的降低额不小于因服务水平提高而增加的成本额，这种服务水平的确定或调整是适宜的。

10.4　运输绩效管理

运输作为配送活动的一个重要环节，主要完成配送商品从供应商到客户间的移动。进行运输绩效评价与分析，有利于提高运输效率和运输经济效益。

现代运输有铁路、水路、公路、航空和管道五种方式，各种方式的效能和特点不同，配送中心必须结合配送商品的特性、运输条件和市场需求，合理地选择使用，实现及时、准确、安全、经济的商品配送，取得较好的运输绩效。

1. 配送中心进行运输绩效量化考核的指标

配送中心进行运输绩效量化考核的指标主要有以下几个：

（1）商品运输量。考核商品运输量可以从实物件数或运输金额两方面进行。

（2）运输损失。主要指按运输收入或按商品价值计算的损失率。

（3）运输费用水平。

（4）运输费用效益。

（5）合理运输评价指标。主要指货损或差率。

（6）消耗评价指标。包括实际油耗和保修费。

（7）安全评价指标。包括事故频率及安全间隔里程。

（8）运输效率和效益评价指标。主要有车船完好率、车船利用率、车船实载率、吨位产量、吨公里成本及单车船经济效益。

（9）运输质量评价指标。包括准时运输率和车船满载率。

2. 运输绩效评价标准的选择

配送中心进行运输绩效的评价分析时，可以参考以下内容确定评价标准：

（1）运输、取货和送货的服务质量，即整个运输过程是否做到准确、安全、迅速及可靠。

（2）是否能够实现门到门服务而且费用合理。

（3）能够及时提供有关运输状况、运输信息及其服务的能力。

（4）货物丢失或损坏，是否能够及时处理有关索赔事项。

（5）是否认真填制提货单、票据等运输凭证。

（6）与客户长期保持真诚合作伙伴关系的能力。

配送中心在对运输活动进行绩效评价时，还可结合承运人及顾客的实际情况，确定评价标准。并将所选标准按重要程度进行打分，最后根据总分判断优劣。

3. 存货绩效管理

作为流转节点的配送中心必须拥有相应的库存来协调产需间的供求关系，缓解供需矛盾，使企业均衡、连续运转，但配送中心储备货物势必占用大量资金、减少企业利润，因此，配送中心一方面维持特定的存货水平，保持企业正常运行，另一方面要不断改善经营管理水平，提高存货绩效。

配送中心用于评价存货绩效的考核指标主要有以下几个：

（1）评价仓库资源利用程度的指标　包括地产利用率、仓库面积利用率、仓容利用率、有效范围、投资费用比、设备完好率及设备利用率等。

（2）评价服务水平标准　包括缺货率、顾客满意程度、准时交货率及货损货差赔偿费率。

（3）评价储存能力与质量的指标　包括仓库吞吐能力实现率、进（发）货准确率、商品缺损率和仓储的成本。

（4）评价库存周转率　主要利用同行业间的比较值或与本企业同期的比值。

对存货明确而又一致的绩效评价是存货管理过程中的关键部分，对绩效评价既要反映服务水平又要反映存货水平。如果只集中在存货水平上，计划者就会倾向于存货水平最低，进而有可能对服务水平产生负面影响；与此相反，如果把绩效评价单一集中到服务水平上，将会导致计划者忽视存货水平。所以管理者在进行存货绩效评价时应清楚企业的实际需要。

4. 配送成本绩效管理

配送是按客户的订货要求，在配送中心进行分货、配货工作，并将配好的货物送交收货人的活动。它是流通加工、整理、拣选、分类、配货、装载、运送等一系列活动的集合。通过配送，物流活动才能得以最终实现。配送活动增加了产品的价值，提高了企业的竞争力。但是，完成配送活动需要付出一定的配送成本。对配送成本的绩效管理就是在一定的顾客服务水平下使配送成本最小，在一定的配送成本下尽量提高顾客服务水平。

（1）配送成本的构成　配送成本是指产品在空间（含静止）过程中所耗费的各种活劳动和物化劳动的货币表现。由于配送活动贯穿于企业活动的全过程，因此备货、拣货、包装、装卸搬运、储存、流通加工等各项活动中的费用都应计作配送成本。

（2）降低配送成本的策略　配送成本的绩效管理主要是提高配送资金的利用率，降低各业务环节的物料和人工耗费。

5. 配送服务绩效考核与分析

配送服务对于经济发展的意义，更重要的是在于它是企业发展的一个战略，从历史上看，发展到以高新技术为支持的、作为企业发展手段的配送，也就是近一二十年的事情，配送服务之所以在企业经营中如此重要，是因为配送服务已成为企业差别化战略的重要内容。

长期以来，物流并没有受到人们应有的重视。由于大批量生产，大批量销售，因而物流功能只停留在商品运输和保管等一般性业务上，物流从属于生产消费，从而成为企业经营中的附属功能。但是，进入细分市场营销阶段，市场需求呈现出多样化和分散化，而且发展变化十分迅速。这样，企业经营管理只有不断符合各种类型、不同层次的市场需求，有效地满足客户期望，才能使企业在激烈的市场竞争中求得发展。差别化的战略中的一个重要内容就是客户服务的差异，所以作为客户服务的重要组成部分的终端配送服务就成为企业实行差异化战略的重要方式和途径。

10.5　配送员工绩效考核与分析

10.5.1　配送服务的意义

配送服务对于经济发展的意义，更重要的是在于它是企业发展的一个战略手段。从历史上曾经采用的一般送货，发展到以高新技术支持的、作为企业发展战略的配送，也就是近一二十年的事情。配送服务之所以在企业经营中如此重要，是因为以下几方面：

1. 配送服务以成本为企业差别化战略的重要内容

长期以来，物流并没有受到人们应有的重视。在大批量生产时期，由于消费呈现出单一、大众化的特征，经营是建立在规模经济基础上的大量生产，大量销售，因而物流功能只停留在商品运输和保管等一般性业务活动上，物流从属于生产消费，从而成为企业经营中的附属职能。但是进入细分化市场营销阶段，市场需求呈现出多样化和分散化，而且发展变化十分迅速。这样，企业经营只有在不断符合各种类型、不同层次的市场需求，并且迅速、有效地满足客户期望，才能使企业在激烈的市场竞争中求得发展。差别化战略中的一个重要内容就是客户服务的差异，所以作为客户服务的重要组成部分的终端配送服务就成为企业实行差别化战略的重要方式和途径。

2. 配送服务水平的确定对企业经营绩效具有重大影响

决定配送服务水平是构建配送系统的前提条件。在配送开始成为经营战略的重要一环的过程中，配送服务越来越具有经济性特征。也就是说，对配送服务来说市场机制和价格机制也在发生作用，市场机制和价格机制通过供求关系既确定了配送服务的价值，又决定了一定服务水平下的物流配送成本，所以，制定合理的配送服务水平是企业战略活动的重要内容之一。特别是对于一些例外运输、紧急运输等物流配送服务，需要考虑成本适当化或者流通主题互相分担的问题。

3. 配送服务是有效联结供应商、制造商、批发商和零售商的重要手段

随着经济全球化、网络化的发展，现代企业的竞争已不是单个企业的竞争，而是供应链之间的竞争；企业的竞争优势不是单一企业的优势，而是供应链整体的优势。配送服务一方面以物品的物质实体流动为媒介，打破了供应商、制造商、批发商和零售商之间的间隔，有效地推动商品从生产到消费全过程的顺利流动；另一方面，配送服务也通过自身特有的系统设施不断地将商品销售、在库信息等反馈给供应链中的所有节点企业，并通过知识、技术等经营资源的积累，使整个过程能不断协调，不断应对市场变化，创造超越企业的供应链价值。

4. 配送服务方式的选择对降低成本也具有重要的意义

合理的配送服务方式不仅能够提高商品的周转效率，减少企业库存资金占有率，而且能够从利益上驱动企业发展，成为企业的第三利润源泉。特别是采用一些先进的配送方式（如共同配送）能够有效地降低整个供应链的成本。

10.5.2　配送服务的构成要素

众所周知，配送服务以顾客满意为第一目标，在企业经营战略中首先确立顾客服务的目标，然后通过顾客服务实现差别化的战略。那么，究竟配送服务的内涵是什么呢？配送服务实际就是对客户商品利用可能性的物流保证，主要包括三个要素：

（1）拥有客户所期望的商品（备货保证）；

（2）符合客户所期望的质量（品质保证）；

（3）在客户希望的时间内配送商品（输送保证）。

配送服务主要是围绕上述三个要素开展的。

10.5.3　配送增值服务

物流本身是一种社会生产链中的经营性活动。而运输、配送是物流功能的核心，特别是配送，它是多种物流功能的整合，所以物流的服务性特点在配送活动上体现得最为充分。

配送服务分为基本服务和增值服务，其中基本服务是配送主体用来建立基本业务关系的客户服务方案，所有的客户在一定的层次上均以同等对待；增值服务则是针对特定客户提供的特定服务，它是超出基本服务范围的附加服务。

配送基本服务要求配送系统具备一定的基本能力，这种能力是配送主体向客户承诺的基础，也是客户选择配送主体的依据。配送需要一定的物质条件，包括配送中心、配送网络、运输车辆、装卸搬运设备、流通加工能力、计算机信息系统以及组织管理能力。配送基本能力是这些设施、设备、网点及管理能力的综合表现，是形成物流企业竞争优势的基础。每个承担配送业务的物流企业，都应该创造条件，形成这种能力。

配送增值服务是在基本服务基础上延伸的服务项目。增值服务涉及的范围很宽，一般可归纳为以顾客为核心的增值服务，以促销为核心的增值服务，以制造为核心的增值服务和以时间为核心的增值服务。

1. 以顾客为核心的增值服务

这种增值服务向买卖双方提供利用第三方专业人员来配送产品的各种可供选择的方式，指的是处理客户向供应商的订货、直接送货到商店或客户，以及按照零售店货架储备所需的明细货品规格持续提供配送服务。如在网上订购某种商品，由快递公司送货上门。

2. 以促销为核心的增值服务

以促销为核心的增值服务旨在为客户提供有利于客户营销活动的服务。配送服务的对象通常是生产企业或经销商，配送增值服务是在为他们提供服务的同时，增加更多有利于促销的物流支持。如大商场的促销措施，"批量购买，送货上门"，由配送企业承担从仓库到客户的服务。

3. 以制造为核心的增值服务

以制造为核心的增值服务旨在为客户提供有利于生产制造的特殊服务。以制造为核心的增值服务实际上是生产过程中的后向或前向延伸，通过配送服务为生产企业提供的原材料、燃料、零部件，使配送服务与企业生产过程同步，使生产企业在进入生产消耗过程时尽可能减少准备活动和准备时间，实现准时制（JIT）配送。

4. 以时间为核心的增值服务

以时间为核心的增值服务是以对顾客的反应为基础，运用延迟技术，使配送作业在收到客户订单时才开始启动，并将物品直接配送到生产线上或零售店的货架上，目的是尽可能降低库存和生产现场的搬运、检验等作业，使生产效率达到最高程度。对于采用准时制（JIT）生产方式的企业实施生产"零库存"配送就是典型的以时间为核心的增值服务。

10.6　配送服务合同

10.6.1　配送服务合同概述

1. 配送服务合同的概述

配送服务合同是配送经营人与配送委托人签订的有关确定配送服务权利和义务的协议。或者说，是配送服务经营人收取费用，将委托人委托的配送物品，在约定的时间和地点交付给收货人而订立的合同。委托人可以是收货、发货、贸易经营、商品出售、商品购买、物流经营、生产企业等配送物的所有人或占有人，可以是企业、组织或者个人。

2. 配送服务合同的性质

（1）无名合同。配送服务合同不是《合同法》分则的有名合同，不能直接引用《合同法》分则有名合同的规范。因而配送服务合同需要依据合同法总则的规范，并参照运输合同、仓储合同、保管合同的有关规范，通过当事人签署完整的合同调整双方的权利和义务关系。

（2）有偿合同。配送服务是一种产品，配送服务经营人需要投入相应的物化成本和劳动才能实现产品的生产。独立的配送经营是为了盈利的经营，需要在配送经营中获得利益回报。配送经营的盈利性决定了配送服务合同为有偿合同。委托人需要对接受配送服务产品支付报酬，配送服务经营人收取报酬是其合同的权利。

（3）诺成合同。诺成合同表示合同成立即可生效。当事人对配送服务关系达成一致意见时配送服务合同就成立，合同也即生效。配送服务合同生效后，配送服务方需为履行合同组织力量，安排人力、物力，甚至要投入较多资源，如购置设备，聘请人员。如果说合同还不能生效，显然对配送服务经营人极不公平，因而配送服务合同必须是诺成合同。当事人在合同订立后没有依据合同履行义务，就构成违约。当然，当事人可在合同中确定合同开始履行的时间或条件，时间未到或条件未达到时虽然合同未开始履行，但并不构成合同未生效。

（4）长期性。配送服务活动具有相对长期性的特性，配送过程都需要持续一段时期，以便开展有计划、小批量、不间断的配送，实现配送的经济目的。如果只是一次性的送货，则成为了运输关系而非配送关系。因而配送合同一般是期限合同，确定一段时期的配送关系；或者是一定数量产品的配送，需要持续较长的时间。

10.6.2　配送服务合同的种类

1. 独立配送服务合同

由独立经营配送业务的配送企业或个人或兼营配送业务的组织与配送委托人订立的仅涉及配送服务的独立合同。该合同仅仅用于调整双方在配送服务过程中的权利和义务关系，以配送行为为合同标的。

2. 附属配送服务合同

附属配送服务合同是指在加工、贸易、运输、仓储或其他物质经营活动的合同中附带的订立配送服务活动的权利和义务关系，附属配送服务活动没有独立订立合同。

3. 配送服务合同的其他分类

配送服务合同依据合同履行的期限还可以分为定期配送服务合同和定量配送服务合同。定期配送服务合同是指双方约定在某一期间，由配送人完成委托人的某些配送业务而订立的合同。定量配送服务合同则是配送人按照委托人的要求，对一定量的物品进行配送，直到该数量的物品配送完毕，则合同终止。

配送服务合同按照配送委托人身份的不同还可以分为批发配送、零售配送、工厂配送等合同；依据配送物的不同可分为普通商品配送、食品配送、水果蔬菜配送、汽车配送、电器配送、原材料配送、零部件配送等合同；按照配送服务地理方位的不同可分为市内配送、地区配送、跨国配送、全球配送等合同。

10.6.3　配送服务合同的主要条款

无论是独立的配送服务合同还是附带配送服务合同都需要对配送服务活动当事人的权力和义务协商达到意见一致，并通过合同条款准确表达。配送服务合同的主要条款包括以下几个方面：

1. 合同当事人

合同当事人是合同的责任主体，使所有合同都须明确表达的项目。

2. 配送合同服务的标的

配送服务合同的标的就是将配送物品有计划地在确定时间和确定地点交付收货人。配送服务合同的标的是一种行为，因而配送服务合同是行为合同。

3. 配送方法

配送方法（即配送要求）是合同双方协商同意配送所要达到的标准，是合同标的完整细致的表述，根据委托方的需要和配送方的能力协商确定。配送方法有定量配送、定时配送、定时定量配送、即时配送、多点配送等多种方法。需要在合同中明确时间及其间隔、发货地点或送达地点、数量等配送资料。配送方法还包括配送人对配送物处理的行为约定，如配装、分类、装箱等。配送方法变更的方法，如订单调整等。

4. 标的物

被配送的对象，可以为生产资料或是生活资料，但必须是动产，有形的财产。配送物的种类、包装、单重、尺度体积、性质等决定了配送的操作方法和难易程度，必须在合同中明确。

5. 当事人权利及义务

在合同中明确双方当事人需要履行的行为或者不作为的约定。

6. 违约责任

约定一方违反合同约定时需向对方承担的责任。违约责任约定有违约行为需要支付的违约金的数量，违约造成对方损失的赔偿责任及赔偿方法，违约方继续履行合同的条件等。

7. 补救措施

补救措施是违约责任的一种，但由于配送合同的未履行可能产生极其严重的后果，为避免损失的扩大，合同约定发生一些可能产生严重后果的违约补救方法，如紧急送货、就地采购等措施的采用和责任承担等。

8. 配送费和价格调整

配送费是配送经营人订立配送合同的目的。配送人的配送费应该弥补其开展配送业务的成本支出和获取可能得到的效益。合同中需要明确配送费的计费标准和计费方法，或者总费用，以及费用支付的方法。

由于配送合同持续时间长，在合同期间因为构成价格的成本要素价格发生变化，如劳动力价格、保险价格、燃料电力价格、路桥费等变化，为了使配送方不至于亏损，或者委托方也能分享成本降低的利益，允许对配送价格进行适当调整，在合同中订立价格调整条件和调整幅度的约定。

9. 合同期限和合同延续条款

对于按时间履行的配送合同，必须在合同中明确合同的起止日期，起止时间用明确的日期表达方式表达。由于大多数情况下配送关系建立后，都会保持很长的时间，就会出现合同不断延续的情况。为了使延续合同不会发生较大的变化，简化延续合同的合同订立程序，往往在合同中确定延续合同的订立方法和基本条件要求。如提出续约的时间、没有异议时自然续约等约定。

10. 合同解除的条件

配送合同都需要持续较长的时间，为了使在履行中一方不因另一方能力的不足或没有履约诚意而招致损害，或者出现合同没有履行必要和履行可能时，又不至于发生违约，在合同中约定解除合同的条款，包括解除合同的条件、解除合同的程序等。

11. 不可抗力和免责

不可抗力是指由于自然灾害、当事人不可抗拒的外来力量所造成的危害，如风暴、雨雪、地震、雾、山崩、洪水等自然灾害，还包括政府限制、战争、罢工等社会现象。不可抗力是合同规定的免责条件，但合同法没有限定不可抗力的具体现象，对于一般认为的不可抗力虽已形成共识，但对于配送仓储行为影响的特殊不可抗力的具体情况，如道路堵塞等，以及需要在合同中陈述的当事人认为必要的免责事项需要在合同中明确。不可抗力条款还包括发生不可抗力的通知、协调办法等约定。

12. 其他约定事项

配送物种类繁多，配送方法多样，当事人在订立合同时需充分考虑到可能发生的事件和合同履行的需要，并达成一致意见，是避免发生合同争议的最彻底的方法。特别是涉及成本、行为的事项，更需事先明确。如以下几个方面：

(1) 配送容器的使用，合同中约定在配送过程中需要使用的容器或送料厢等的尺度、材料质地等；配送容器的提供者，是免费使用还是有偿使用，如何使用，在使用中发生损害的维修责任以及赔偿约定，空容器的运输，合同期满时的处理方法等。

(2) 损耗，约定在配送过程中发生损失的允许耗损程度和耗损的赔偿责任，配送物超过耗损率时对收货人的补救办法等。

(3) 退货发生，收货人退货时的处理方法，一般约定由配货人先行接受和安置，然后向委托人汇报和约定委托人进行处理的要求与费用承担。与退货相类似的还可能约定配送废弃物、回收旧货等的处理方法，配送溢货的处理方法。

(4) 信息传递方法，约定双方使用的信息传递系统、传递方法、报表格式等。如采用生产企业的信息网络、每天传送存货报表等约定。

13. 争议处理

合同约定发生争议的处理方法，主要是约定仲裁、仲裁机构，或者约定管辖的法院。

14. 合同签署

合同由双方的法定代表人签署，并加盖企业合同专用章。私人订立合同的由其本人签署。合同签署的时间为合同订立时间，若两方签署的时间不同，后签时间为订立时间。

10.6.4　配送服务合同的订立

配送服务合同是双方对委托配送经协商达成一致意见的结果。经过要约和承诺的过程，承诺生效合同成立。在现阶段我国的配送合同订立往往需配送经营人首先要约，向客户提出配送服务的整体方案，指明配送业务对客户产生的利益和配送实施的方法，以便客户选择接受配送服务并订立合同。

配送服务合同的要约和承诺可用口头形式、书面形式或其他形式。同样的，配送服务合同也可采用口头形式、书面形式或其他形式，为非要式合同。但由于配送时间延续较长，配送服务所涉及的计划管理性强；非及时性配送所产生的后果可大可小，甚至会发生如生产线停工，客户流失等重大损失；配送服务过程受环境因素的影响较大，如交通事故等。为了便于双方履行合同、利用合同解决争议，采用完整的书面合同最为合适。

10.6.5　配送服务合同的履行

双方按照合同约定严格履行合同，任意一方不得擅自改变合同的约定，是双方的基本合同义务。此外依据合同的目的可以推断出双方当事人还需要分担一些责任，也应予以重视，尽管合同没有约定。

1. 配送委托人保证物适宜配送

配送委托人需要保证由其本人或是其他人提交的配送物适宜于配送和配送作业。对配送物进行必要的包装或定型；标注明显的标识并保证能与其他商品相区别；保证配送物可按配送物要求进行分拆、组合；配送物能用约定的或者常规性作业方法进行装卸、搬运等作业；配送物不是法规禁止运输和仓储的禁品；对于限制运输的物品，需提供准予运输的证明文件等。

2. 配送经营人采取合适的方法履行配送义务

配送经营人所使用的配送中心具有合适的库场，适宜于配送物的仓储、保管、分拣等作业；采用合适的运输工具、搬运工具、作业工具，如干杂货使用箱式车运输，使用避免损害货物的装卸方法，大件重货物使用吊机、拖车作业；对运输工具进行妥善积载，使用必要的装载衬垫、捆扎、遮盖；采用合理的配送运输线路；使用公认的或者习惯性的理货计量方法，保证理货计量准确。

3. 配送人提供配送单证

配送经营人在送货时须向收货人提供配送单证、配送货物清单。配送清单为一式两联，详细列明配送物的品名、等级、数量等配送物信息，经收货人签署后收货人和配送人各持一联，以备核查和汇总。配送人需要在一定期间间隔向收货人提供配送物汇总表。

4. 收货人收受货物

委托人保证所要求配送的收货人正常地接收货物，不会出现无故拒绝；收货人提供合适的收货场和作业条件。收货人对接收的配送物有义务进行理算查验，并签收配送单和注明收货时间。

5. 配送人向委托人提供存货信息和配送报表

配送人需在约定的期间向委托人提供信息，并随时接收委托人的存货查询，定期向委托人提交配送报表、残损报表等汇总材料。

6. 配送人接收配送物并承担仓储和保管义务

配送经营人需要按配送合同的约定接收委托人送达的配送物，承担查验、清点、交接、入库登记、编制报表的义务，安排合适的地点存放货物，妥善堆积或上架；对库存货物进行妥善的保管、照料，防止存货受损。

7. 配送人返还配送剩余物，委托人处理残料

配送期满或者配送合同履行完毕，配送经营人需要将剩余的物品返还给委托人，或者按委托人的要求交付给其指定的其他人。配送人不得无偿占有配送剩余物，同样，委托人有义务处理配送残余物或残损废品、回收物品、加工废料等。

10.6.6 配送服务合同示例

由于配送物种类繁多，配送服务的类型也因不同企业、行业而有所区别，因此，配送服务合同的订立程序与主要条款也有些差异，其侧重点也会不同，但合同主体基本还是大同小异，这更体现在不同行业在不同行业配送服务合同间的差异，比如医药、家电、食品、机械等行业。下面是家电行业配送服务合同书的一个范例。

家电产品配送服务合同书范本

甲方：×××电器有限公司

地址：

乙方：×××物流有限责任公司

地址：

根据《中华人民共和国合同法》，本着互惠互利的原则，就甲方委托乙方配送货物事宜，为了明确双方的责任，经双方协商，特签订此合同。

第一条：运输货物（名称、规格、数量）。严禁运输国家禁运的易燃易爆物品。

编号	品名	规格	单位	单价	数量

第二条：包装要求。甲方必须按照国家主管机构规定的标准包装货物，没有统一规定包装标准的，应根据保证货物运输安全的原则进行包装，否则乙方有权拒绝承运。

第三条：配送区域。_____地区及_____省内各市县城。

第四条：合同期限。_____年，从_____年_____月_____日至_____　年_____月_____日，合同期满后，经双方就合同约定价格再行协商，在同等条件下优先续约。

第五条：运输质量及安全要求。乙方必须使用符合甲方配送货物的车辆，为甲方实行优质、快捷、安全的门到门配送服务。保证甲方的货物按规定、要求、时间保质保量地配送至目的地。每天运输前双方议定运输重量，超重时价格另计。

第六条：货物装卸责任。货物的装车工作由乙方负责，卸车工作由收货人负责，在装卸过程中发生的一切责任由装卸双方共同负担。

第七条：收货人领取货物及验证办法。收货人凭有效证件、单据与乙方对证验收、领取货物。

第八条：收货标准与费用结算方式。甲方收到乙方所提供的符合本合同约定的单据后，约定每_____月结算费用。

第九条：双方的权力和义务。

（一）甲方的权利与义务

1. 甲方的权利

（1）负责将货物配齐，要求乙方按照约定的时间、地点、收货人，把货物配送到目的地。配送通知发出以后，甲方需要变更到货地点和收货人，或者取消通知，有权向乙方提出，但必须在货物未运到目的地之前，并应按照有关规定付给乙方费用。

（2）有权对乙方的配货过程进行监督。

（3）委托的货物应遵循国家有关法律规定，并符合包装标准。

2. 甲方的义务

（1）按约定按时向乙方交付费用。

（2）应向乙方提供有关配送货业务单据凭证。

（3）指派专人负责与乙方联系配货过程中的有关事宜。

（4）合同期内，乙方作为甲方在省内的唯一配货商。未经乙方同意，甲方不得另寻配货商，否则，乙方可解除合同。

（二）乙方的权力和义务

1. 乙方的权利

向甲方收取相关配货费用。查不到收货人的，乙方有权在规定的保管期内收取一定的保管费用。

2. 乙方的义务

（1）根据甲方的业务需要和发展，提供相应的运输能力。

（2）在约定的时间内，将货物运送到指定的地点，按时向收货人发出取货通知单。对货物的安全负责，保证无损坏。

（3）乙方应在甲方的指定地点提取货物，在装货过程中，乙方的驾驶员负责监装，对不当的装货可进行监督指导，乙方将货物送至甲方指定的目的地和接收人，由收货人、乙方司机双方签字确认。交货时如发现产品损坏或数量、型号、规格不符等问题，乙方应要求接收人注明，接收人所盖印章为商家签订的配送委托书规定的公章或收款专用章，乙方凭甲方认可的配送反馈单与甲方进行结算。

第十条：违约责任

（一）甲方责任

1. 不按时与乙方结算配送费用，每超一天偿付给乙方当月结算费用的_____％的违约金，但由于乙方提供的结算单据不及时的除外。

2. 因甲方原因，造成乙方的承运车不能及时返回，甲方应该根据当次加付运费_____％作为补偿金。

3. 甲方有责任为乙方营造良好的服务环境，如甲方员工在货物配送过程中发生以下现象之一的，甲方应向乙方支付违约金_____元/次。

（1）不按预约时间装卸货物。

（2）装卸货物当中有野蛮装卸行为，乙方指出，甲方工作人员不及时更改。

（3）甲方协调不到位，造成乙方被投诉。

（4）甲方发错货，造成乙方承运货物到达商场后，商场拒收，返程运费由甲方支付。

4. 由于在货物中夹带、匿报危险性货物，而招致货物被破损、爆炸，造成人身伤亡的，甲方应承担由此造成的一切责任。

（二）乙方责任

1. 乙方如送货到达时间每晚于规定时间一天，应向甲方支付当次运输费____％的违约金，若乙方送达目的地错误，应自费将货物送达甲方要求的目的地，因此给甲方造成的损失由乙方负责赔偿。

2. 经双方确定，货物在运输途中造成的任何损失，由乙方负责赔偿，赔偿值按批发价计算，且乙方不得擅自拆除货物并重新包装，因此而造成的损失，由乙方负责赔偿。

（三）其他

1. 甲方仅支付乙方运费。在运输途中所发生的一切费用全部由乙方负责。

2. 双方不能以任何形式向公众透露对方的商业机密，否则赔偿由此给对方造成的损失。

3. 不可抗力的原因，影响本合同不能履行或者部分不能履行或者延期履行时，遇有不可抗力事故的一方，应立即将事故情况通知对方，并详细提供事故详细情况及造成合同不能履行的理由及所有的文件资料。

4. 一方违约，另一方有权以书面形式通知对方解除本合同或双方签订的其他合同，合同自发出通知之日起 30 天后解除，由违约方承担违约责任。

5. 自合同生效之日起，甲乙双方原先签订的产品配送合同自动作废。

第十一条：保证合同

1. 甲乙双方取得了一切必要的授权和批准，签署并履行本协议。

2. 双方保证本协议的签订和将要采取的送货行为不违反我国的现行法律、法规的规定。

3. 双方保证本协议其他条款下规定的义务。

本合同一式四页，一式两份，合同双方各执一份。

甲方：　　　　　　　　　　乙方：

地址：　　　　　　　　　　地址：

代表：　　　　　　　　　　代表：

电话：　　　　　　　　　　电话：

开户银行：　　　　　　　　开户银行：

账号：　　　　　　　　　　账号：

　　年　　月　　日　　　　　　年　　月　　日

10.7　配送服务质量控制

在激烈的市场竞争中，配送企业必须保持高质量的服务，否则极可能倒闭。配送服务质量可归纳为准确、快速，即不出差错和供货周期短，保证物流在时间和速度两个方面的要求。

1. 服务质量的概念

服务是指伴随着供方与顾客之间的接触而产生的无形产品。而服务质量可理解为一组服务特性满足要求的程度。相对于产品来说，服务的质量特性具有一定的特殊性。有些服务质量特性顾客可以观察到或感受到，如服务等待时间的长短、服务设施的好坏，还有一些顾客不能观察到的，但又直接影响服务业绩的特性，如服务企业的财务状况、服务企业的信誉度等。有的服务质量特性可定量地考察，而有些则只能定性地描述。前者如等待的时间，后者如卫生、礼貌、保密性等。服务质量特性一般包括以下几个方面：

（1）功能性。功能性是指某项服务所发挥的功能和作用，它是服务质量中最重要的特性。

（2）时间性。时间性是指服务在时间上能够满足顾客需求的能力。

（3）安全性。安全性是指服务过程中顾客的生命和财产不受伤害和损失的特征。

（4）经济性。经济性是指顾客为了得到不同的服务所需费用的合理程度。

（5）舒适性。舒适性是指服务过程的舒适程度。它包括服务设施的完备性和适用性、便利性，环境的整洁、美观程度和秩序良好程度。

2. 配送服务质量的含义

根据服务质量的概念以及特性，可将"配送服务质量"的含义理解为：反映配送服务活动过程中满足客户需求和银行需要的能力的特性总和。配送服务活动有极强的服务性质，整个配送过程的质量目标，就是其服务质量。服务质量因不同客户而要求各异，这就需要掌握和了解客户要求，如商品质量的保持程度，流通加工对商品质量的提高程度，批量及数量的满足程度，配送额度，间隔期及交货期的保证程度，配送、运输方式的满足程度，成本水平及配送费用的满足程度，相关服务的满足程度。

3. 配送服务质量的要素与表现度量

在配送服务质量管理中，传统的库户服务因素：时间、可靠性、方便性和信息的沟通，是配送服务质量管理中需要考虑的基本因素，这些因素也是制定配送服务质量标准的基础。

思考与练习

一、填空题

1. 在配送服务质量管理中，传统的库户服务因素是_____、_____、_____、_____。
2. 配送服务质量特性有_____、_____、_____、_____、_____。
3. 配送服务的构成要素有_____、_____、_____。
4. 降低配送成本的策略有_____、_____、_____、_____、_____。
5. 经营绩效管理系统包括_____、_____、_____。

二、简答题

1. 简述配送服务与配送成本的关系。
2. 简述如何履行配送服务合同。
3. 简述配送服务在企业经营中的意义。
4. 如何进行配送成本核算。

参 考 文 献

[1] 刘渝，张健雄. 物流师. 北京：中国劳动社会保障出版社，2006.

[2] 赵家俊，丁宝琴. 现代物流配送管理. 北京：北京大学出版社，2004.

[3] 刘宗风. 现代物流管理概念. 北京：中国物资出版社，2006.

[4] 刘渝. 物流师基础. 北京：中国劳动社会保障出版社，2005.

[5] 张健雄. 助理物流师. 北京：中国劳动社会保障出版社，2005.

[6] 霍红. 物流实务. 北京：中国物资出版社，2006.

[7] 郝渊晓. 现代物流配送管理. 广州：中山大学出版社，2001.

[8] 刘华. 现代物流管理与实务. 北京：清华大学出版社，2004.

[9] 蒋笑梅. 物流管理实务. 北京：机械工业出版社，2005.

[10] 祁洪祥. 配送管理. 南京：东南大学出版社，2006.

[11] 马俊生，王晓阔. 配送管理. 北京：机械工业出版社，2008.

[12] 陆岚. 物流管理基础理论. 北京：机械工业出版社，2006.

[13] 张奉礼. 现代物流基础. 北京：中国轻工业出版社，2005.

[14] 吴清一. 物流实务. 第二版. 北京：中国物资出版社，2007.

[15] 徐天亮. 运输与配送. 北京：中国物资出版社，2002.

[16] 许小英. 配送实务. 北京：中国劳动社会保障出版社，2006.

[17] 陈宁. 仓储实务. 北京：中国劳动社会保障出版社，2006.

[18] 刘毅. 仓储作业实务. 北京：机械工业出版社，2006.

[19] 孙晓. 物流配送. 北京：化学工业出版社，2007.

[20] 王之泰. 现代物流管理. 北京：中国工人出版社，2002.

[21] 王槐林. 物流管理学. 武汉：武汉大学出版社，2002.

[22] 丁俊发. 中国物流. 北京：中国物资出版社，2002.

[23] 崔介何. 物流学. 北京：北京大学出版社，2003.

[24] 孙秋菊. 物流管理基础. 北京：高等教育出版社，2003.

[25] 白世贞，言木. 现代配送管理. 北京：中国物资出版社，2005.

[26] 陈修齐等. 物流配送管理. 北京：电子工业出版社，2004.

[27] 杨庆云. 物流运输管理. 北京：中国轻工业出版社，2005.

[28] 李永生，郑文玲. 仓储与配送管理. 北京：机械工业出版社，2003.

[29] 李芝巍. 张计划. 物流经理岗位职业技能培训教程. 广州：广东经济出版社，2007.

[30] 刘斌. 物流配送营运与管理. 上海：立信会计出版社，2002.

[31] 吕军伟. 物流配送业务管理模版与岗位操作流程. 北京：中国经济出版社，2005.

[32] 宋杨. 运输与配送管理. 大连：大连理工大学出版社，2006.

[33] 翟光明. 仓储与配送实务. 北京：人民交通出版社，2005.

[34] 郑玲. 配送中心管理与运作. 北京：机械工业出版社，2004.